創元アーカイブス

内観療法入門

日本的自己探求の世界

三木善彦 著

創元社

父母に

序　文

内観研修所長　吉本伊信

「自己を知る」ことは私たちがどのような人生を送る上でも重要なことです。この大事なことを忘れ、自己の外のことに耳目を奪われているのが昨今の状況です。

教養を深めたり、理論をたくわえていくには書物その他に頼ればよいのですが、他ならぬ独自の存在であるこの「自己」については、具体的にはどこにも書いてありません。それは自分で探し求め自分の中から学ばねばならないのです。自分をよく見つめ、自分の姿を歪みなく正確につかむためには、徹底的に自分一人で、生身の自分に向かい合う以外に方法はありません。

聞くところによると、精神分析やカウンセリングにおいても、分析家やカウンセラーは相手の人が本当の意味で自由に自分の姿が見られるような条件を作り出すのに精魂を傾けるにすぎず、究極的には本人が自己探究の勇気と努力を持つか否かにかかっているといわれます。

このことは本書で述べられている「内観療法」にもあてはまります。内観療法は一つの自己探究法であります。この方法は浄土真宗の一派に伝わる「身調べ」という求道法から発展してきたもので、現在では一宗一派に偏った宗教的色彩を取除き、老若男女誰でもができるような形にした精神修養法であり、人格改善法であり、精神療法であります。

内観とは自己の内に沈潜して、過去から現在に至るまでの対人関係の中で、自分がどのようなあり方をしていたかを、「してもらったこと」「して返したこと」「迷惑かけたこと」という観点から具体的に観照することです。この方法でも指導者がつきますが、大半は自分一人で内観するのです。

よく、現状から脱皮したいと考え悩んでおられる方でも、自分をさらけ出すのはいやだ、自分と向き合うのは怖いとおっしゃいます。たしかに、自分を見つめるのは怖いことですし、忍耐のいることですが、ここを通過してこそ目が開け、自分の本当の生き方がつかめることは、多くの内観者が身をもって実証されております。教養や理論といったものも、徹底した自己凝視によって獲得した人間的な深さによって、より豊かなものになっていくと思います。

さいわい、心理学者、教育学者、精神医学者の方々も近年、極めて効果的な精神療法として、また日本文化に根ざした精神療法としてこの内観法に注目して下さいまして、学問的な研究も盛んになってまいりました。

本書の著者である三木善彦氏もその一人であります。氏は大学で臨床心理学を講じ、カウンセリングの実践を積んでいる臨床家で、大阪大学大学院在学中から内観法に注目し、研究者として実証的な研究をし、内観者としての体験も内観指導者としての体験も重ねている人です。得てして学問のある人たちは身をもって体験することを厭《いと》い、安楽椅子に腰かけて書物から学ぶ傾向がありますが、この点三木氏は書物と体験の両方から学ぼうという姿勢をもったユニークな人物であり、本書の著者として最適であると信じています。

本書の構成は次のようになっています。まず第一章内観入門において著者自身の体験を描き、内観のアウトラインを述べ、第二章では内観がどのような条件でなされているかを記し、第三章で内観者がどのような心の変遷をたどり、指導者がそれにどのように対応するかを述べています。第四章では心理テストを使って内観の効果測定をしています（心理テストに余り関心のない方はここは飛ばしてもよいかと思います）。そして、第五章では内観の成功事例を、第六章では失敗事例を分析しています。

第七章は理想的内観者との訪問面接を行い、その心境をとらえ、第八章は私との対談で、内観法の歴史や内観法に対する私の考え方を簡潔にとらえています。第九章は内観法における罪と愛の問題について理論的な考察を加え、日常生活での内観の重要性にも言及しています。第十章では内観法が日本文化とどのような関りがあるのか、日本で生まれた内観法の特殊性と普遍性について論じています。

読者は本書を読み進めるにつれて、日頃の自分のあり方についていろいろ感じるところがあろうかと思います。本書が多くの人たちに読まれ、「自己を知る」一つの機会になることを祈ってやみません。

一九七六年一月

内観療法入門　目次

序文　内観研修所長　吉本伊信……3

第一章　私の内観入門
一　一巻のテープ……15
二　入門失敗……16
三　研究の開始……24
1、研究の意義　2、再び研修所へ

第二章　内観の構造
一　場面……29
1、場所的条件　2、身体的条件　3、時間的条件
二　内観者……33
1、自発的意欲の必要性　2、内観者数と年齢構成と職業
3、内観者の目的　4、対象を制限しないことについて
三　指導者……38

四　テーマと内観的思考様式……40
1、テーマ　2、内観的思考様式
五　面接……46

第三章　内観の過程

一　導入……51
二　場面探索……53
三　内観模索……54
四　内観進展……56
五　抵抗とその解消……57
1、場面への抵抗とその解消　2、指導者への抵抗とその解消
3、内観への抵抗とその解消
六　洞察……65
七　弛緩と緊張……71
八　終結……74
九　内観終了時の面接──離婚訴訟中の夫婦の事例……76
1、夫の内観　2、妻の内観

第四章　内観による心理的変化の測定

一　P-Fスタディによる測定……90
1、目的　2、方法　3、結果と考察
二　自己評価・他者評価テストによる測定……99
1、目的　2、方法　3、結果と考察
三　TATによる測定……107
1、目的　2、方法　3、結果と考察　4、追跡調査の結果　5、補足

第五章　自己嫌悪の女性の事例

一　内観法の医学界への導入……122
二　自己嫌悪の女性の内観体験記……124
1、内観前の状態　2、集中内観の過程　3、集中内観後十日間の状態
4、日常内観の過程
三　考察……148
1、内観前の状態　2、内観中の状態　3、内観直後の状態
4、日常内観の状態　5、追跡調査の結果

第六章　少年院生の事例
一　内観法の矯正界への導入……152
二　少年院生の内観……154
1、少年の生育史及び性格　2、内観の過程　3、少年の感想
4、心理テストによる効果の測定
三　考察……175
第七章　理想的内観者との訪問面接
一　訪問面接……179
プロローグ　1、生育史　2、内観の契機　3、集中内観の体験
4、集中内観直後　5、日常生活と内観　エピローグ
二　心理テストの結果……190
1、目的　2、方法　3、結果（Y-Gテスト・SCT・P-Fスタディ・TAT）
4、総合結果　5、Nさんの状態とうつ状態との比較

第八章　吉本伊信氏との対談――内観法の成立と展開

自己探究への苦闘……196
内観法を広める……198
悩みの原因……199
自己を知ることの意味……200
内観は我慢くらべではない……200
内観法は「汝自身を知る」方法……201

第九章　内観法をめぐる諸問題

一　内観法における罪について……203
1、罪悪感は有害か　2、病的罪悪感と健康な罪悪感
3、ブーバーの罪責論と内観法　4、心の闇を背負う強さ
二　内観法における愛について……225
1、他者からの愛に目を向ける　2、愛の再体験
3、独立した存在としての他者の認識　4、共感と連帯感
三　日常内観について……235

1、日常内観の目的　2、日常内観の方法　3、日常内観の形式
4、日常内観をめぐる二、三の問題　5、再び日常内観の必要性について

第十章　日本文化と内観法

一　母性の重視……247
1、母性社会日本　2、甘えと日本人　3、「甘え」の洞察と「甘え」の超克
4、恩について　5、母性の問題点

二　自己否定の傾向……261
1、無欲・無心・無我　2、自罰傾向　3、メランコリー親和性
4、罪悪感と精神療法　5、自己否定と自己実現

三　精神修養の伝統……272
1、求道心　2、精神修養の自力性――その父性的側面
3、親鸞と内観と自力　4、禅と内観――ある体験

あとがき……285
参考文献……287
〈内観希望者のために〉……294

装幀　鷺草デザイン事務所

第一章　私の内観入門

一　一巻のテープ

「私宛に送られてきたが、君なら興味がありそうだからあげよう」とT教授から一巻の録音テープをいただいた。これが私と内観との最初の出会いであった。

そのテープはＮＨＫ第二放送で録音構成「内心の記録」として放送されたものであった。そこには次のようなことが吹き込まれていた。

1、私たちの心の中にはこれまで生きてきたさまざまな記録が残されているが、この心の奥に残された記録を探り、自分のありのままの姿に気づき、真実の姿を知る方法に「内観」という心の観察法がある。

2、内観者（内観する人）は大和郡山市にある内観研修所に泊まり込んで、室の隅の屛風の中に座り、朝から晩まで内観し、これを約七日間続ける。

3、内観とは自分にとって重要な人物との関係を想起し、「してもらったこと」「して返したこと」「迷惑かけたこと」の三点から年代順に区切って取り調べることである。そしてその結果を一～二時間ごとに来る指導者に簡潔に報告する。

4、はじめのうちは内観に集中できないが、日が経つにつれて忘れていた記憶もよみがえり、六～七日になると自分の醜さを知り、周囲の人々の愛情に感動するほどの心境になる。

5、その結果、内観者は心が洗われたように清々《すがすが》しくなり、自省心をもち、積極的に生きてゆくようになる。例として、ノイローゼで仕事を休み自殺を図ったことのある人が、父や兄に対して内観して、彼らの自分に対するやさしい思いやりを実感し、父や兄への恨みを解消し、今の自分の状態は、すべて自分が招いたことを悟り、内観後職場復帰し、意欲的に働いている様子が報告されていた。

＊　＊　＊

このテープを聴いて私は我が耳を疑った。そこには人間の魂の叫びがあった。自己の罪を涙ながらに懺悔する声も、人々の恩愛に感謝し咽《むせ》び泣く声も、演技ではなく、心の奥底からのものであった。そしてこの内観によって人間的な成長が生じているのも、信じられないことだが、事実のように感じられた。

当時大学院生であった私はカウンセリングを勉強し、精神療法に関心を持ちはじめていたところなので、この内観というのは精神療法として研究する価値があると考えた。そこでひとつ内観に入門してみようと思った。まず最初に自分で体験するのが一番手っ取り早いので、早速、研修所に電話をかけ、四月二十八日午後二時からという予約をとった。

二　入門失敗

ところが、その日が近づくにつれて、だんだんと億劫になってきた。今、自分には特に何の悩みもないし、これを解決したいという切実な問題もない。それに一週間ずっと座っているだけの根気があるかどうかあやしい。とはいうものの予約してしまったのを、今さら断るのも面倒だ……。こんな心をもちながら当日になってしまった。

電車に乗った時間が早かったので、途中下車して薬師寺の塔を眺め、唐招提寺まで来た。広縁に腰を掛けて、私はまだ迷っていた。前の広場には春の陽光がさんさんと降り注ぎ、さわやかな風が新緑の木々を軽やかに吹き渡っていた。このように明るい世界から、何を好んで薄暗い屏風の中に入らなければならないのかとつくづく考えた。でも、いくら腕を組んでいてもよい案が浮かばず、約束の時刻に近づいたので、「やれるだけやってみよう」と自分を励まして、重い腰を上げた。

＊　＊　＊

近鉄大和郡山駅を下り、狭い商店街を東へ十分ほど歩き、ロッキーと看板のかかった洋服屋の角を右に曲がって二〇メートルも行った左側に研修所があった。古い大きな二階建ての日本家屋である。門についてあるインターホンを押すと「どうぞお入り下さい」という声。

玄関のガラス戸を開けると、一人の小柄な老人が現れ「ようお越し下さいました。どうぞお上がり下さい」という。頭をツルツルに剃って、丸い黒縁の眼鏡をかけた、マハトマ・ガンジーみたいな六十歳程の人。ところがこの日本のガンジーさんはアンダーシャツにステテコ姿なのであまり立派にも見えず、てっきりここの小使いさんかと思う。その人は玄関の右側の十畳ほどの広い応接室に案内して、もう一つのドアに消えた。室にはソファと机や電話があり、室の一隅には放送局にでもあるような大型のテープレコーダーが二台と中型のが十台置いてあり、壁ぎわには床から天井まで数百巻のテープがうず高く積まれている。T教授のところに送られてきたテープもこれらの機械で複写したものだな、と感心して眺めていたら、先ほどの人がズボンをはいて現れた。そして「吉本です」という。

びっくりしてヘドモドしている私にかまわず、吉本先生は「研究が目的でお越し下さったのですか。それじゃ内観の仕方は一通りおわかりですな」といって、ここでの一週間の暮らし方について簡単な説明を終えると「今

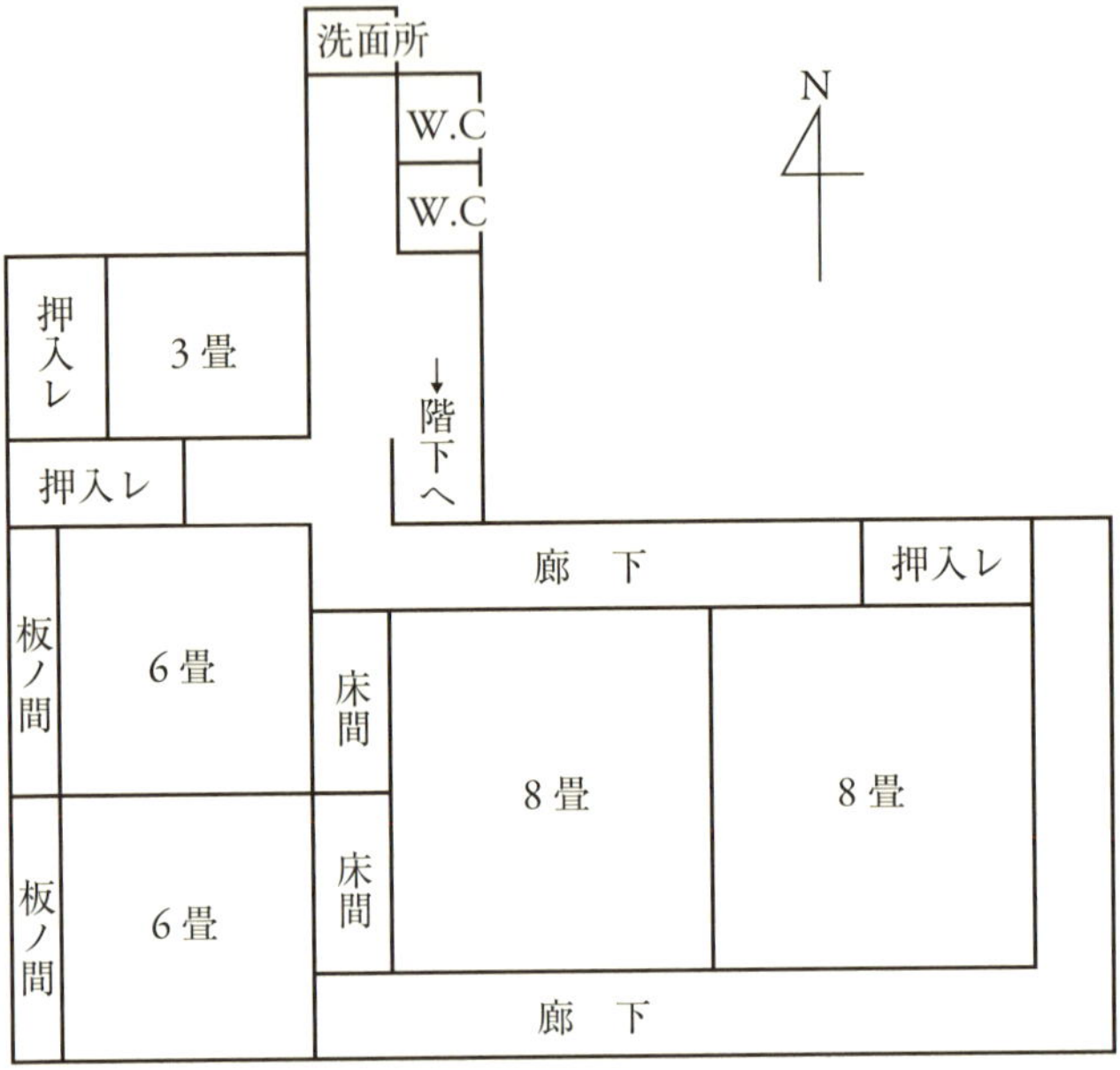

図1　内観研修所内観室見取図

から一分一秒を惜しんで自分を調べよう、と心に決めて下さい。よろしいですか。そしたらここに住所と名前を書いて下さい」といって分厚い宿帳のようなものを広げる。記入すると「それじゃ早速今から内観していただきましょう」と二階へ上がる。

二階はかなり広く室数も多いようである。そのうちの階段を上がったすぐ右手の三畳の間に案内し室の隅に立てかけてある屏風を示し「あなたはこの屏風の中で内観して下さい。まず小学校低学年の時のお母さんに対する自分を調べて下さい。後で聞かせてもらいます」といって階下《した》におりていかれた。無駄な言葉は一切ない。

＊　＊　＊

旅装を解いて屏風の中に座る。屏風の中は一メートル四方。光が遮られて薄暗い。屏風の眼の高さのところに一枚の紙が貼りつけてあって、達筆で次のように書かれている。

「母に対しての自分を調べましょう。（幼くして別れた人は　祖母　伯母　姉その他特にお世話になった人に対しての自己）父　兄弟　姉妹　妻　又は　夫

子　伯父　伯母　先生　学友　雇主　取引先　先輩　後輩　隣近所の人　被害者　施設の職員　同僚　その他に対する自分を年齢順にお調べ下さい。検事が被告に対する如く　　伊信謹書」

それを何度も読み返す。

さて、そこで自分の小学校低学年の時のことについて調べようとするが落ち着かない。屛風をずらして外をちょっとのぞく、黒光りした廊下が見えるだけ。あとはシンと静まり返っている。

先生が来られるまでに答えを見つけ出しておかなければと、目をつぶり思い出す。母からしてもらったことは小学校二年生の時中耳炎になり毎日病院まで連れて行ってくれたこと、して返したことは風呂たきを手伝ったこと、迷惑かけたことは弟とケンカして泣かせたこと……。これだけのことを思い出してホッとして、あとはボンヤリしていた。

ほどなく階段を上がってこられる先生の足音がした。スッと屛風の前に座られる気配がした。しばらくは何の物音もしない。そして「失礼します」という声と共に、屛風がソロリと開いた。先生は正座され、驚いたことに私に向かって静かに両手を合わせて合掌された。私はとてもあわててしまい、モゾモゾさせて軽く頭を下げただけであった。先生は次に額が畳につくほどに深々とお辞儀をされた。私はますますあわてふためいて、大急ぎで頭を下げた。

それから先生は静かな低い声で「あれからどういうことを調べていただきましたか？」と尋ねられる。私は先ほどの内容を答える。聴き終わった先生はそれに関しては何も言わず、「次は小学校高学年の時のお母さんに対する自分でしたね。しっかり頼みます」と言われて、また合掌とお辞儀をされ、屛風を閉めてから、ほんのしばらくそこに座っておられて、それから足音を忍ばせて隣室に行かれた。後でわかったことだが、先生は屛風を開閉する前後にも合掌と礼拝を繰り返しておられたのであった。

それから一時間半ほどして、二回目の面接があった。これにも何とか答えられた。その時も先生は特に何もおっしゃらず「そしたら次は?」と尋ねられる。私が「次は中学時代の母に対する自分です」と答えると、「ああ、そうですか、しっかり内観して下さい。それから今からお風呂に入って下さい。順番ですので十五分ほどにして下さい」

階段を下りて、右へ折れて廊下の突き当たりの左側が湯殿であった。湯船にはきれいなお湯がたたえられている。身体を洗って湯につかり、座りづめで疲れた身体をほぐした。のんびりと鼻歌でも歌いたい気持ちになっていた。ふと上の小窓に目をやると貼紙があった。「他の内観者の迷惑になりますから、歌など歌わぬこと。自分の内観の糸も切れてしまいます」。びっくりして湯から飛び出し、そそくさと身体を拭《ぬぐ》って、自分の部屋に帰り、屏風の中に座った。

五時半ごろ第三回目の面接があった。

六時ごろ「どうぞ」という先生の声と共に、食膳《ぜん》がそっと屏風の前に置かれた。先生が運んでこられたのであった。屏風の中に食膳を引き入れる。黒塗の膳にホカホカと湯気のたつ御飯とミソ汁とおかず二品とお茶、それに果物がきちんと並んでいた。質も量も十分で、何もかもがおいしかった。食事を終えて膳を屏風の外に出しておくと、また先生が片づけに来られた。

＊　＊　＊

七時に四回目の面接があった。「どういうことを調べていただきましたか」「高校時代の母に対する自分を調べていたのですが……全然何も思い出せません……」「そうですか、では次は?」「大学時代の母に対する自分です」「しっかり調べて下さい。お願いします」。先生はいつもと同じように深々と頭を下げて出ていかれた。

悪いなあと思う。でも思い出せないのである。夕食で腹がいっぱいになったせいだけではない。高校時代のことは思い出せても、その間母親とどのようなやりとりがあったのか全然思い出せないのである。してもらったこともあるはずなのに思い出せず、して返したことも、迷惑かけたことも何も出てこない。学校でクラブ活動したり友達と遊んだり、家に帰れば自室にこもって勉強したり読書したりの毎日で、母親とは食事時に顔を合わせるだけで、とりたててこれといったことはなかったような気がしたのである。それで、いくら考えても先生に報告するようなことは見つからなかったのである。

高校はダメだったが大学時代はなんとか思い出そうと頑張った……。ところが、大学時代はよけいに母から離れ、クラブ活動に打ち込んだり下宿生活をしたりで、ますます母とのふれあいがなかったようである。私の生きていた世界と母親の世界との接点がわからない。いくら考えても接点などなかったような気がしてくる。

あれこれ考えたり、面倒になって何も考えずにつくねんと座っていたりで時間が経って、九時前になった。「どういうことを調べていただきましたですか」と面接に来られた先生は質問される。大学時代の母に対する自分を調べていたが、前回同様何も思い出せませんでした、とおそるおそる伝える。先生は表情も変えずに静かに「そうですか。それでは次は？」「次は大学院に入ってから現在までの一年間です」「そうですか。それではしっかり頼みます。九時になったら、布団を敷いて寝て下さい。それから」と先生は言葉を継いで「熱心な方は寝ながらでも内観なさいます。あなたは内観が進んでいませんからしっかりお願いします」と言って出ていかれた。私は申し訳ないやら、恥ずかしいやらで身を縮めていた。

＊　＊　＊

九時になった。洗面所に行って歯を磨き顔を洗う。そして室に帰って押入れから布団を出して敷いて、電気を消して身を横たえた。さっき先生は「熱心な人は寝ながらでも内観を……」と言っておられたので、明日の朝きちんとした報告ができるように今から内観しようと決心した。そしてここ一年間のことを思い出そうとした。何年も前ではなくこの一年であるから、いくら忘れっぽい私だって少しは思い出せるはずだ……。

ところが数分もしないうちに、ブーンという羽音がして顔の回りを飛ぶものがいる。もう気の早い蚊が出てきたのであろう。邪魔なので、内観をやめて灯りをつけ、蚊を見つけてパンと殺した。消灯して布団の中に入って内観を開始しようとすると、また蚊の襲来。しばらく我慢していたがあまりにうるさいので、またゴソゴソと起き出して電気をつけて叩き殺した。廊下側のフスマは閉めてあるし、窓も締まっているし、一体どこから？　見回していたら、押入れのフスマと柱の間に隙間があって、押入れの中から飛び出してくるらしい。そこで、こんなのが次々と襲来してきては面倒だ、皆殺しするに限ると押入れを開けてバタバタやって中にいた五、六匹の蚊を全部追い出し、パンパンパーンと殺して回った。

やっと安心して、これで落ち着いて内観できるぞと布団に入ったのはよかったのだが、あまり安心しすぎたのか、蚊騒動で疲れ果てたのか、とにかくぐっすり眠り込んで、気がついたら、窓から明るい光が入ってきていた。

＊　＊　＊

研修所の一日は午前五時からはじまる。洗顔して屏風の中に入る。困ったぞ、ちっとも内観できていないと焦るが、思い出すのは母親と関係のないことばかり……。五時半、先生の足音が聞こえる。胸がドキドキするが、一方ではこっちも一生懸命思い出そうとしているんだが、どうにもならないんだと開き直ったような気持ちもある。「おはようございます。四月二十九日天皇誕生日の朝です。あれからどういうことを調べていただきましたですか」と先生は低いがはっきりした声で、眼鏡の奥からじっと私の目を見て話される。私は小さくなって「あれから調べようとしたのですが……うまくいかなくて……今朝も考えたのですがさっぱり思い出せません」と消え入るような声で言う。先生はそれでも失望を顔に表さず、「そうですか。それではお父さんに対する自分を調べていただきましょう」「いえ、母のことができないのですから、それよりも関係の薄い父に対してはとても思い出せそうにもありません」「それでは兄さんや姉さんのことは？」「やっぱり同じです」

とうとう先生は嘆息をついて「私はこれまで何千何万人と指導してきましたが、あなたのように内観できないのははじめてです」と太鼓判（？）を押された。私は座布団の下にでも身を隠したくなった。先生はそれを憐れと思われたのか、「それでは盗みについて調べてみますか。小学校低学年までの自分がどれほど盗みをしたか調べるのも内観のテーマです」とおっしゃる。私は少々面倒になって、「もちろん山の柿を盗みに行ったことがありますが、子供のころは誰だって……」と言いかけると、先生はとりあわず、「後で聞かせていただきますから、しっかり調べて下さい」と言って丁寧に礼をして出ていかれた。

なんだか突き放されたような気がして、もうひとつ元気が出ない。盗みと言ったってびっくりするような大泥棒をしたわけでないし、今さら調べあげたところで何がわかるということもないし……と思っている間に時間が過ぎていく。

＊　＊　＊

七時に朝食が運ばれてきた。御飯は炊き立てで、味噌汁は熱い。生卵とあと一品。とてもおいしい。こんなにおいしい食事を作って下さるのに、内観できずにすまないなと思いながら一気に平らげる。

さて満腹になったので、しっかり調べるかと思うが、なかなかうまくいかない。

もうやめて帰ろうという考えが頭をよぎる。いやダメだ、途中で投げ出すなんてシャクだ。でもこんなに思い出せないままに七日間も座っていてもムダだと思うよ、と心の中で囁《ささや》くものがいる。第一こんな調子で七日間座ってられるか、とても辛抱できやしない。自分にはこれは向いていないのだ。でも一晩泊まって家に帰るんじゃ家の者に合わす顔がない。どうするか……？　その時、ちょうど奈良のあたりで、ハンセン病回復者の社会復帰のための宿泊所を作るためにワークキャンプをやっているのを思い出した。ワークキャンプというのは無償で労働を提供して人々との連帯を深めようとするサークルである。以前そこで働いたことがあるのだ。よし、それに行こうと迷いに決着をつけて、素早く荷物をまとめて、そうっと階段を下りていった。足音を忍ばせて応接室をのぞくと、先生の姿が見えない。シメタ！　と思って、先生の机の上に帰らせていただきますというメモと共に幾ばくかのお金を置いて、玄関から逃げるように飛び出した。

空は青く晴れ渡っていた。電車とバスを乗り継いでワークキャンプの現場に行った。三十人ほどの仲間が土盛りのため一輪車を押して忙しく働いていた。私の姿を見つけると、後輩の一人が「先輩、久しぶりですね、どういう風の吹き回しですか」と言ったが、私はすました顔をして、「人間、時にはこういうことをしなきゃならん」と言って煙に巻いた。

＊　＊　＊

そこで一週間働いて、家に帰った。私の顔を見るなり母は「逃げ出してきたね」と言ったので、さすがよくわかるものだとつくづく感心した。それを見て母は笑いながら一通のハガキを差し出した。四月二十九日の消印で、吉本先生からであった。

「拝啓、只今一五〇〇円也を机の上に置いて下さいまして有難うございました。厚く御礼申し上げます。御礼の印にテープ別送します。御縁があれば又、お越し下さい。明日からでもいや今日、今からでもよろしいです。謹んでお礼まで　　合掌」

以上が私の内観入門失敗の記である。失敗の原因については後の章で触れるつもりであるが、とにもかくにも丸一日も座らないうちに見事退散してきてしまったのである。

三　研究の開始

1、研究の意義

しばらくして吉本先生から送られてきたテープを聴いた。そこから流れ出る声にはやはり感激してしまう。弱い罪深い自分がいかに多くの人々の世話を受け愛情を注がれてきたか、自分はそれに対して一つも返していないと話す二十歳の女性や中年の男性の切々たる響きにはほろりとする。私だって同じような経験をしているはずなのに、ちっとも思い出せなかった自分に腹立たしさを感じる。

それから二、三週間したころ、修士論文のテーマを届け出なければならなくなった。そのころ私は高校の教師になろうと考えていたので、教職の単位取得に大わらわでとても論文を提出する余裕がなかった。しかしそのような事情を知らない指導教官のN先生は私が当然提出するものと思い込んでおられた。私もそのことを告げる勇気がなかったのと、やはり修士課程を終える記念として、小さなレポートでも作成したいと考えていた。そこで頭に浮かんだのが内観法である。

内観入門に失敗して退散してきたものの、それはやはり私の関心を惹くものであった。もちろんいろいろ疑問もある。内観は学問的背景のない人物が考え出した、いわゆる民間療法で、本当に効果があるかどうかも怪しいものである。効果のないものを、あるいはほんの少し効果のあったものを針小棒大に、いかにも効果のあるごとく宣伝しているのかもしれない。第一あれを精神療法と名づけてよいかどうかも問題である、理論的な裏づけも乏しい。このようなものを心理学の研究対象とするにふさわしくないのかもしれない。

しかし、と私は考えた。調べてみて効果がないとわかれば、無視してしまえばよいし、もしそこに何らかの効果が認められれば、これを広く世に知らせて、精神療法の一つとして加えればよいではないか。他の療法で効き目のない人でも、これで助かることもあるかもしれない。まだすべての人に完全な効果をあげるというオールマイティの療法があるわけではないのだから、それなりの意味はあるであろう。結核によく効く薬がガンに効かないからといって、その薬をバカにする人はあるまい。その効果が限定されていても、それなりの有効性を認めねばならない。

また現在実施されている精神療法は西欧で考案されたものが多く、日本では森田療法を数えるのみである。日本人に適した、日本の思想的文化的風土に根ざした精神療法がもっと多くあってよいのではないか。そしてまたその日本的な精神療法は西欧の精神療法に欠けたものを補うに足るだけの意味をもちうるのではないか。日本にだって世界の精神療法に寄与するだけの力があるはずだ。それには西欧の業績からだけ学んでいてはダメだ、私たち日本人の中に隠された知恵からも学ぶ必要がある……と何もやっていないうちから夢がふくらんでいった。

少し乱暴な言い方をすれば、ともかく効果のあるものなら、それが科学的であろうとなかろうと、苦しんでいる人の助けとなり、幸福をもたらすものなら、それでよいではないか。そしてもし不都合な点があるなら改めればよいし、より効果的なことが考えられるならば改善すればよい——これが私の基本的な考え方であった。後になって当時の日本臨床心理学会の戸川行男会長が「おびんずる様でも効果があるなら、すべからく衛生的なおびんずる様を沢山作るべし」と述べておられるのをみて、我が意を得たりと思った。

2、再び研修所へ

研究としてはできるだけ客観的な立場から研修所で行われている内観法の実態と効果を明らかにしたいと考えた。そこで手はじめに内観者の七日間の体験の過程を探り、効果を測定することにした。そのために内観者との面接や心理テスト、体験記の分析などの方法を使用することにした。

このようにおよそのことを考えて、内観研修所へ出かけた。ところが研修所に近づくにつれて足が重くなった。なにしろ私は一日で退散した人間である。それがのこのこと調査させて下さいというのはいかにも間の抜けた話だ。でも、内観を体験していないというのも強みである。なんとなれば体験した人ならば、自分の体験を基準にして内観はすばらしいだのつまらんだの言ってしまう恐れがある。主観的判断にとらわれがちだ。その点私はどちらにしろ半信半疑なのである。もちろん、全く疑わしいと思っているなら調査する気にもならなかったろうが……。その上、内観を体験して吉本先生と強い個人的つながりができてしまったら、気の弱い私は率直に物を言えなくなる。その点、落第生の私は特に恩も義理もない。これらの点は内観法の客観的科学的研究に大きな利点となるのではないか……。そう自分に言い聞かせて、思い切って研修所の門を叩いた。

その日はきちんとズボンとワイシャツをつけられた先生は一目見ると「あなたは先日途中で帰られた方ですな」。

私は頭を掻きながら、なんとか調査させていただくと有難いと伝えると、先生は苦笑いして「体験もしていない人が窓から中をのぞいてもちっともわかりませんよ。まず一週間座ってみることが先決問題ですよ。そうすればよくわかります」と私が恐れていたことをおっしゃる。針で刺される思いである。そこで私は客観的研究の価値を力説して「窓から見られる範囲だけでもよろしいから見させて下さい。中にいらっしゃる人とは違ったことが見えるかもしれませんから」と変な理屈をつけて頼み込んだ。

あまり私がしつっこく頼むので、とうとう先生は折れて「そしたら内観している方さえ承知して下さったら、心理テストをして下さってもかまいません。でも、できるだけ内観の邪魔にならないようにして下さいよ」と言われた。

＊　＊　＊

こうして研修所での調査をスタートした。その調査の中でいろいろな人と出会い、人間の心の不可思議さに触れた。心理学的なアプローチはその一端を明らかにするにすぎなかった。私は内観法のおもしろさに魅惑された。そして同時に、最初思っていたほどすべての人にそれほどすばらしい効果を与えるものでないことも知った。それは人によりさまざまであった。

翌年の三月に私は修士論文「心理療法としての内観法の一研究」を提出し、パスした。しかし、内観法に全力を注いだおかげで教職の単位を取る元気を無くし、ついに放棄した。ますます精神療法への関心を深めた私は、さらに内観法とカウンセリングの自由な研究と実践を深めるために博士課程に進学した。

そして当時、福島県須賀川市で内観分析療法を提唱していた医師石田六郎氏（後述）の元に行き、三週間自律訓練法と催眠法を受け、四週間目に内観法を体験した。それから数年後には吉本氏の許で内観し、さらに禅者であると同時にすぐれた内観指導者である三重県多度町の宇佐美秀慧氏（後述）の許で内観した。いずれも心にしみる体験であった。この間、いくつかの調査もしたが、少年院や私立高校で十数名の内観者の指導に当たり、指導者としての経験もほんの少し積んだ。そして大学院修了後、大学に勤務することになったが、内観法とは別にカウンセリングにも強い関心を持ち、カウンセラーとしての経験にもここ数年力を入れてきた。このことが内観法を絶対視せず、客観性を保つ上で役立っているならば幸いである。

本書はこれらの体験をもとにして、現時点での私なりの内観法の理解を示したものであり、中間報告である。なお、「内観」または「内観法」という言葉は他に心理学の研究法としてのそれや、白隠禅師の健康増進のための自己暗示法としてのそれがあり、まぎらわしいかもしれないが、吉本氏の開発した内観（法）にもそれなりの歴史的由来があり、他の語をもって代えることができない。

また、本書の題名は「内観療法入門」であるが、内観法は不健康な者を健康にするという治療的要素のみならず、多分に健康な者をより健康にするという教育的要素をも有すること、いちいち内観療法というのは煩《わずら》わしいことなどの理由から、本書の中では内観または内観法とした。これは精神分析療法が単に精神分析と使われるのと同様である。

第二章　内観の構造

内観法はその形態から、研修所に宿泊しての「集中内観」と日常生活に戻ってからの「日常内観」の二つからなる。日常内観については後述することにして、ここでは集中内観について論述していきたい。一般に内観法と言われる時、その形態はこの集中内観を念頭に置かれている場合が多く、本書においても特に断らない限り、内観法とはこの集中内観の形態を指すことにする。

さて、この集中内観がどのような状況で行われるかについて、読者は前章でおよそ理解されたと思うが、ここであらためてそれを整理し、その意味を考察しておきたい。

一　場面

1、場所的条件

静かな室の隅を屏風で囲んだ中に内観者が座る。用便、入浴、就寝時以外はみだりに外に出てはいけない。他の内観者と話し合ったり、読書したりラジオを聞いたりせず、電話をかけたり手紙を出すことも控え、内観だけに集中するように求められている。

これらの条件は「**遮断**」と「**保護**」の機能を果たすものとして特徴づけられよう。内観者は家庭や職場から離れて研修所に入る。研修所は人通りの激しい商店街から少し離れた所にあるから、外からの騒音は少ない。所内はもちろん静かである。内観者は屏風の中にいるから見えず、たとえ他の内観者が同室していようとも目に入らない。このように内観者は日常的な刺激や人間関係から遮断される。

この遮断はまた内観者に対する保護でもある。内観者は勉強や仕事をしなくても誰からも非難されず、食事や入浴や睡眠などに必要な世話は研修所がしてくれ、内観者は日常生活における一切の事柄から解放される。屏風の中では少々行儀の悪い姿勢をとろうと、たとえ涙を流していようと誰からも見られる心配はない。たとえ面接中の声が外に漏れようと、どこの誰であるかを他の内観者は知らないから匿名性が維持され、秘密が守られる。このように内観者はすべてのものから保護されているのである。

この遮断と保護は次のような機能を果たす。

1、静かな落ち着いた環境の中では思考活動が活発になり、自己埋没状況から自己を解放し、まじめに自己をみつめることができる。

2、それが一定期間集中的に続けられるので、思考が進展し想起が鮮明になり、それに伴って生じてくる感情的高まりが維持されやすい。それは感受性を鋭くするが、被暗示性を高めたり非現実的な感情状態にするのが目的ではない。

3、自分をとりまく人々の渦から隔離されることにより、それらとの間に距離ができ、彼ら及びその渦の中にいる自分の姿を対象化しやすい。

4、他の人間関係が遮断されているため、指導者との人間関係が唯一のものとなり意味をもってくる。その関係がどのような特質をもつものかは後述する。

これらの条件に対してある内観者は次のように記している。

「この狭い空間に我一人という孤独感とも寂寥《せきりょう》感ともつかぬものが身にひしひしと迫るのである。今日までの長い生活で、このような時間がどれだけあったろうか。――雑音を断ち雑念を断ち、一心に自己の中に没入しようとする。このことだけでも大きな意義があろう」

先に他の内観者とは直接の関係をもたないと述べたが、もちろん間接的な影響はある。例えば同室の人が落ち着かず、ごそごそしていると内観に集中しにくくなるというマイナスの影響や、逆に熱心にしている様子が感じられる時は、内観への動機づけが高まる。ある体験者は次のように記している。

「さまざまな不満以外、私に考えることはなかった。それより私は足の痛みと腰の痛みに閉口していた（向こうの屏風の中で、咳一つせず、じっと座っている人がいるではないか。人にできて自分にできないことはない）。すぐそう自分にむち打ち、足腰の痛みをこらえていた」

2、身体的条件

内観中は坐禅のような特殊な座り方や姿勢は必要とせず、楽な姿勢でいてよい。足腰が痛くなれば随時姿勢を変えてよいが、病人以外は横臥《おうが》してはいけない。しかし、楽な姿勢で座るとはいえ、先の例にもあるように一日中座っているのは、特にはじめの二、三日は、かなり苦しい。

食事は規則正しく一日三回で、適当な質と量がある。食膳を指導者またはその代わりの人が屏風まで運んで来て、また後片づけもする。食事は内観しながらいただくようにと注意されている。

ある内観者は次のように記している。

「階下から夕餉《ゆうげ》のよい匂いが漂ってくる。食欲をそそる、えも言われぬよい匂いが鼻をうった（もうすぐ夕飯だな）。昨夜、勤め先の会社から直行してこの屏風の中に落ち着いて以来、出された食事の旨さだけは私にとって格別の変化であった。偏食の私ははじめて出された食事の味覚を忘れられない。質素なものであったが、真心が味の中まで染み込んでいるようである。胃下垂の私が珍しいことに、その味をかみしめながら茶碗の御飯を一粒残さず食べた」

また別の内観者も次のように述べている。

「毎回おいしい。献立も繰り返しにならないように配慮されている。食事に限らず、何事にも気が配られている感じがして、それだけでも、それに応える意味でも内観を一生懸命しなければと思いました」

このように食事等への配慮が内観への動機づけを高めている。

心身の疲れをとるため、毎日十五分ほど入浴できる。

「そんな孤独なここでの生活が何が一番楽しいかと言えば、食事の時間と夜のくることであった。夜、風呂に入る時の嬉しさも私は忘れることができない。冷え切った身体を湯船に入れる時、心身が開放され、疲れが湯の中に溶け込んでゆくように思えるのだった」

睡眠は約八時間。このように研修所で規則正しい生活を繰り返すことにより、生理的リズムが調整され心身の疲労を回復させるという二次的効果があろう。特に日常生活において不規則な生活をしていた人や、心身共に疲労していた人にとってはその意味は大きいであろう。

内観法では自己を調べるというのはただでさえも心理的苦痛が伴うものであるから、その上にいらざる身体的苦痛が加わらないようにと配慮されている。このように研修所の運営は、人々が内観に集中しやすい条件を備えた治療的環境づくりに重点がおかれている。

3、時間的条件

内観は午前五時から午後九時までの約十六時間を約七日間続けられる。指導者と内観者の面接は一〜二時間ごとに一回、一日約八回行われる。面接時間は三〜五分。

内観法が短時日で終わるということは他の療法と比べてまことに魅力的であるが、同時にそれは内観法にいろいろな制約をもたらしていることはおいおい述べてゆきたい。

二　内観者

1、自発的意欲の必要性

他の心理療法と同じように、否それ以上に内観者には強い問題意識と内観への自発的意志が要求される。本人がその気にならなければ、いかんともしがたい。

あまりにも軽い気持ちからであれば、すでに遮断から来る心身の苦痛に耐えられないであろう。あるいはそれは克服できても、徹底的に自分の暗い部分を直視することができないであろう。

心身の苦痛に耐え、自己の存在を根底から揺り動かすほどの苦しみを乗り越えて、たゆまず内観を続けさせていくには、指導者の激励や配慮によるというよりは、本質的には彼の切迫した問題意識と自発的意志から来る彼自身の決意にかかっている。といっても、もちろん超人的な意志力がいるものではない。このことは次に述べる内観の動機や内観者の種類の多彩さからもうかがえるであろう。また、問題意識も弱く自発性も弱い人が半強制的に勧められてしぶしぶ内観した場合でも、時には徐々に内観への気持ちが変わり、小さな洞察を重ねることにより真剣に内観に取り組むようになり、それなりの効果をあげることもある。

2、内観者数と年齢構成と職業

表1は最近九年間の研修所での内観者数と年齢構成である。三十歳未満の人で全体の六割余を占める。悩み多

き時代であると同時にまだまだ精神的成長を求める時期であるからであろう。また内観のために七日間という時間を比較的とりやすい年代なのであろう。

職業は中学・高校・大学などの学生、主婦、会社員、教師、農業、商業、製造業、加工業、サービス業、保母、医師、看護婦、僧侶、修道女、弁護士など多岐にわたっている。

研修所を訪れる人は年々増加し、昭和四九年の一年間では五二〇名が内観している。

表1　内観者数と年齢構成〈1966.1.1～1974.12.31〉（武田、1975）

年　齢	男　子		女　子		計	
	人数	%	人数	%	人数	%
20歳未満	780	33.8	217	20.0	997	29.4
20～29歳	774	33.6	351	32.4	1,125	33.2
30～39歳	336	14.6	213	19.6	549	16.2
40～49歳	269	11.7	171	15.8	440	13.0
50～59歳	96	4.2	73	6.7	169	5.0
60歳以上	49	2.1	60	5.5	109	3.2
計	2,304	100.0	1,085	100.0	3,389	100.0

3、内観者の目的

内観する人々の主たる目的を大別すると、一つは教育的な目的と他は狭義の治療的目的とに分けられるであろう。

(1) 教育的目的

精神修養または人間的成長　内観に来る人たちの中には精神修養とか人間的成長を求めている人がかなりある。これは内観法の一つの特徴である。例えば森田療法ではその療法を体験するのはいわゆる純粋に治療を目的とする人たちだけであろう。またカウンセリングや精神分析を教育的な目的で受けるのは将来カウンセラーや精神分析家になろうとする人が大部分である。しかし、内観法の場合はそのような人たちに限定されず、学生、教師、弁護士、会社員、保母など広範囲である。二、三例を見てみよう。

「今、特に何の悩みもありませんが、一度自分というものを徹底的に見つめてみたいと思って参りました。人間として成長するために必要だと思ったからです」

「私は教師ですが、生徒を指導するには、まず自分自身の姿というものをしっかりとつかんでおかなければならないと思いまして……」

「私はある修養団の会員です。行《ぎょう》が不足であることを思い、何か徳を積む道を求めたらと考えていたが、本当の自分がわからないでは徳を積もうとしても無駄だろうから、本当の自分を見出そうと思って、内観しようと思いました」

「宗教的に安心立命を求めていて、在俗の者として、禅宗の如き修業は望むべくもないが、何か身にあった修業――現在の人々に最も行いやすい本当の宗教は無いものか――また、その宗教――人間の本当の喜びがつかめないものかと考えていた時、書店で吉本先生の『内観四十年』を知って、これだと思った」

またある会社では社員の教育研修として内観させている。

指導者研修　それから、内観の指導者になるために来る人々もいる。これは内観法を矯正教育や学校教育の場で実施するためには、まず指導者となるべき人の体験が必要であるとして、刑務官や教官が派遣されてくる。

「職務命令で来たのですが、もともと自分でも体験したいなあと思っていました」

「内観法を生徒指導に使うにはまず自分が内観しなければと言われまして……」

研究　内観の指導者になるならないは別として、心理学や精神医学あるいは社会福祉や教育などの学生や大学の教官、研究所の所員、医者や精神療法家などが、内観法を研究する目的や知的な興味から体験に来る。

「私は非行少年の矯正教育について興味があったのですが、それをやってゆくうちに、内観というものを知り、興味をもちはじめ、卒論にと思い、体験に来たのです」

「さまざまな心理療法を研究していた時、研究室の先生から内観法を耳にし、私はその先生の人間性、学問の点からも信頼していましたので、はじめは半信半疑ではありましたが、自分をもっと改革したいという一種の期待感をもって研修所を訪ねました」

「精神科の治療体系の中に内観を採用するにあたって研究するため……」

以上は教育的目的で来所した内観者であるが、その中には副次的なものとして何らかの治療的な目的をもっている人々もいるであろう。人間誰しも人格的な偏りや、精神的な問題をもっているから、それも当然であろう。

次に何らかの症状や問題をもち、それを直接の動機づけとして来た内観者についてみてみよう。

(2) 治療的目的

自分ではどうしようもない問題や症状に苦しみ、解決や解消を求めて来所する人たちには次のような種類がある。

人間関係の葛藤の解決を求める者　親子の不和、姑との争い、夫婦の摩擦、あるいは職場での上司との軋轢《あつれき》、失恋など人間関係のトラブルを契機にして来る者も多い。

「娘が家出をし、男と同棲していくら勧めても家に戻ってこないので、どうしてよいかわからず悩んだ末、内観に来ました」

「現在、妻は子供を連れて姿をくらまして、弁護士に依頼して私に離婚を迫っております。私は妻も子も愛しております。このことで大変悩んでいます」

「会社でおもしろくないことばかりありますので。……同僚が内観に行けば気持ちがさっぱりするというので来ました」

神経症またはそれに近い状態の解消を求める者

「今まで気ままに育ち、母の言うことも聞かず育ってきたためか、花嫁修業も全然できないので、またとてもルーズだし、これから先、家庭生活をよく一人でやっていく自信がない。また、他人と話をするのがとてもこわい」

「現在まで築きあげてきたものに自信がもてない。無気力になる」
強い劣等感に打ちのめされて希死念慮をもつ者、対人恐怖、不安、不眠に悩む者などがその解消を求めて来所する。

その他　非行・犯罪からの更生、アル中からの脱出、心身症の解消を求める者、精神病との境界線級の人たちが治療を求めて訪れている。

4、対象を制限しないことについて

研修所では現在のところ、内観希望者をすべて内観者として受け入れている。しかし、内観希望者は内観とはいかなるものか、いかなる効果をもたらすかをある程度知った上で来所するのであるから、それから遠くはずれた目的をもっていることは少ない。あるいは誤解していても内観を数日して、自分には内観のルールを守ることすら耐えられないとか、自分の求めているものは内観からは得られそうもないと気づいた人は中断して帰ってゆくから、自然に自己選択が行われていると考えられよう。

研修所としても、事前に内観法への適・不適は判定できないとしている。吉本氏は「この方法はどんな人が内観に適するか。これだけは予測できません。この方こそ深く進んで下さるだろうと期待しておりましてもサッパリだったという結果もありました」と述べている。

このことを武田良二氏は次のように述べている。

「いかにも成功しそうな人物が意外に浅い表面的な思索にとどまって失敗したり、反対に、いかにも自発性のない軽薄そうな人物が意外に深い内観に到達して成功することはいくらでもある。科学の目標の一つは事前予測の的確さにあるが、現実は、一般的蓋然《がいぜん》的予測はできても当該ケースの成功・失敗への予測はできない。この技法が〈わかい〉という理由よりも、人間性の本質にかかわる技法であって、人間存在の複雑さ、不可思議さ、崇高さから見て当然のことであろう」

吉本氏はこの内観への適・不適の問題についてはもっと楽観的解決策を提案している。

「歌ならちょっと歌ってもらえば素質の有無はわかります。したがって内観も実習して下されば一番早くわかります。別にやりそこなったからといって大怪我をするわけでもないですから、とにかく一週間座っていただきますと大体の見当はつきます」

しかし、やはり内観法を実施するとなれば指導者・内観者共に多くの時間と金とエネルギーを要するものであるから、無駄なことは避けた方がよいに決まっている。絶対的予測ができないことはカウンセリングにしろ精神分析にしろ、森田療法にしろ同じである。しかし例えば森田療法などはその対象が森田神経質という特徴を備えた人々であることがかなりはっきりしてきている。これも長い経験とそれを基礎にした理論から出てきた結果であろうから、内観も将来はある程度対象が明確になってくるかもしれないし、いろいろな点での損失の防止や、ひょっとして内観して「怪我する」危険性もみつかるかもしれないから、明確にする努力は必要であろう。しかし今の段階では門戸を広くしておいて、いろいろな人々が内観を経験し、その結果の分析から、適応症の問題を解決してゆかねばならないであろう。

三　指導者

指導者は内観者にテーマを与え内観的思考様式で考えるように指導するのが第一の役割であり、そのため面接をして内観報告を聞き必要な指導をする。第二の役割は内観者が内観に専念しやすい環境条件を整えることである。そのため、食事・風呂・寝具等の用意に気を配り、厳粛な雰囲気を維持するように努める。

内観法では指導者の条件として集中内観を体験したことがあり、その後も日常内観を実行していて、安定した信念と情熱をもって内観法を実施できる人なら誰でもよく、特に資格・学識は問わないとされている。内観の体験という条件は、それによって自己理解を深めると共に内観の指導の仕方を学び、内観者の語るところに共感できるということである。このことは精神分析において分析家になるためには、教育分析を受けることが必須条件になっていることと符合する。

ところで他の精神療法なら治療者となるためにはいろいろな学問的素養が必要であるが、内観法ではそれを必須条件とはしていない。それゆえ他の療法とは比べものにならないほど短期間で指導者になりうる。事実今まで数多くの矯正機関や教育機関で、そのスタッフがわずか一週間の集中内観の体験のみで指導者となり、それによってかなりの効果を上げてきたという実績がある。基本さえ修得できれば後は指導の経験を積み重ねることによって指導技術は洗練されていくであろう。そしてこのことは他の精神療法と比べて、内観法が内観者の自己教育・自己治療的な色彩の濃いことを意味すると考えてよいであろう。

しかし、その場合でも心理学や精神医学等の知識があればなおよし、また特に神経症や心身症あるいは精神病との境界領域の人々にまで対象が拡がっている今日、当然それらに関する知識は不可欠であり、指導に関する技術的な訓練も必要となるであろう。

このことについて医師の石田六郎氏は「私は内観を他に類例のない特徴をもつすぐれた療法とは考えるが、内観が急激に人格の内的変革を企図するものだけに、指導には慎重を期すべきものだと考えている。内観が自己活動的なものであるから指導は誰にでも容易にできるというような考え方は危険であると思う」と警告している。

内観指導の実際において指導者がどのような態度で内観者に接してゆくかについては、第三章の「内観の過程」において詳しく述べたい。

ろに特徴がある。

四　テーマと内観的思考様式

精神分析の基本は被分析者の自由連想であり、カウンセリングでもクライエントに自由に思いを語ってもらうのが基本となっている。これに対して内観法では指導者が内観者に考えるテーマを与え、考え方を指導するところに特徴がある。

1、テーマ

テーマとして第一に「してもらったこと、して返したこと、迷惑かけたこと」、第二に「養育費の算出」、第三に「嘘と盗み」などがあることはすでに第一章において触れた。特に第一のテーマに対しては、百分の時間があるなら「してもらったこと」に二十分、「して返したこと」に二十分、「迷惑かけたこと」に六十分の時間配分で内観するようにと指示する。

指導者はどのような目的で来た内観者に対しても、まず無理のない限り母に対する自分というテーマを与え、それが終われば次々と本人の生育史において重要な関係のあった人、一人一人に対する自分を調べさせる。母や父など数人の対象について、ひと通り済ませるだけでも二日余りかかる。

それから後に、内観者が誰かある人物との葛藤に苦しんでいる場合には、その人物——例えば離婚問題なら配偶者、上司とのトラブルならその上司——を対象として、「してもらったこと」「して返したこと」「迷惑かけたこと」の三点について二人の歴史を調べていく。

そしてそれがひと通り済むと、また対象を母にして年代区分を細かくして再び内観させる。これを繰り返すにつれて、想起内容は豊富になり、具体的で鮮明になってくる。そして七日目ごろになると内観者自身にテーマを

表2　テーマの与え方 (1)　高校2年生男子の事例

日	テーマ		面接回数
	対象関係	年代区分	
1	母	小学校、中学校、高校 小学校（2年毎）、中学（1年毎）、高校（1年毎）	11
2	養育費	全期間	1
	父	小学校（2年毎）、中学（1年毎）、高校（1年毎）	8
3	祖母	小学校（1年毎）　中学1年（祖母死亡）	8
4	姉	小学校（2年毎）、中学（1年毎、中学3年時結婚）	6
5	学校の先生	小学校（6年間。転校多いので） 中学（1学期毎） 高校（1学期毎）	14
6	嘘と盗み	小学校（6年間）、中学（1学期毎）、 高校（1学期毎）	14
7	学友	小学校、中学、高校	3
8	母	小学校（1年毎） 中学（1年毎） 高校（1年毎）	12
9	自由テーマ	全期間　（午前10時終了）	3
計			80

表3　テーマの与え方 (2) 教師48歳男子の事例

日	テーマ			面接回数
	対象関係	年代区分		
1	母	（午後2時開始） 小学校、中学、高校、大学（母死亡）		4
2	養育費	全期間		1
2	父	小学校、中学、高校、大学、軍隊時代、 28歳から3～5年毎、現在まで		8
3	妻	29歳から2～6年毎、現在まで		4
3	妻の母	29歳から5～8年毎		3
3	学校の先生	小学校、中学、高校、大学		4
4	卒業後の恩師（精神的指導者）		全期間	1
4	母	小学校、中学校、高校、大学		4
4	職場での上司・先輩、同僚、後輩、生徒		全期間	5
5	職場	2～5年毎		4
5	友人	小学校、中学、高校、大学、軍隊、教職員時代		6
6	お酒による失敗の調べ		全期間	1
6	兄	小学校、中学校、高校、大学、それ以降現在まで		5
7	嘘と盗み	小学校、中学、高校、大学、軍隊、 それ以降3～5年毎、現在まで		10
7	妻の兄弟、妻の父、子供、仲の悪い人		全期間	4
8	自由テーマ （伯父伯母その他、学校以外の恩師）		全期間	2
8	学校で内観法を教える場合の質疑応答		（午前中に終了）	1
計				67

表4　テーマの与え方 (3)　主婦42歳の事例

<table>
<tr><th rowspan="2">日</th><th colspan="2">テ　ー　マ</th><th rowspan="2">面接回数</th></tr>
<tr><th>対象関係</th><th>年代区分</th></tr>
<tr><td>1</td><td>母</td><td>(午前11時開始) 小学校、女学校、35歳まで (小学校教師時代)、25歳 (結婚) 以降2〜5年毎、現在まで</td><td>7</td></tr>
<tr><td rowspan="2">2</td><td>父</td><td>小学校、女学校、30歳まで、以降3年毎、現在まで</td><td>7</td></tr>
<tr><td>嘘と盗み</td><td>30歳まで、以降5〜7年毎、現在まで</td><td>3</td></tr>
<tr><td rowspan="2">3</td><td rowspan="3">母</td><td rowspan="3">幼稚園〜小学2年、3〜6年
女学校1〜2年、3〜4年、師範学校
教師時代の2年間、次の2年間
25歳以降2年毎、現在まで</td><td rowspan="3">16</td></tr>
<tr></tr>
<tr><td rowspan="2">4</td></tr>
<tr><td rowspan="2">主　人</td><td rowspan="2">25歳以降2年毎、現在まで</td><td rowspan="2">9</td></tr>
<tr><td rowspan="2">5</td></tr>
<tr><td rowspan="3">母</td><td rowspan="3">25歳以降1年毎、現在まで</td><td rowspan="3">18</td></tr>
<tr><td rowspan="2">6</td></tr>
<tr></tr>
<tr><td rowspan="2">7</td><td>主人、各病院の先生</td><td>全　期　間</td><td>2</td></tr>
<tr><td>先　生</td><td>小学校、女学校・師範時代</td><td>2</td></tr>
<tr><td rowspan="2">8</td><td>上司 (教師時代)、主人の実家の人、隣近所の人</td><td>全　期　間</td><td>3</td></tr>
<tr><td>母</td><td>(不明)　(早朝に終了)</td><td>1</td></tr>
<tr><td>計</td><td colspan="2"></td><td>68</td></tr>
</table>

自由に選ばせて内観させることもある。この間「養育費の算出」や「嘘と盗み」のテーマを適宜入れる（養育費の算出は父に対する内観の前にするのが普通である）。

以上のテーマの提示順序や年代区分などは固定的機械的でなく、内観者の目的や内観の進み具合によって弾力的に変化させる。例えば、夫婦の不和に悩んでいる人に対しては、配偶者への内観に多くの時間を割き、断酒を目的に来た人には、酒にまつわる失敗について何回も繰り返し内観させる。

表2～4は内観のテーマの提示例として、吉本氏の論文から引用し、見やすいようにまとめたものである。

2、内観的思考様式

内観のテーマの底を流れる思考様式は次の三つに要約されよう。

第一は「相手に借りはないかと考える」思考様式である。内観のテーマの「して返したこと」は「貸し」になり、「してもらったこと、養育費」はもちろん「借り」であり、「迷惑かけたこと、嘘と盗み」は相手に何らかの損害を与えたことになるからこれも「借り」である。私たちは相手への「貸し」はいつまでもよく覚えているが、得てして「借り」は忘れやすい。それで得をしているようなものだが、しかし本当を言えば私たちは借りたものは返さなければならないし、そうしなければ気持ちが悪い。そうでなければ一人前の人間とは認められない。そこで内観を比喩的に言えば、過去という蔵の中に入って古い帳簿から新しい帳簿までを繰ってみて、この忘れている「借り」を洗いざらい掘り起こし、それによって正確な貸借対照表《バランスシート》を作成しようとするのである。指導者は内観者がいつまでたっても「貸し方」の記帳にのみ熱心な場合には「人の悪口や自分の自慢なら昔から上手なんですから、特別に一週間稽古に来なくてもよいのです。その裏に隠れて忘れ去っている、お世話になったこと、これを徹底的に探してもらうわけです」と述べ、「借り方」に目を向けるように指導する。そこで以上のような考え方を、借り方に重点を置いた「**バランスシート的思考様式**」とでもいえよう。

第二は「相手はともかく、自分はどうであったかと考える」思考様式である。内観者が他者非難に明け暮れていると、指導者は「相手を非難する前にまず自分がどうであったかを考えなさい」と相手に向けていた眼を、自分の方に向けるよう指導する。相手にもそれなりの欠点や非難すべき点があるかもしれないが、相手の非を鳴らし相手にあれこれ要求する前に、まず自分を深く省みることが必要だというのが内観法の考え方である。自分を突き放して、自分は相手に対してどのような態度をとり行動し、どのような気持ちを抱いていたか、自分は当然すべきことを怠ってはいなかったかという観点から徹底的に考えようとするのである。これを内省的思考様式といってもよいのであるが、内観法では「検事が被告を取り調べる時のように厳しく」と言われているように手ぬるいものではないから、「**自責的思考様式**」といった方が的確であろう。

内観法のとる第三の思考様式は、「相手の立場に立って考える」という考え方である。私たちは得てして自己中心的な見方をしがちである。内観法では、内観者が自分にとらわれて相手の気持ちを思いやろうとしない時に、指導者は「その時、相手はどのような気持ちだったでしょうか」と問いかけ、相手の立場に立って考えるように示唆する。私が観察した例では「腹が立って弟に石を投げて胸に当ててしまいました。すみません」と一応は自責的思考様式で、しおらしい様子を見せている内観者に向かって、指導者は「その時、弟さんはどのような気持ちがしたでしょうね」と問い返した。すると内観者は「ああ、どんなに痛かったことか、信頼している兄からそんなことをされて、どんなに驚いたことか、どんなに悲しかったことか！」と叫び、その時はじめて自分の投げた石を受けた弟の胸の痛みを実感したようであった。このように内観法では、相手の身になって考えることを内観者に期待している。この考え方は「**共感的思考様式**」といえよう。

以上、「相手に借りはないか」（バランスシート的思考）、「自分が悪くないか」（自責的思考）、「相手の気持ちはどうか」（共感的思考）といった考え方が内観的思考様式である。

このような思考様式でテーマ通りに考えた結果を、一〜二時間ごとに面接に来る指導者に報告する（これを内観報告という）。次にこの面接についてみてみよう。

五　面接

指導者は内観報告を聞くために、内観者が内観しているところへ行って面接し、低い小さな声で内観報告を求める。次にその様子を二、三の例から見てみよう。

【例一】　六十七歳の老婦人の実娘に対する内観

指導者「この時間どういうことを調べていただきましたですか？」

内観者「はい、六十五歳から六十六歳の時の娘に対する自分を考えておりました。

六十五歳で病院を退院して帰ってきました。その頃またあの娘《こ》は私が入院しています間に、勉強して養護教諭の資格を取って、生活の地盤を固めて参りました。私に尽くしてくれましたことは、その頃私の誕生日に、高価なビーズの草履を私に買ってくれました。それからまた暮れのボーナスで、大丸で最高のショールを私に買ってくれました。私はそのようなものを沢山持っておりますから必要がないのにと、無駄なお金を使ったと言って感謝の気持ちを持ちませんでした。

お返ししましたことは、家の用事万端、孫の世話をして返したぐらいでございます。

迷惑をかけましたことは、その頃私の痔《じ》がまた悪化いたしまして入院し、とっても迷惑をかけました。

六十六歳の時退院して家へ帰って参りまして、驚きました。私が六十五歳ぐらいから丹精こめまして花壇を作りまして、一生懸命四季の花を咲かすように、一面に花畑を作っておりました上に、私のためにと六畳のプレハブの立派な住居を建ててくれました。帰るまで何のことも聞いておりませんし、見舞いに来た時も一言も申しませんのに、びっくりしまして、娘が老後のことをそこまでもこまごまと尽くしてくれましたものを、かえって自分の作りました花壇のことをなじりまして、本当にもう何という母親か！　……今思いましたら本当にもう愚かな母でございました。

お返ししましたことは、相変わらず孫の世話と家の用事をした程度でございました。

迷惑をかけましたことは、娘は勤めの帰りに重い食料品を毎日沢山担いで帰ってくれました。それにもかかわらず、感謝するような言葉の一つもかけてやりませんでした。本当に今思えば、愚かな愚かな母でございました」

指導者「今度は最近までを調べますか？」

内観者「はい」

指導者「どうもありがとうございました。しっかりやって下さい」

このように内観報告は単に思い出したことを無秩序に未整理のまま話すのではなくて、「してもらったこと（お世話になったこと、尽くしてもらったこと）」にはどのようなことがあったか、「して返したこと」に何があったか、「迷惑かけたこと」にはいかなることがあったかを、項目ごとに整理した形で述べるように求められている。

内観報告を聞く時、指導者は黙って耳を傾ける。表情も厳しく、時には取りつくしまもないような印象すら与える。

この例にあげた内観報告に対して、指導者は肯定も否定もせず、聞き終わるとすぐに次のテーマの確認をし、しっかり内観するよう激励して面接を終えている。拍子抜けのように感じる人もあろうが、実は内観での面接の大半はこのような指導者の反応で占められている。特にある程度順調に内観が進んでいる場合にはそうである。

【例二】三十七歳の主婦の姑に対する内観

指導者「どういうことを調べていただきましたですか？」
内観者「はい、結婚して二年目の前半の、お姑さんに対する自分を調べておりました。私が流産いたしました時、姑《はは》は家の者を放っておいて、私を病院へ連れて行き、一晩中お世話して下さったのです。大事な父や孫を人に頼んで……、私は驚きでした。すべてを投げうってでも、私のためにして下さる、そういうありがたい姑《はは》なのでした。他人の方でしたら、誰も世話して下さいません。
お返しには、少しばかりのお給料を見せてうぬぼれている私でした。
ご迷惑には、食事の後姑は楽しげにプロレスとか時代劇などを見ておられました。私は自分が好きでないものですので、いつでも見ていられる姑に、主人に頼んでテレビを切らせまして、淋しい思いをさせました。みんなが楽しんでいらっしゃるのに、良い雰囲気も作り出せない自己本位な悪い嫁でございました」
指導者「お世話になったことはケロッと忘れてしまう。こうして調べることによってはじめて思い出すんですね。しっかりやって下さいよ。今、そのお姑《かあ》さんから着替えの小荷物が着きましたよ。一分一秒を惜しんでお願いします。ありがとうございました。また次の半年を調べて下さい」
内観者「ありがとうございます」

ここでは指導者は共感を言葉で示し、内観することが相手を理解する上でいかに大切かを内観者と共に確認しあい、内観的思考様式の必要さを共に感じあっている。この言葉によって、内観者の内観的思考様式への傾斜はますます強められていく。
内観報告があまりにもテーマから逸脱していれば、指導者はそのことを告げ注意を促す。あるいはあまりにも自己中心的で他罰的な陳述の場合には共感せず、本人が気づくのを待ったり、それがあまりにも何度も重なると、頃合を見てそれは内観でないと注意する。

【例三】三十一歳の実業家の父に対する内観
指導者「今度は二十六、七歳でしたかな？　どんなことを思い出していただきました？」

内観者「二十六、七歳の時の父に対する自分を調べさせていただきました。

　父は新鮮な野菜や柿や家で採れた栗やニワトリの卵を、沢山東京に持ってきてくれました。とても東京では新鮮なおいしいものを食べられないという父の本当のお心だと思います。いただいた私はそういう父のお心がわからずに、こんなものはお金を出せばいくらでも買えるんだとか、というような本当に悪い気持ちでおりました。表面だけニコニコして有難うと言ったのみで、温かいお心を素直に受けることができずに、内観させていただきまして、その有難さがわかりました。

　お返しには、お家を建ててあげたことですが、それは小さなお家ですが、『俺が建ててやるのだ』というような全く恥ずかしい気持ちで、二十数年の父の御恩を考えましたら、そんなことは当たり前ですし、ましてや増長者でいた私を恥ずかしく思います。

　ご迷惑は、お忙しい中をわざわざ東京まで来ていただいたのに、仕事が忙しいからとか迷惑だなどという気持ちで、父に淋しい思いをさせてしまったことをお詫びいたします。ありがとうございました」

指導者「もしこちらも無財産であれば、野菜や果物や卵を持ってきて下さったとあれば、喜びの深さというのは、格段の相違ですよね」

内観者「はい。そうでございます」

指導者「で、財産ができたということは、物の有難味や人の好意を素直に感謝する能力を失わしめている、むしろ貧乏になっているわけですね」

内観者「はあ、そう思います。……週刊誌に私の記事が出たりしまして、それを父が嬉しくて隣近所や親戚にも皆に見せて歩いたそうですが、『そういうことはしないでほしい』と父に手紙を書きましたことを、お詫びしたい気持ちです。私のことを嬉しくて嬉しくて本当に、その嬉しい気持ちを、じっとしているより皆に見せてあげたいと思って、やさしいお心持ちで見せていただいたものを、私は『そういうことはしないでほしいし恥ずかしいから』という手紙を出して、父を苦しめたこともございました。もっと沢山迷惑かけたことがありますが、本当に父にはつらくばっかり当たって御迷惑ばかりかけてきました。有難うございました」
指導者「世界中で息子の成長を心から祝福して喜んでくれる人は、そのお父さんだけですよね」
内観者「はい」
指導者「次は二十八、九歳ですか。しっかり調べて下さい」
内観者「ありがとうございました」

この例では、指導者は内観的思考様式に沿って自分の考えを述べ、内観者の父親への理解と自己理解を深める働きをしている。もちろん、それが押しつけにならないように指導者は慎重であり、このような言動は、内観がかなり進み、内観者がそれを受け入れることができるようになった時点でなされるのが普通である。

その他、指導者は「何か質問はありませんか?」と尋ね、内観者からの問いを受けることがある。この時、内観者は内観法への疑問やその他気になっていることを質問する。これに対して指導者は率直に応答し、用事があれば果たすことを約束する。こうして面接は終了する。

以上が内観法の構造であり、内観法が実施される要件である。次にこのような構造の中でどのような過程《プロセス》が展開されるかを追ってみよう。

第三章　内観の過程

それでは内観を人々がどのように体験していき、それに対して指導者はどのように応対していくか、その過程を便宜上八つの段階に分けて、いくつかの体験記をもとに述べてみよう。

一　導入

「ようやくの思いで、私は内観教育研修所を見つけた。古い建物であった。表門は冷たく、いかめしかった。私の足は建物の前に立ったとたん、すくみ、帰ろうかという迷いがまた頭をもたげはじめた。……『何か御質問はありませんか?』録音機を沢山並べた部屋で吉本先生が静かにお話しされる。眼鏡の奥の先生の眼がじっと私を見ていた。『はい、別にありません』『では早速座りますか』。先生が私の目をみつめたまままきいた。『はあ、お願いします』。私が答えた。淡々とした事務的にも受け取れる応対であった」(教師)

これが内観希望者と指導者の最初の出会いである。ここで指導者は、内観に来た動機を簡単に尋ね、内観の仕方、注意事項などを説明した録音テープを聴かせる。それが終わると、指導者は希望者にその決意を再確認させた後、住所・氏名・年齢・職業等をノートに記入させる。そして二階の内観室に案内し、どの隅の屏風の中に座るかを示す。その間無駄な言葉は一切ない。そこで前掲の体験記にあるように事務的だと受け取る人もいるし、次のように腹を立てる人もいる。

「内観道場を訪れてすぐに、挨拶もそこそこに、内観の部屋に連れていかれたことを私は、他人の都合を考えない一方的な行為だと考えてしまい、腹立たしさを感じ……」(学生)

ところで指導者の方はどうかと言えば、「『今度こそよく反省します』と誓っても、さて何十分反省するか？　あとは、ほとんど実習しないというのが、私をも含めて、悲しい人間の習性ではあるまいか？　そのように浅ましいところの人間が『内観する』ということは、まさに奇跡ともいうべき大事件である。したがって動機や目的がどうであろうとも、『内観に来ました』とあれば、盆も正月も日曜も祭日も、夜中だろうと何だろうと大歓迎で、金の延べ棒が舞い込んだものとして歓待すべきであります」(吉本)というように指導者は内観者を歓迎しているのである。

この奇妙なすれ違いはどこから来るのであろうか。たしかに指導者がもっとニコニコと歓迎する態度を見せればそれが伝わるかもしれないが、このすれ違いの本質はもっと別のところにあるように思われる。実はここに指導者―内観者関係が象徴されているといえよう。

この両者の関係の特質は一言にして言えば、内観法においては「内観する」のは内観者本人であり、指導者はその条件を整え手引きをするにすぎない。確かに内観者は指導者に同一化し内観的思考様式を身につけていくというプロセスはあるが、精神分析やカウンセリングと比較すれば、自己治療的な色彩の濃いものといえよう。したがって、内観することによって所期の目的が達せられるかどうかは、ひとえに内観者その人にかかっている。

それゆえ指導者は内観希望者を内心では大歓迎しながら、外面では相手から責任を預けられ過度に依存されるのを防ぐために、「内観するのはあなたですよ」という意味をこめて、淡々とした態度をとるのである。

さて、以上の導入段階は他の心理療法でも最初に行われる「場面構成」といえよう。これは内観過程の初期においてのみならず、その経過においても、内観者が内観の方法とか思考様式から逸脱したり、研修所での生活のルールを守れない場合には、何度でも繰り返し行われる。

二　場面探索

さて、内観者は一人屛風の中に座り、与えられたテーマについて考えようとするが、集中できない。急に新しい環境におかれた戸惑いがある。彼は落ち着かず、自分が一体どのような所におかれたのか知ろうとして、室の様子、人の気配、外から聞こえてくる音などに敏感に反応する。

「薄暗い。狭い。ついさっき町を歩いていた時の雰囲気とおよそ対照的である。少し寒いので置いてある毛布をひざにかける。フーッとため息と共に上を見上げると、天井板に年輪がくっきりと曲線を描いている。この一メートル四方の中に入る時気がついたのだが、ほかに四名ほど、すでに座っているようだ。しかし話し声はおろか、物音一つしない。ただ外部から鶏の鳴き声と、時々電車の疾走音が響いてくるだけである」（学生）

研修所内は厳粛な雰囲気である。しばらく座っていると足腰が痛くなってくる。

「じっと座ったことのない私は、ものの一時間足らずで、苦痛になった。物音一つしない、暗くなった部屋の中で、人の気配がする。私の他に二人ほど内観に来ているようだ。私は自分の忍耐の弱さに腹を立てていた」（理髪業）

しかし、屛風の中に座るということは一種の保護された状態であり、そこで安心感をもつ人もいる。

「案内された部屋の隅の三尺四方の屛風の中に落ち着くと、一種の安心感にひたることができた」（女子学生）

この場面探索段階はさほど長く続かない。数時間から十数時間もすれば、この間に指導者との面接もあり、食事や入浴もあり、研修所での生活や内観のやり方にも一応慣れてくると、場面探索の気持ちも薄れてくる。指導者は内観者が慣れて落ち着いてくるのを待つ。内観者が質問すればそれに応じて、場面への不安を解消するようにする。

三　内観模索

少し落ち着いてくると、テーマについて考えようとするが、遠い過去のことは思い出されず、テーマと無関係な感想が雑然と浮かんでは消えていく。

「浮かんでくるのは今朝の名古屋駅でのことだ。見知らぬ男が……（中略）……。これではいけない。母のことが浮かぶどころか、とりとめのないことばかり、次から次へと浮かんでくる。何とかして、母のことに集中しようとするのだが、しようとしても、なかなかできるものではない。両眼を固くつむって両腕を組む。出てこい、何か浮かんでこい。……しかし浮かんでくることは関西沿線の山また山の景色や、一緒にここに来たYさんは今ごろ何を考えているのだろうか、一切が他人のこと、周囲のことばかり」（学生）

また、内観に来たことについての感慨にふけったりする。

「一人とり残された私は、ぼんやり後ろの壁にもたれて、次から次へ頭をかけめぐる走馬燈のような思いを出るにまかせておりました。……ああ、哀れなるかな汝よ。なぜ悩み、なぜ苦しむのか、汝の友はみな愉快に日々を送っているではないか……（中略）……このような所に座って、泣かねばならぬ自分を、あわれみ、あざ笑いたいような気持ちで、いつまでも、底知れず冷え切っていく室のすみに座っておりました」（会社員）

内観を開始して数時間あるいは数日経ってもなかなかテーマ通りに運ばないことがある。

「内観について、一通りのことは承知してきたつもりなのだが、いざ座ってみると、少しも『内』に入ってゆかない。まず、母についての自分を調べるようにと課題を与えられたのであるが、その母に焦点が合わない。小学校入学の頃の自分——たしか入学式の帰りに、雪がちらついていたように思うが、肝心の母が少しも出てこない。そのうち当時の自分のことや、友だちと遊んだことなどが脳裡をかすめる。——これではいけないと母にひきもどすのだが、それも束の間、またあらぬことに気が散ってしまう」（教師）

また、ある者はテーマについて考えるが、抽象的であったり、テーマそのものが今まで考えたこともない分野であって、戸惑ってしまう。

「吉本先生に対しても『ただ漠然としています』以外、他に何も答えることがなかった。母に対しても、してもらったことが余りにも多くあり、『具体的に』と先生に言われても、実感としてわいてこなかった。私は、今の生活や家賃その他の月末のことや、AとBとの支払い以外、考えることはできなかった。また、いまの生活から切り離された昔のことなど一切考えようとしなかった。私は自分がしてもらったことやお世話になったことよりも、自分が人にしてやったこととか、品物をやったこととか、奢《おご》ってやったことばかり覚えていて、人にしてもらったことなど、あまり考えようとしていなかった」（理髪業）

はじめの二、三日は誰でも内観らしい内観ができず漠然としているものが常であるから、指導者は内観者の内観報告がどうであれ、テーマからあまり逸脱したものでない限り黙って聞いている。

内観の指導者の一貫した基本的態度は「待つ」ことである。内観者が場面に慣れるのを待ち、内観の仕方を学ぶのを待ち、洞察がおとずれるのを待つ。すべて内観者の内部での内観という精神活動にかかっている。

しかし、完全に待つ姿勢で控え目で非介入的か、と言えばそうではない。内観のテーマ通りに考えるよう積極的な方向づけを行う。

「あなたの今の仕事は内観することです。今までに自分が人からどれだけのことをしてもらい、どれだけのことをして返したか、良いことを余計したか悪いことを余計したかを調べるのです。今の自分がどうか、これからど

うすればよいかを考えるのではありません。そんなことは内観には余分なことですから一切捨ててしまいなさい」（吉本）

あるいは、数日しても漫然と内観している人に向かって「それでは千日座ったところで意味はありません」などと告げる厳しさもある。

四　内観進展

時日が経ち面接が繰り返されるにつれて、だんだんと内観が軌道に乗り、特定の人物と自分に関する過去の事柄が浮かんでくるようになる。内観報告においても「してもらったこと、して返したこと、迷惑かけたこと」がきちんと分類されて述べられるようになる。

ある内観者（主婦）は父に対する内観を次のように報告している。

指導者「お父さんに対して小学校二年生のころを調べて、どういうことを思い出しましたか？」

内観者「父は私を強い腕で抱き上げて遊んで下さいました。また小学校二年生のころジフテリアにかかりましたところ、夜中に小学校の校医である先生のところまで呼びに行って下さいました。また治るまで、日の当たる部屋から部屋へと、お布団のまま私を抱いて二階の部屋へ上っていったり、階下《した》の座敷へ下りてきたりして、治して下さいました。私は父の存在など平素知りませんでした。

お返しはタバコを買いに行ったことがありました。一銭のお釣りをいただいて、何の代償もなくしたことはございませんでした。

ご迷惑には祝日勤務する父にだだをこねて父についていきました。土木の機械をいじったり、製図を破いたりして、他の職員の方々に遊びの相手を無理言ったりして、父と役所の方々をも困らせました。そんな私を父は叱らないでまた連れて行って下さいました」

指導者は折にふれて、次のような注意を繰り返す。

「内観というのは、例えばお母さんがどれだけのことをしてくれて、それに対してどれだけのことをして返したのかということを調べるのです。お母さんがどういう人であったかと母を調べるのではありません。自分自身を取り調べるのです」

内観法では、相手よりも自分に重点を置いて見つめさせるようにする。そしてそれも「田畑を耕すようなのより も、井戸を掘るように深く」内観し、具体的なことを深く深く、細かい事実まではっきり思い出し、その当時の自分の態度や行動や感情に焦点を合わせるように指導する。

ところで、内観報告が型通りになされようとも、単に過去の記憶を呼び起こし、知的に事実を数えあげるだけでは不十分である。そこに新しい認識を発見した驚きや悲しみや喜びがあってはじめて治療的あるいは教育的意味があるのである。それゆえ、内観が本当の意味で進展するのは、それが小さなものであれ、ある程度の洞察体験がなされた後であるといえよう。そのような体験をすると、内観することの意義も明確になり、自己の赤裸々な姿を見る勇気が湧き、指導者の意図がよく理解でき、内観はずんずんと進んでいく。

しかし、そう簡単に洞察ができるわけでなく、それを妨げる心の働きがある。それが抵抗である。

五　抵抗とその解消

内観が軌道に乗るまでにはいろいろの障害があり、軌道に乗り出してからも、種々の障害が出てくる。これらの障害は表面的な理由はともかく、自己の真実の姿を知ることに対する抵抗といえよう。内観者と指導者は協力してこの抵抗を取り除くことが必要である。ここでは内観における抵抗の様相とその解消の様子を述べてみたい。

1、場面への抵抗とその解消

「内観では一週間座りづめだ」という話を聞いただけで逃げ出したくなる人もあろうが、確かに長時間座ることには慣れていないこともあり苦痛である。

「私は足の痛みと腰の痛みに閉口していた。……時間の長さを、私は座るという苦痛の中で、いやというほど知らされた。朝六時から晩九時まで、用便と入浴と寝る時以外、一切立つこともできない。私は家でも一時間とじっとしたことがないのだ」（理髪業）

足腰の痛みもさることながら、冬の寒さもこたえる。

「ことりともしないこの家屋全体。家族の者全員が無言の中で行動しているように思える。胴震いが全身を走り抜ける。奥歯はかみあい、苛《いら》立たしさと、寒さの中で頭はぼんやり。足が痛い。『もうだめだ、七日間も座るなんてとんでもない』と私は一、二時間で弱音を吐いてしまった。私は逃げ出しを考えた。『今から帰ると夜には着く。どうするか……。そう、やはり帰ろう』」（教師）

また誰とも話せず、じっと孤独の中にひっそりと座っているのも苦痛である。

「第一日目から第三日目までの間、気持ちが集中できず、つらかった。その後は、座ることは慣れるにしたがって、そんなに困難ではなかったが、自分だけになり、誰とも話すこともできず、一心にそのものについて調べることは苦痛であった」（大学生）

このような場面の条件から来る肉体的心理的苦痛が口実となって、内観が進まないことがある。しかし、平々凡々たる小学生でも一週間座っていることがあるから、これらの苦痛に耐えるには何も超人的な力を必要とはしない。この苦痛を大ゲサに訴える人は本質的には自己探究への抵抗があるとみてよいであろう。

指導者は足腰の苦痛をできるだけ少なくするように座布団を二枚与え、二枚目を二つ折りにして尻の下に敷くように内観者に勧めている。また寒さに対しては電気アンカや毛布を与え、暑さに対してはルームクーラーを設置している。

これらの肉体的あるいは心理的苦痛は二〜三日して研修所の生活に慣れ、内観そのものに集中していくようになると、気にならなくなっていき、数日するとこのような「場」に関する抵抗はほとんどなくなってしまう。どうしても慣れない人にとってはこれが挫折の契機となってしまう。

2、指導者への抵抗とその解消

内観の場における内観者と指導者は、いわゆるうちとけた親密な関係ではない。指導者は内観者に場の条件を守るように告げる。内観者があやふやな態度で内観している時は、それがいつまでも改まらないと厳しい態度でそれを指摘する。そして一回の面接時間も短い。そこから内観者は指導者に対して、冷淡だとかこわいとか近づきがたいと感じたり、形式ばっていると受け取ったりする。あるいは自分の内観がスムーズに進まないのを指導者のせいにして、指導者の能力を疑う。さらにまた指導者の容貌や態度や言葉遣いに反発する。

これに対して指導者は一定時間ごとに面接に行き、内観報告に耳を傾け質問に答え、必要に応じて激励し助言する。その他、食事を運んで来たり、入浴時間を知らせたりする。

このような指導者に対して、時が経つにつれて内観者は感謝の念をもち、信頼や尊敬の念を抱くようになり、自分も指導者の誠意に応えるだけの内観をしようと気持ちを引きしめていく。

「先生をはじめは厳しいと思っていた、こわい人と思っていたが、よく話を聞いてくれ、ちょっと悪いこと（非行）を言っても叱られるかと思ったが、叱らずよく聞いてくれた」（高校生）

「はじめは田舎のおじさんという感じがして、内観していても、うそ半分、ほんと半分で、ごまかせると思っていたが、だんだんとうそをついていても、それを知りながら聞いているのではないかという感じになり、また偉い他の内観者までが先生を頼ってくるのだから、偉いのではないかと思うようになり、うそがつけなくなった。

今は尊敬に価する人であり、頼れる人であると思う」（高校生）

「最初は冷たい方と思った。でも次第に先生に触れてゆくと、向こうは一生懸命してくれているのだから、こちらも一生懸命にならなければと思った」（大学予備校生）

このように内観者は指導者に対してはじめは否定的な感情を抱いているが、だんだんとそれが肯定的なものへと変化し、抵抗が解消されていくようである。

もちろんすべての人がそうであるわけではなく、はじめから強い信頼の念をもつ人もいる。

「吉本伊信師は、禅における老師様とは大そう異なった印象でした。いかめしさや、窮屈さはもちろん、四角ばったところが全くございませんで、それでいて何分深いものを秘めていらっしゃるということをほとんど本能的に感じ取りました。たしかにここにも本物がある。いいところへたどり着かせてもらったわい。吉本先生の一挙一動をじいっと眺めておりました時に、『ああこれが生きた真宗いうものかいなあ……』。ふっとそう思いました。私は今まで頭につめ込んだ一切のこと、体で体験したすべてのことを御破算にして、白紙になりきって、この一週間この師に従っていこうと心に誓いました」（宗教家）

3、内観への抵抗とその解消

そもそも内観者は内観するのが目的で来たはずであるが、多かれ少なかれ内観そのものが抵抗となる。

感謝への抵抗

内観のテーマを与えられた時、内観者の多くは具体的に考える前に、「ああ、これは親に感謝しなさいと感謝を押しつけているのだ」と受け取り、内観法に対して抵抗や反発を感じる。

「座りはじめて三度目の先生の面談であったろうか。『病気の時、母親はあなたにどんなことをしてくれたか。また母親が病気の時、あなたはどうだったか、ということを具体的に調べるのです』と言われる。抵抗を感じる。

何だろう、この抵抗感は？　なんだか親に感謝しろ、の押し売りみたいではないか。感謝ってそういうものだろうか。感謝の気持ちというものは、もっと人それぞれの独自性があっていいのではないか……」（大学生）

「確かにそうかもしれないが、今までの生活感覚からすると、こんな報恩会みたいなのが馬鹿らしく思われる」（大学生）

これに対して指導者は「内観法は感謝を強要しているのではありません。自分の過去の対人関係の中であった事実を具体的に調べるのが内観です」と述べ、感謝は内観の結果自然的に湧き上がってくるものであることを強調する。

この感謝への抵抗が現れるのは初期の段階で、過程が展開してゆけば解消していくものである。

自己探究への抵抗

いかに真実の自分を探ろうという意欲をもって来た者でも、自分の醜さや罪を直視することは非常な苦痛である。そこではじめの目的を忘れ、できるだけ自分の影の部分から眼をそらそうとしたり、「今さら考えなくったってわかっている」として自己を深くみつめることを避けようとする。

「内観していって、だんだん悪事がふえていくのが恐ろしく、つらかった」（高校生）

「自分が最もふれたくないものに、接していかなくてはならなかったことは非常な苦痛でした」（高校生）

その上、私たちの心には、自分にとって都合の悪いことは思い出さないようにする無意識的な心の働きがあり、それによって本人は思い出そうと努力しているのに何も思い出せなかったり、指導者への不信の念がつのったり、内観が無意味に思えてきたり、時には眠くなったりする。これが抵抗の中核である。最初私が内観に失敗したのはこの抵抗を排除できなかったことによるものと思われる。

これはどんな精神療法においても多かれ少なかれあらわれるものである。特に内観ははじめから抵抗の大きい「迷惑かけたこと」ということを含んでいるから、なおさらである。

このような抵抗に対する指導者の働きかけについては、次の項でまとめて述べる。

自己変革への抵抗

内観者はそれぞれの動機はともかく、いずれにしても、今のままの自分であってはいけないとか、自分をよりよい方向に変えたいと感じて内観に来ている。それゆえ、その結果なんらかの変化が生ずることを十分に予想し、期待しているはずである。しかし、それにもかかわらず、自己変革への抵抗が生ずることがしばしばある。

これは一つには自己変革を求めたものの、変化が恐ろしくなってしまうのである。私たちはどれほど現在の自己に物足らず不満に思っていても、自己への愛着は強く、現在の自己に執着し**自己同一性**を保持しようとするものである。ところが、内観によって今まですがりついていた自己が、一度に崩れ去るような予感に怯えて抵抗するのである。

この間の事情を、ある女子学生は次のように実感をこめて記している。

「私は三日目にしてはじめて泣いた。しかしまだ割り切れない、もやもやしたものがあって、決して清々《せいせい》し、晴々したものではなかった。母に愛されていた、心配されていたという新しい認識。私にはこれが喜びであると同時に非常に苦痛でした。……この時はただ夢中でしたので、なぜこんなにすっきりしないのか調べることもしませんでした。だが、こうした月日が過ぎてみると、それがはっきりと説明できるのです、私が母から愛されていたこと、非常に心配してもらったこと、さらに迷惑かけたこと、このことを認めるなら、私が今まで母に対していた怒り、恨みは何一つ正当なものでなくなること。これが一番恐ろしかったのである。言ってみれば『私は正しかった。母に対してやるべきことはきちんとやってきた』という強力な『我《が》』が、ガラガラとくずれ落ちてしまったら、私には頼るものが何もなくなる、という恐れであった」

さらに、自己変革への抵抗の一つは、内観が目指している理想像への疑問に由来する。内観を耳にした多くの人は内観の良さを認めつつも、反面あまりにも多く自己の非に気づくことによって、罪悪感が強くなり、自己主張のできない、気の弱い消極的な人間になってしまうのではないか、という危惧の念をもつ。内観が今後の人生において、プラスよりもむしろマイナスの作用をするのではないか、という不安である。

「こういうふうに、自分は悪い子でないか、悪いところがなかったか、とつきつめてゆくと、息がつまりそうだ。自己の醜さ傲慢さを悟ることも大事だが、その反面、自信喪失を招来しはしまいかと思う」（大学生）

自己探究への抵抗や自己変革への抵抗に対して、指導者は内観の仕方を根気よく繰り返し繰り返し説明し、よけいなことを考えずに、ここにいる間だけでも一分一秒を惜しんで内観するようにと指導する。内観的人間像や理想像についての疑問に対しては「跳躍する前には屈む姿勢をとるが、それを見て消極的だというのはおかしいですね」と指摘する。

内観法では深い内観のできた先輩の内観報告の録音テープを起床時や食事時に聞かせている。これは内観の仕方のモデルを示すと同時に、抵抗を打ち破るのに有効である。失恋に苦しんで内観に来たある女子学生はこのテープ聴取によって受けた衝撃を次のように記している。

「（先生から）『あなたのは順調に真直に内観の道をつき進んでいるけれど、表面的であって、上っ面を滑っているだけだ』と断定されてしまう。最後の七日目だというのに『私はまだ内観ができないのか』と思うと、情けないやら、どうしようもないやらで、途方に暮れてしまった。そんな私を先生は書斎に連れてゆかれて、失恋が動機で内観に来られたという、一女子大生の恋愛に関する部分だけを抜きとったテープを聞かせて下さった。聞きながら身につまされて、涙が出て仕方がなかった。またテープを聞くまで、自分の真の悪さに気づくことができなかった自分自身が恥ずかしくもあり、情けなくもあった。そしてこのテープを聞いて私は、私のT（恋人）に対する今までのあり方に、こんな所もあった、こんなわがままな身勝手な行動をとった、『こんな女か』と相手に思われるような言動をとった等々、自分の悪かった面が次々と脳裡によみがえってくるようになった。そして二回目の面接で、先生に『やっと真の内観がわかってきたようですね』と言っていただいた時にはホッとし、心の底から嬉しく、感謝の念がフツフツと湧き起こった。私は内観を求めて、この研修所の門をくぐりながら、内観の規則に反することばかりしていた。本当にすまない、犬畜生にも劣っているような気がした。母、父、祖母、長姉と、時代は違うけれども、自分は何といろいろな人にいろいろな悪いことをしてきたものだろうか、と新たに気づかされた。Tとのやむなき別れ以来、悶々として何も手につかなかった私だが、『こんな女なら、Tでなくとも捨てただろう』と思い至った時、本当に暗闇から真昼の太陽の下に出たような新鮮な気持ちがし、私は高原をわたる一陣の涼風に吹かれた直後のような爽やかさを感じた」

カウンセリングや精神分析でモデルテープを聴かせて効果をあげている例は聞かない。例えば精神分析ではエディプス・コンプレックスの解明が重要だからといって、患者にそのモデルとなるようなテープを聴かせたところで、何の意味があろうか。たとえそれを契機にして患者が両親との葛藤を語ったとしても、それは全く「頭の上っ面」での反応であって、「それが精神分析にふさわしいから」という知的な判断からなされた自己防衛機制によるものであり、真の感情が伴わず、治療的には害こそあれ得るものは何もないであろう。このことはカウンセリングにおいても同様であろう。このことはそれらの心理療法と内観法とのある基本的な相違点を示唆しているといえよう。

このようにいろいろな抵抗に対して、指導者は誠実に面接を繰り返し、本人が自己の真実の姿を知り、洞察が訪れ、物の見方や感じ方の転換が生ずるのを待つ。洞察とは自発的に達成される一つの経験であり、強制することができる経験ではない。

「本当に先生は言葉で言えば『鳴かぬなら鳴くまで待とうホトトギス』という信念のある方だと思った」（予備校生）

内観者自身も抵抗の中にあって、一方ではなんとかしてこの状況を打破しようと努力を続ける。そしてこの抵抗は一つ克服できればそれでよいものではなくて、人によっては第二、第三の大きな抵抗に遭遇するかもしれない。それゆえ、抵抗に圧倒されてついに中断する人もおり、内観を継続はしても抵抗を排除できず、いつまでも浅いレベルでの内観に終始する人もいる。

六　洞察

抵抗と闘いながらも内観を続けていくと、ある者は少しずつ本当の自分の姿や他者の姿が見えてきて、徐々に洞察を深めていく。またある者は強い抵抗の後に、突然に赤裸々な自分の姿が浮かんできて、大きな転換が生じる。この時、強い感動で身体が震え、感極まって涙がほとばしり出ることもある。

「私は一瞬、自分がどこに居り何をしているのか、という意識が全く消え失せてしまった……母に対して具体的な思い出が浮かんできたのだ。文字通り浮かんできたのだ。浮かばせようとして意識してやったのでは決してなく、いや意識的には腹立たしさ、反発心で満ち満ちていたと思われる。……戦時中……小学校一年生の私……（中略─空襲の様子）……『なんやこんなもの』。そのころの食事というと、イモのつるを醤油で煮たものや、サツマイモをコロコロに切って浮かしたおかゆだった。母が『今はこういう時期だから』と言ってなだめるのもきかず、ただ『もっとうまいものをくれ！』とわがままの言い放題を言った私。三度の食事のほとんどが、おかゆや雑炊では腹が減るだろうと、にぎりこぶし大のだんごをよく作ってくれた母。日々の食事に少しでも栄養のある食料をと、十キロも離れた大垣までも、モンペ姿に自転車で何度も足を運んだという母。──『お母さん！』。私は心の中で叫んだ。みるみる顔がゆがむのがよくわかった。熱い涙がせきを切ったように両頬をつたい毛布の上に満ちた……」（大学生）

吉本氏が「とびきり熱心で模範的な内観者」と評価する四十五歳の女性の高校教師は次のように内観している。

指導者「この時間どういうことを調べていただきましたですか？」

内観者「はい。十九歳から二十二歳までの、母に対する自分を調べておりました。

お世話になりましたことは、十九歳から私は叔父の勤めている会社に就職いたしました。戦争が済んで少し世の中が落ち着きましたので、会社に何か行事がありますと、皆様は着物を着てよく来られました。若い人たちの中で私は一番良い着物を着ていきました。母が家が焼ける前に、全部一揃え私たちのものを疎開しておいて下さったからでした。帯も草履も羽織も、何一つ足らないものがないくらい揃っておりました。見栄張りで虚栄心の強い私は大変誇らしく思って、家へ帰って『皆さんに良い着物だと賞めてもらった』といいました。母は『よかったね』と言ってくれました。私は今日に至りますまで母から『あなたのためにこんなことしてあげた、あなたにこんな苦労をした、あなたのためにこんな心配をした』というような言葉を、ただの一度も聞いたこともありませんでした。どれだけ沢山お世話になって、どれだけ御恩を受けていて、どれだけ裏切り果てていても、母はただの一度も恩着せがましく言ったり私を責めたり愚痴ったり、そういうことはただの一度もされませんでした。母の愛というものは本当に無償であって、私のようなものに溢れるばかりの愛を注いでいて下さった、ということがわかりました。

お返ししましたことは、会社におりました時にわずかばかりの給料を家計に入れましたが、そんなことは当たり前のことでございました。

御迷惑をかけましたことは、そのころ私の家は無一物のドン底状態でした。檀家の方からノートやいろんなものを分けていただいて、それを売るようなことをいたしました。ある時、私は母と二人でノートをリュックにいっぱいつめて、ある大学の前に売りに行きました。地面に紙を広げて、その上にノートを置いて母と私がおりました。私は生まれてはじめて物を売るので、もう惨めで恥ずかしくて、とてもそこにおられませんでした。少し離れて後を向いて、私ははじめからしまいまで一言も口をきかないで本を読んでおりました。

母は通る学生さんに小さな声で『ノートはいかがですか』とたびたび声を掛けました。誰一人買って下さいませんでした。母は私に『あなたもここへ来て声を掛けてほしい』と言いました。私は『そんな恥ずかしいことはできない』と言って、ついに一度も母のそばへ行きませんでした。ノートは一冊も売れずに、私たちはトボトボとまたリュックを担いで帰りました。私が恥ずかしくて惨めであったら、母もやっぱり恥ずかしくて惨めな思いをしておりましたのに、どうして母と一緒に、苦しみを分け合ってしようとしなかったのか。娘らしいやさしい気持ち、私にはカケラもありませんでした。

ある時、また母はよその方に分けていただいたアメを、私の会社の近くの大きな会社の給品部に、売りに参りました。私はその会社の斜め向かいにおりましたので、昼休みお友だちと表で遊んでおりました。そこへ、大きなリュックを担いでやせ細った小さな母がトボトボと通りました。私はみすぼらしいモンペ姿の母を友だちに見られるのがいやで、母は私の顔を見ましたのに、私は知らん顔をしました。家から駅までは二十分以上もありますし、その会社までは駅から一キロ以上もありました。母は重い荷物をずーっと背負い続けてそこまで来ておりましたのに、若い元気な私はそんな母を平気で見捨てて、リュックを担いであげませんでした。いかに母がつらい目をしても、自分だけはつらい目をしたくない、自分だけよかったらよいという、本当に骨の髄まで腐り果てた冷酷な私でございました」

指導者「次は二十三、四、五の三年間にしますか？」

内観者「はい」

指導者「何か他に質問ありますか？」

内観者「いいえ、ございません」

指導者「はい、じゃ続けてしっかりやって下さい」

内観者「はい、ありがとうございました」

指導者「ありがとうございました」

また、あるアルコール中毒の理髪店主は次のように内観している。

「私は子供のことを考えていた。まだ片言しか言えない三歳の女の子が『お父ちゃん、パトカーに乗っていったね』。あどけなく言ったその子供の言葉。先日、朝から酒を飲みぐでんぐでんになっていた私が、家の前でチンピラやくざに因縁をつけられ、もめていた。その最中、妻が心配のあまり一一〇番に電話をかけた。酔いつぶれ、パトカーに乗せられる父親の姿を見て、片言しか喋れない子供がその時そう言ったのだった。子供の前で酒をラッパ飲みしている自分の姿、それを平気で見ている我が子の日常。——ああ、私はこんな情けない親だったのか——。『すまなかった、すまなかった』。私は嗚咽《おえつ》した。熱い涙が流れるままにしながら、私は次々と知らず知らず、自分のありのままの姿を追っていた。

……私は銀行の預金、定期、最後には自分の生命保険までおろして、酒、賭博に熱中した。勝っては飲み、負けては飲み、果てしない砂漠の蜃気楼を追うごとく、帰らぬ元金とスリルを追っていた。……私の欠点を指摘した妻に向かって私は『子供を置いて出て行け！　子供は俺がみてゆくから！』と大声で叫んでいた。私はそのような言葉を、平気で口にしていた。……今ここで座っていられるのも、妻が子供をみながら働いてくれているからではないか。掃除や洗濯、御飯ごしらえをし、その上、店の散髪の仕事まで手伝う働き者の妻。市場の買物はどこどこが何円安いからと遠くまで買物に行って、三度の食事をより安くしようとしている妻。それほどまで節約して妻が貯めた金を湯水のように使っていたのだ。妻のささやかな明日への希望を踏みにじった私。こんなわがままな私と八年間を共にした妻。それは苦痛の歴史ではなかっただろうか。……『よく辛抱してくれた』。熱い涙が快く流れる中で、私は感動していた」

これらの例にも典型的にあらわれているが、内観法での洞察の中心となるのは**自己の罪と他者の愛の自覚**である。具体的に言えば、自分がいかにわがままで自己中心的で相手の立場を考えない人間であったかという自覚と、そのような自分に対して世話をし愛してくれたなんとありがたい人たちかという強い感動を伴った体験である。内観者は自分の罪を自分のものとして強い自責の念をもって受容し、他者からの愛を感謝の念で実感し、他者の悲しみに共感する。

「恐ろしい。本当に私はこんなに醜い人間だったのか？　意志を、理性を信じたい。だがこの意志だって理性だって、私の醜い心根を隠すことはできないのだ。この恐ろしい心根が私にも存在することを認めざるを得ない。この苦しさ！　この我が折れる苦しさ！　生きる道は常に自分をむなしくする精神だと思った。いかに自分が小さな人間であったかよく認識できた」（大学生）

ある会社員は人生の意義を把握している。

「多くの人の愛情につつまれてきた二十八年間を、いままで全くの無知のままであったことへの慚愧《ざんき》の念におののくと共に、今や『生きることは何ほどの意味があるのか？』というのはとんでもない愚問となった。私には限りなく他の多くの人々に、愛情を注ぐことのできる職務を与えられているではないか。今からでも遅くはないぞ、という勇気が喜びにつつまれて自覚された」

先に例に挙げた理髪店主は次のような自己洞察をしている。

「過去の私の心の歪みがいかに多くの人々に迷惑をかけてきたことか。そういう自分も、知らず知らずのうちに暗い人生を歩んできていたのだ。自分を自分以上に見せようと努力したり、見栄や虚栄を大事にしてきた私。そうした私は自分の地獄をつくっていたのだ」

内観報告でこれらのことが語られる時、指導者は共感しながら黙って耳を傾ける。人間のいかに醜悪な部分が語られようとも、動ぜず安定した態度で傾聴し、受け入れる。

内観者があまりにも感動して取り乱している場合、指導者は内観報告を聞かずにそっと立ち去る。感情を煽《あお》り立てるようなことはしない。また内観者が感動のあまり、延々と喋る時には頃合をみて、「じゃその調子で油断せず内観して下さい。次のテーマは何ですか」と言って内観報告を打ち切る。

このような指導者の態度は何を意味するのであろうか。

得てして私たちは感動に酔い内観がおろそかになることがある。感動が強いことと内観が深いこととは比例しない。感動がいくら強くとも、そのような感動は一時的な情動体験に終わってしまい、感動の嵐が過ぎ去ると後はケロリとして、その体験が自分の中に根づかない危険性がある。あるいは感動の涙は自己を憐れむ涙であったり、あたかも自分の罪も洗い流すかのような涙であったりする。それは自己の罪によって被害を受けた他者の悲しみに目を向けないで、自分一人に目を向けた、本質的には自己愛的な、自分への甘えである危険性がある。それゆえ感動の中に浸り込んでいると、内観の進展が停滞してしまう。

その上内観報告の時、自分はこれほど内観したのだと指導者に見せて、評価してもらいたい衝動にかられ、長々と大ゲサに表現することがある。このことを、ある会社員は次のように述べている。

「四日目の午後第二の壁にぶちあたった。それは指導者が私の告白に深く感動してくれればくれるほど、私の告白は演出的な独白に化けはじめたのである。告白のための告白を演出せんとする思考が、浅ましくもしつように頭をもたげてくる」

このような場合はもちろん自分の体験に即した報告が行われず、指導者への甘えや依存や服従の表現であり、真の意味での自己探究とはいえない。内観法に限らず精神療法は自分の真の体験に即していかなければ治療的な意味をもたない。そして、指導者の立場からすれば、面接の主たる目的は内観が進んでいるかどうかのチェックにあり、長々と内観報告を聞かずとも、その目的が果たせるから、途中で打ち切るのである。

そもそも内観はひとり静かに屏風の陰で涙をこらえて徹底的に自己と対決するのが本質である。指導者も涙でごまかされてはならず、内観者も涙で自分をごまかして自己追及の手をゆるめてはならない。

七　弛緩と緊張

一つの大きな洞察を得た後、ほっとして緊張がゆるみ、ぼんやりしてしまい、内観が停滞することがある。

「十日間のうち、この四日目だけは、どうしたわけか思い出しにくいのです。たぶん三日目にいくらか内観らしいことができたので、ほっとしたのかもしれません」（大学生）

「緊張にはりつめていた三日間がすぎ、何か奇妙な解放感といったものから、秋の午後の二時から四時、夕風の立つ頃までは微睡《まどろ》みさえする状態に陥った」（教師）

指導者は面接時に屏風を開けて内観者が眠っている様子を見ると、そっと屏風を元に戻し立ち去る。あるいは内観者が「ぼんやりして、何も思い出しません」と答えても「じゃ、次の年代をしっかり内観して下さい。お願いします」というのみである。そして変わらぬ態度で定期的な面接を繰り返す。それに応じて、内観者も眠っていた自分を恥じ、面接という刺激を受けて緊張を回復し、内観に集中するようになる。

しかし、緊張が回復しない内観者に向かって、指導者は時には厳しい言葉を吐くこともある。

ある女子学生は次のように記している。

「友達に対して調べていた。が、何だかふわっとした気分でさっぱり深まらなかった。……午後の四時頃になって先生がいらして下さった時には『昨日の真剣さに比べて今日は少したるんでいますね、六日目ともなればやり方もわかっているはずです』とお叱りを受けた。たるんでいることを感じていながら、持ちなおせなかったことが情けなかった。以後ひどく緊張して調べた」

ひとたび母や妻という特定人物に対する自己についての洞察が得られると、その他のテーマについての内観も比較的スムーズに進行し、今まで気づかなかった、新しい事実も次々に想起されてくる。このようにして、自分自身や周囲の人たちに対する今までの見方が、いかに誤っていたかを確認していくのである。
「遠い昔の淡い出来事として片づけていた小さな思い出の中に、思いもよらない大きな過誤が隠され無意識のうちに自己を偽り、傷つけ、時には周囲の人にまで不快感を与えても、良心の呵責を感じないままにうちすてていた今までの私。忘れていた多くの秘め事は、いま一つ一つ入念に調べあげられてゆく」(会社員)

指導者は内観者がある程度の洞察に達したとはいえ、それはまだまだ表面的なものであって、もっともっと内観を深めていくべきだと内観者に伝える。モデルテープの聴取は内観者にそれと自身の内観の程度を比較させる上で有効であり、それによって、内観者はもっと深い自己探究へと動機づけられる。

若くして多数のキャバレーを経営するようになった、立志伝中の三十一歳の社長は、今まで軽んじていた父親に対する内観が深まった後、社員に対しても次のように内観している。

指導者「この時間どういうことを調べていただきましたですか？」
内観者「私が二十五、二十六歳の時の社員に対する自分を調べておりました。

お世話になりましたことは、店が大変増えて参りましたので、幹部の人には一週のうち二日ぐらい事務所の机の上に寝ながら、徹夜でいろいろな仕事をやっていただきました。愚連隊に大変悩まされて、どこのお店も入口に店長さんが立って愚連隊風の人が来たら一切店に入れないように、そこでお断りするために、あちらこちらの店でイザコザを起こしまして、殴られても愚連隊を一切お店に入れないようにして下さいました。それから地下のお店に水がいっぱい入ってしまって翌日仕事にならなかったのですが、チェーン店の社員が集まって全部裸になって水をかい出して、夕方の営業時間に間に合うようにさせて下さいました。皆命がけで若い私を助けて、本当によくお仕事をしていただきまして助けていただきました。今日あるのもその当時の皆の不眠不休の努力の結果のおかげだと思います。

お返しには、たまには焼肉を食べに連れて行ってあげて、皆で栄養をつけようと言ったくらいです。

ご迷惑には、八軒目の店長さんが預かっていたお店が、ヤクザにお店の中で暴れられて困るというので、『店長自身がヤクザに殴られて事件として告訴してしまえ』と命令を出しました。その店長さんが本当にヤクザからわざと殴られてケガをして警察に告訴して、そのおかげでお店にはヤクザが来なくなりましたが、社長として部下にケガをさせるような指示をしたことは、その店長の御両親がそのことを聞いたらそんな会社には……」

指導者「本人の親の立場になると、嬉しいのか悲しいのか、むごい社長やなあと思う親もあるかもしれませんね」

内観者「本人の御両親は本当にむごい会社だと思われると思います。本当は殴られなければいけなかったのは、自分自身ではなかったかと思います」

指導者「今日の繁栄の原因は、かなり多くの人の犠牲と愛情の上にあぐらをかいているのではないか、と調べてほしいですね」

内観者「はい、そういう気がしました。先ほどのテープ（前科十犯のヤクザの組長が内観により更生した事例）を聞かせていただきまして、あの方よりもひどいところが私にはあるんじゃないかと思いました」

指導者「じゃ、次の一年しっかり調べて下さい」

内観者「ありがとうございました」

指導者「何か質問ありませんか」

内観者「ありません」

指導者「しっかりやって下さい」

内観者「ありがとうございました」

また、内観法では同じ対象に対して繰り返し調べさせる。ある女子学生は、次のように記している。

「七日目。母に対して四度目の内観だった。母に対しては五日目の内観ですべて終わったわけではなかった。一つ一つ、できるだけ多く調べてゆかなければならないことを教わった。調べているうちに、まだまだとんでもなく大きい〝我《が》〟が残っていることに気づいてびっくりしてしまった。……母の非を何千とあばく目をもった私も、母から受けてきたひたすらの愛を、ただの一度も有難いと思ったことがなかった。何という不公平な目なのだろう。孟母だけが母であると見ていた私の誤り」

このようにして、同じ対象に対してもより深い自己理解と他者理解を獲得してゆく。

このころになると足腰の痛さによって内観が邪魔されるということはなくなり、指導者に対する抵抗も消え、内観法への抵抗や自己変革への抵抗も解消されて、内面の心の奥底に秘められていた事柄や感情も抵抗なく思い出されて、内観者は自己の内面の世界に没入して、その有様をじっくりと眺め、自分と他者を観照するのである。

このようにして、時が流れ終結へと向かう。

八　終結

集中内観は一応七日間をメドにされているが、内観者が希望すれば延長することができる。あるいは七日間たってもあまり思わしくない場合は、指導者からもう少し続けてはどうかと勧めることがあるが、もちろん強制しない。

指導者は終結にあたって内観者に、帰宅してからも、一日に少しでも日常内観するようにと勧める（日常内観は集中内観に対して、分散内観とも言われてきた）。

また終結に近くなると、内観者に将来のことを考えさせることもある。内観法では将来の計画などに思いをめぐらすことは禁止されているが、終結にあたって、内観によって転換した目で将来のことを考えさせ、将来に対

表5　吉本氏による内観の深さの評定基準

評点	内容
無評定	来所したが内観せず。印象忘れ
0	指導者と話をするのも嫌いな程度
1	宿を借りにきたとしか思えない程度
2	しかたなしに座っていた程度
3	指導者とちょっと話し合った程度
4	わずかながら内観らしい形になる程度
5	求道心はある。むだではなく、やらないよりはましな程度
6	だいぶ熱心。録音してもいいなという例もある
7	ぜひ録音をとっておきたいほどの熱心さ。内観者といえる程度
8	とびきり熱心、優秀な内観者
9	まれにみられる模範的内観者
10	最高の内観者（まだ一人もいない）

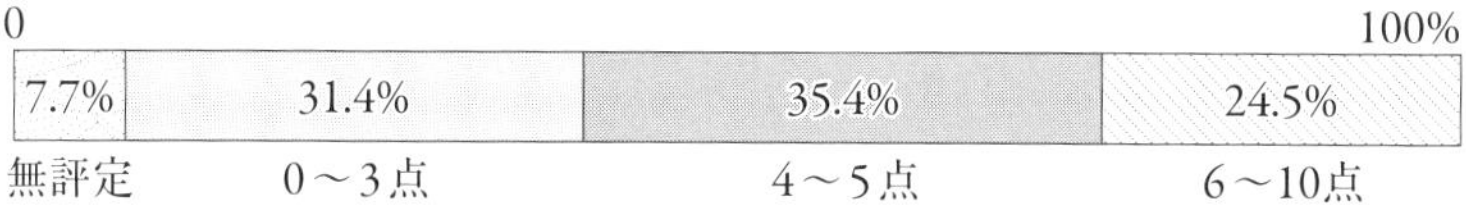

図2　内観の深さの吉本氏による評定（武田氏の資料による）

する意欲を確認し、内観をどのような形で日常生活の中に生かしていくかを考えさせる。

　こうして予定の日が来ると内観者と指導者は別れの挨拶を交わし、集中内観は終了する。

　ところで、吉本氏は自分の心覚えとして、内観の深さに関して内観者一人一人について評定をしている（この結果は内観者に知らせていない）。その評定基準は、まことにユニークなものである（表5参照）。武田良二氏は、これを年齢や男女との関連を調べて興味ある結果を得ている。それによれば、男より女の方がいくぶん高い評点を得ており、年齢では四、五十歳代が高い。昭和四十一年一月～四十五年十二月の五年間の内観者一六九六名について武田氏の調査をもとにして評点を三段階に分けて図示したのが図2である。

　これを見れば、内観してもほとんど何の意義もなかったのが四割弱、少し意義がありそうなのが三割六分、かなり有意義とみられるのが二割五分といった割合である。

それゆえ、内観すればすべての人が深い有意義な体験をするわけではないことは明らかである。内観法に関するすばらしい体験記や劇的な録音テープに刺激されて、誰でもそのような体験ができるものと思い込んで内観に来るのは早計である。それほど甘い期待をかなえてくれるようなものではない。これまで見てきたように、それに至るまでには特に自己の内心の抵抗を克服するつらい道程が必要である。

さらに言うならば、内観法の枠組の中で抵抗の克服に成功しても、必ずしも所期の成果をとげえないこともあろう。内観法は人間の心に迫る方法ではあるが、それは一つの角度からの迫り方であり、そのような角度からだけでは、残念ながら治療的な効果をもたらさないこともあるであろう。それゆえ、いろいろな精神療法や自己修養法が必要なのであり、人間の心は内観法が想定しているものよりはずっと複雑で広いものといえよう。

九　内観終了時の面接——離婚訴訟中の夫婦の事例

最近、吉本氏の主宰する内観研修所では集中内観を日曜日の午後から開始して、翌週の日曜日の午前に終了するという形式をとっている。そこで深い内観者が幾人か生まれた場合には終了時に内観者全員を集めて座談会をして内観のまとめをすることがある。

それまでは座談会もなく、特に深い内観者に限ってモデルテープの作成上終了時に指導者が個人面接し、いろいろの角度から質問して内観の総まとめをしていた。次に掲げる例はその一つで、これは離婚訴訟を妻から起こされた夫が内観法によって自己の非を悟り、その夫から内観を懇願された妻も内観することにより、夫婦が和解し訴訟を取り下げ、家庭の崩壊を防いだという事例である。事件の当事者が相互に相手を見る態度がどのように変わったか、自分自身をどのようにみつめるようになったかを、鮮やかに示すものである。この個人面接の逐語録を通して、二人の心の変遷をたどり、内観的思考様式がいかに生かされているか、それによってどのような結果が二人の心にもたらされているか、その一端を理解できるであろう。

なお夫との面接は七日余りの内観終了時であるが、妻のは二昼夜余りの内観終了時である。これは吉本氏によれば、いろいろの事情から妻は内観にその程度しか時間がとれなかったが、その内観の進み方は「普通の人の十年分」の勢いで深い内観ができたとのことであった。

1、夫の内観

――今年でいくつですか？

「はい、ちょうど二十五歳になります」

――どういう目的で内観に来て下さいましたか？

「はい、夫婦関係のことで、離婚問題について。ぼく自身の人間が自信を持てなくなりまして。それで思い余って友だちから聞きましてここへ参ったのです」

――その夫婦関係がどういうふうになっていたのを、どういうふうにしたいと思って来たのですか？

「結局、私が来る前は、私が私ばかりが原因でなくて妻と私と、それとか母親とか妹とか、私の家庭とか、そういうふうな関係からそうなったので、その原因は他愛のないことだと思って……。それでもこういうように何度も出たり入ったり、今度弁護士から裁判所へということになって、私もこれは何か自分にも欠点があるんじゃないかと、それでそれを探しにここへ来たわけです」

――現在奥さんはどうなっているんですか？

「現在どこにいるかわかりませんが、そのお母さんとどっかに子供を連れていると思います」

――子供さん一人だけですね？

「はい、一人です」

——いくつですか？

「えーっと満二歳にちょうどなったとこです」

——今までにも家出していますか……長い期間の離婚めいたようなことがあったわけですか？

「離婚はなかったのですが、夏の頃一カ月ばかり家を出て、それから一度や二度出たり入ったりして、あまりうまくいきませんでした」

——その当時は、この原因はどっちにあると思っていたわけですか？

「原因は両方にあるけれど、ぼくの方が少し多い、妻自身が多少性格的にちょっとそういうふうな家出癖があるんじゃないかと考えていました」

——それが今度の内観したことによって、どういうことがわかりましたか？

「まあ結局、私が本当に妻に対して理解がなかった。私自身本当にわがままで、妻のしてくれたことかそういう恩、あの——最初に会った時に自分はずいぶん救われたような気持ち……とにかく自分はそれまで暗い気持ちでいたんです。それで自分自身も本当に生きがいというものを感じたのですが、結婚前、恋愛したことで……それなのに私は性格的っていうか、自分が暗い方へ暗い方へと妻を引っ張って行ったんですね。何かこう、妻はとにかく素直にぼくについてきてくれたんですが……。私はだんだん外泊したり、家からお金を持ち出して長く……外泊するようなことになりまして、そういうことが結局自分を責め、良心がとがめて、それでそういうことから抜け切れず、それを妻にみんな向けていたんです。それで妻がその……自殺するような、薬を飲んで。恐ろしいこと、済まないことをしたと思います」

——じゃ、内観に来る前は、その奥さんと離婚に踏み切ろうか、という気持ちもいくらかあったんですか？

「はい、もう離婚届を出してもいい、判をついてもいいというような気持ちで……でも万が一、ぼくにもこの自分にも間違いがないか、もっと自分に性格的なものがいけないところが、おかしいところがあるんじゃないか、そういう気持ちで最初、来てみたんです」

——そしたら、はじめ結婚直後の一年を調べてみましょう。その奥さんに対して自分は良き夫であったかどうか、ということですね。それを調べてどんなことを思い出しましたか？

「とにかく、そのうち、私は病気ばかりして胃腸をこわして、それで熱があって、夜、寝汗をかいてグシャグシャで、そういう時にも妻は一晩中看病して、重湯を食べる時には自分も一緒の重湯を食べてくれました。それに青汁とか何とかも、本当に菜っ葉がないために遠い所まで行って買ってきてくれました。それでもぼくは身体をこわしたっていうイライラする気持ちと店に行けないという気持ちとか、そういうものをみんな妻に向けていたんです。妻に全部当たってきたのです。まあそういうことで本当に自分があんなにも恩になって、あんなにも世話になって、本当に素直に従ってきてくれる、それなのに自分は無茶苦茶なことを言ってみたり、無茶苦茶なことしてみたり……妻の両親とか家庭のことか、財産のことか、そういうことまで口走ったり、殴ったり蹴ったりするようなことをしてしまった。本当に自分で済まないなあと、本当に申し訳ないと思っています」

——二年目はどうでした。思い出して特に印象に残ることにどんなことがありましたか？

「二年目はとにかく、子供ができて、ある程度その……店の方へ仮店舗を設けたわけです。で、その仮店舗でそこへ私たちがアパートから通って、その店を経営していたわけですが、その時にも自分は酒ばっかり飲んで……夜遅くなって妻を心配させ、……朝早く起きないで……妻は早く起きるのですが、私は九時十時ごろになってしまうのです。ま、そういうことから妻にずいぶん負担になったと思います。それでも店に行って何か気に入らないことがあると、妻に長々とお説教したり、……全く自分がお説教される身なのに……。それが、そういうものを、みんな自分をお説教するのが怖いことを妻に向けてきたのです。ま、そういうことから、いろいろ妻もずいぶん不満に感じたことと思います」

――結婚三年目はどうでしたか？

「結婚三年目になると子供ができて、それで本当に子供が可愛かったですが、ぼくは子供が生まれた直後にも妻にちょっと、あの……注意っていうか小言を言ったわけです。生まれたばかり、生まれてから少したってから。そうしたら妻のお母さんにそんなこと言ったら産後のことだからっていうことで怒られたのです。それに対してぼくはお母さんに食ってかかった。お母さんに反抗したわけです。その時の妻の気持ちを考えたりしても、本当に申し訳ないと……。自分の感情だけで、妻の身体をいたわるとか、心をいたわってやるという、そういうものがなかったのです。本当にすまなく思っています」

――自殺未遂に追いやったというのは、いつごろのことですか？

「結婚する前ですね。ぼくがそういうふうな、まあ……妻がその――そういうふうに追いやっちゃって、病院に担ぎ込まれて、自分が看病している時に、どうにか助かってほしい、自分の命はいらんから助かってほしいとそう願ったんです。その時に、もし助かったらどんなことがあっても結婚しようと決心して、それで結婚って形、同棲って形で結婚したんです」

――その自殺未遂へ追いやった原因とはどういうことでした？　今反省して……。

「はい、とにかくぼく自身が……家の金を盗んでしまったり……妻を、最初は明るい素直な妻をだんだん暗い方向にやってしまい、それで自分もそういうだらしない生活から、ぼく自身もとがめ、良心の呵責ってものをみんな妻にぶつけてきたんです。

で、自分のその場から逃れるために遠い所ばっかり見てきました。その現実の生活っていうのは本当の生活じゃなくてね、何か逃避っていうか、刹那的な、本当に刹那的なものっていうか、本物じゃなかったのです。それを結局、妻に全部ぶっつけてきたんです。それで結局、妻は『私がいたんじゃぼくが何もできない、私がいたらみんなに迷惑になるばっかりだ』そういう気持ちできっと自殺したと、今本当に思います。本当にすまなく思っています」

——で、今度、その家出した原因という直接の動機は何ですか？

「今度、家出した原因は結局、自殺させたような原因と同じで、ぼく自身の生活のだらしなさ、朝起きるのが遅いとか、夜酒を飲んで遅く帰って、またそれが朝まで響いて、そういう良心のとがめが仕事に出て、十時十一時頃になって起きて、仕事に出てから妻に文句言ったり、その忿懣《ふんまん》をぶっつけたり、自分の良心の呵責を全部妻に向けていたんです。それであれやっていない、これやっていないって。

当たり前です、本当に何も自分がそんなに遅く仕事に出てくれれば、やることが溜まっているはずです。それを全部妻にぶっつけていたから妻は怒った。ま、そういうことで妻も本当にどんなに一生懸命やっても、いたたまれない気持ちになったと思います。本当にすまなく思っています」

——奥さんが家出してから何日目くらいになるのですか？

「もう一カ月すぎています」

——で、内観に来てから今日で八日目ですね？

「はい」

——で、ここへ来る直前は奥さんと離婚してもいいとさえ思っていたわけですか？

「まだそこまでは踏ん切りはつかなかったのですが、いろいろ考えているうちに……とにかくぼくはその頃酒ばかり飲んでいて、とにかくそういうことを考えると、妻が恋しくなりますし子供も恋しくなりますから、そういうことを考えるまいと思って、酒ばっかり飲んでいました」

——で、こちらへ来て、今の時点において、仮に明日でも帰ったら、奥さんともし会ったらですね、どういう態度で接しますか？

「とにかく平謝りに謝りたいです。今までの自分のした数々の、妻を責めたり殴ったり、小言を言ったり忿懣をぶっつけたりした、自分のそういう気持ちを素直に言って（涙声）妻にとにかく謝りたいです」

――で、あなたがもし奥さんの立場であったら、あなたのような御主人に今日まで、四～五年ですか、恋愛期間も混ぜたら五～六年にもなりましょうが、連れ添うてこれたと思いますか？　とうの昔に逃げたと思いますか？

「ぼくだったら、やっぱりとうの昔に逃げていたかもしれないと思います」

――現在でも逃げられたらたちまち困るでしょうね。ということは自分が惚《ほ》れているだけに、愛情を感じているわけですね。しかるに踏んだり蹴ったり、愚痴めいて閉め出すような……ちょっとおかしいですね？

「ええ全く、自分っていうのと妻っていうものの、その人格っていうものをあまり別個に考えなくって、とにかく妻の心を、妻の気持ちになってものを考えないで、とにかく一緒のような気持ちで、そばにいる者に八ツ当たりするという、とにかく自分があまりにも自分のものを見つめるのが、今まで怖かったのです。で、自分の悪いのを人にぶっつけてきたのだと思います」

――自分が好きであって惚れておって、お世話になっているというのなら、大事にするのが普通ですね？

「ええ、それを、その世話になっている、そういうことを考えてもみなかったです。また世話になっているという気持ちも今まで本当、無かったんです。でもこうして本当に内観して、何というこの自分はこんなに世話になって、何でこんなふうに、あんな仕打ちしたのかと、全く本当に自分自身が情けなくなってきます」

2、妻の内観

――今、年いくつですか？

「二十五歳です」

――内観をはじめて二昼夜余りですね。どんな動機で来てくれたのですか？

「はい、主人とうまくいかなくて……。主人にもう、あんまり不満がつのって離婚しようって決心したんですけれども、主人がお友だちから内観を勧められて行ってきたって、そう言って私にその録音テープを貸してくれたんですけど、それを聴きまして、私もどこかいけないところが沢山あったんじゃないかと、もう一度自分を見つめてみる機会を持ってもいいんじゃないか、そう思ってここへ来ました」

――御主人のテープを聴いた時、どんな感じがしましたか？

「今まで不満に思っていたこと、わかってくれて、嬉しい涙が出て嬉しいと思ったんですけれども、やっぱりそれ見たことか！　っていうような……気味がいいっていうような気持ちもしました」

――で、離婚の決意はその時、どんな感じでしたか？

「半分くらい離婚の決意は消えてしまいました」

――二日余り内観した今の時点では、その問題はどうなりましたか？

「はい、もう全然そんな離婚するなんて気持ちはもちろんありません。主人を責められるような私なんじゃなくて本当に……私は高慢ちきで、自分をずいぶん買い被《かぶ》っていました。横着で、本当に横着だったと思います」

――御主人に対して、ここへ来た一日目はどうでしたか？

「主人の悪かったことばかり浮かんできて、もうそれを思い出す度にムカムカして、口惜《くや》しい口惜しいと思いました」

――今はどうですか？

「……よくしてくれたこと、よくしてくれたこと（涙声が続く）……すっかり忘れて、悪いことばっかり自分の心の中に積もらせて、本当に身勝手でした」

――家庭裁判所の方はどういうふうにするつもりですか？

「もう即刻取り消して、主人に自分の至らなかったことを謝るつもりです」

――いろいろ反省して、どんなことを思い出しましたか？

「私は今まで悪いことが起こるたびに、『私が原因を作っているんじゃない、みんな主人が勝手に、強引に私をそっちの方に引っ張って行ってしまって、みんな主人のせいだ、主人のせいだ』と思ってきました。だけど私が主人をもう少し真剣に愛していたならば、自殺するぐらいの勇気があったなら、なぜ悪いと思ったことを、もっと命がけでも引き止めなかったのかと、自分の弱さがしみじみ感じました（涙声）」

――結婚されたはじめの一年間を反省して、どういうことを思い出しましたか？

「子供も生まれたんですけども、主人はこういうふうにしてくれるのが当然なんだという考えが、もういっぱいでちょっと主人がお酒を飲んできて遅くなったり、夜それこそ朝方帰ってきたりすると、私はもう夫に対して温かい目で見て注意してやるっていうことをせず、何も言わずに、ただ冷たい心で何も言わないで、今にきっと自分がその報いを受けるんだというような、まるで仇《かたき》を見るような目で、そういう心で過ごしました」

――どうして外泊するのかっていう、その原因が自分にもないかということを、その時反省すればよかったんですね？

「はい、私は十分尽くしているつもりでしたけど、やはり子供のことに心をみな奪われていたんだと思います」

――二十一歳の時を省みてどう思いますか？

「私は二十一歳の時結婚したんですけども、それをお母さんや主人も一生懸命あちらこちら説得してくれて、主人は私のそれこそお化粧品を買いに行くのまで一緒に行ってくれましたけど、私、その結婚するのにも、『結婚するんだなあ』という何となくあやふやな気持ちで、『これからきっとこういうふうにやっていく』というふうな、しっかりした心構えというか、そういうものは全然ありませんでした。妻として本当に主人に申し訳ないことをしたと思います」

――自殺した時には、やはり御主人も心配していろいろ介抱してくれたんでしょうね？

「はい、それはもう本当に命がけでした。後でわかったことですけど、私が意識を取り戻してから、それを本当にしみじみとそれを知りましたけど」

――そういうことを覚えていれば、今度の離婚の訴訟もしなかったでしょうけれど、ケロッと忘れてたわけですか？

「自分はそんなに尽くしてもらったけど、私だってこんなにしたんだというような……貸し借りがないんだっていうような気持ちでした。それ以上に主人は、私にひどいことをしたんだっていうような高慢ちきな気持ちで、そういう訴訟をしました」

――今にして、そういうことを考えるとどうですか？

「はい、私は主人がいろいろ私をぶったりなんかしたのも、私の知恵の悪いことと、妻としてあまりにそういう認識がなかったことと、主人が悪い方へ行くのを黙ってオロオロしながらもついて行ってしまって、それを忠告もしてあげないで、そういう弱さってものに腹が立っただろうし、そういう愚かな私にも主人は愛しているんだからこそ、私に腹を立てて私をぶったんだと思います」

――御主人のお母さんに対しても反省しましたか？

「はい、それはもう頭の下がることばかりです（涙声）」

――例えばどんなことがありましたか？

「例えば、もう外泊している時から……外泊していますと、主人がよく沢山のお金をお家から持ってきたんですけど、お母さんからもらってきたのやら、黙って持ってきたのやらあるのと思います。そういうことをやっぱり一緒になってする私を、お母さんはどんなにか恨みに思ったでしょうけれど（涙声）」

――しかるに、そのお母さんに対してあなたはどんな感情を持っていたかということを発見されたんですか？

「はい、いろいろ世話になっておりながら、主人と結婚してから主人にぶたれたり、自分に不満が起きると、『あのお母さんがこんなわがままで、こんな出来損ないの子供を育てて、何て人だろう！』というふうに、いつも不満ばかり思っていました。自分はまだお母さんに何一つ恩返しの真似もしていないのに、悪いことが起きると、ただ不満だけを思って、自分で心につのらせていました」

——御自分のお母さんに対してはどうですか。お母さんはそんな苦労を、娘であるあなたにさせたくないという気持ちもあったでしょうね？

「ええ、それはもう口癖に言ってましたから……」

——で、今度の離婚の訴訟については、お母さんはどんな考えでしたか？

「お母さんは結婚する時に反対していました、ひどく。反対していましたけど、結婚するとやはり忙しい度に手伝いに来てくれて、それこそ私たちにお金を遣わせないように、安い物があると遠くまで買いに行ってきて、一円二円のことを勘定してお野菜なんか安い物があると、私たちはそんなに不自由していなかったんですけど、重たい思いして遠くから背負ってきてくれて……。

そういうことをしていましたけど、やっぱり私と主人とがあんまり仲悪くて、私はやっぱり主人に不満を感じて、お母さんにそのことを言ったりしたもんですから、お母さんが手伝いに来て、見てて『もうどんなことしたって離婚した方があんた幸せだ』って言うようになって、私はその、お母さんにそういう気持ちにさせたのも、やっぱり私に本当に原因があったんだと思います」

——ということは、今度もう離婚しないと、結婚は続けるというようにあなたの気持ちは変わったのですね。それをお母さんはどれだけ反対されても、説得するだけの気持ちはありますか？

「はい、それはもう説得して、私が幸せになる、そういうことわかってもらうのに、どんなことしてでも説得しようと思います。そうすれば、母も絶対に私の幸せを願っているのだから、反対しないと思います」

——裁判所の呼び出しの日はいつですか？

「十二日ですけど、『もしその取り消しをする場合は、五日前くらいに連絡するように』ってことでした」

――それじゃ今日はもう五日ですから、あと一週間しかないので、早く、もう速達で手紙でも出さんならんわけですね？

「はい」

――じゃ、今のこのテープをプリントしてお母さんに送りますか？

「はい」

――そしたら手紙より詳しくわかるでしょうね？

「そうです」

――他に何かお母さんに言いたいことはありませんか。「お母さん、今日は」って、手紙書く気持ちで……。

「はい、お母さん！　……（激しく泣くので聴き取れない）……親不孝で……悲しい思いばかりさせて……心の中では感謝してたんですが、いつも悲しませるような結果になってしまって……ただ申し訳ない……」

――お母さんはこのテープを、弁護士の所へ持って行ってくれるかもわかりませんね？

「はい、是非そうしていただきたいと思います。もうどんなことがあっても、悲しい思いをさせない決心はつきましたから」

――そして、夫婦も仲良うゆけるという自信もつきましたか？

「はい、私はもう本当に、主人は私のお母さんに対して『何て人だろう！』っていつも不満でしたけども、それを主人に責めましたけども、私も主人のお母さんに対してはいつも、冷たい心で何一つ恩返しはしてこなかったんですから、責められるような私ではありませんでした。本当に今日までは親不孝ばかりしてきましたけど、もう一度だけこのわがままを許してくれるように本当に……お母さんの涙が見えるようですけど……（涙声）。もう一度だけ私のわがままを許してもらいたいと思います」

——今度御主人がカイロを送ってきてくれたことについて、どういう感じがしましたか？

「はい、私が寒いことを自分で身をもって感じてくれるんだと本当に嬉しくて、主人の温かい気持ちがよくわかりました」

なお、九年後の追跡調査によれば、夫婦円満な生活が続いているとのことである。

第四章　内観による心理的変化の測定

人間の心は多面的重層的で複雑微妙であるから、それを一つや二つの心理テストで測定することは難しい。さらに、たとえ心理テストがある程度心の有様をとらえうるものであるとしても、心の変化を敏感にキャッチできるかどうか問題である。微妙な変化はだめだが大きな変化ならキャッチできるから、それでよいとはいえない。人間の心はそもそもそれほど大転換するものではなくて、変わるとしても微妙な変化であって、その微妙な変化が人間の行動に大きな影響を与えているかもしれない。

さらに本人にとってはごく小さな行動上の変化が、周囲の人々にとっては大きな変化と映ることがあるかもしれない。例えば、母親へのほんのちょっとしたやさしいいたわりの言葉がかけられるようになったという、本人にとっては小さな変化でも、その母親にとっては大きな慰めをもたらすことがある。

このようなわけで、精神療法の結果を測定することは、もともと困難に満ちた課題である。

しかし、内観法が人間の心のどのような点に働きかけ、どのような影響を与えているかを、ある程度客観的にとらえるためには、その限界は考慮の上、心理テストによる測定も有効であろう。

そこで、この章では内観法による心理的変化について測定した結果を述べたい。

テストを実施するに当たっては、研修所に内観に来た人に面接し了解を得てテストをし、内観を終了して帰る直前に再びテストをした。そして必要ならば数カ月後にテストを郵送法により実施した。

一　P-Fスタディによる測定

1、目的

内観者の体験記や面接録音を検討してみると、欲求不満事態に対する内観者の反応には一つの特徴があることに気づく。それは内観後、内観者は忍耐強くなり、自己統制がよくでき、自分に非があれば素直に謝り、相手の非に対しては寛容になり、自分の力で事態をよりよく解決していこうとする傾向である。

これに関連して吉本氏も次のように述べている。

「私たちは何かにつけて欲求不満に陥ります。それをまた、暗さ、みじめさ、わからないもやもやした気分と言葉、八ツ当たり、不平、嫉妬など、不幸の因子なのです。私たちは己の足跡をよく調べてみると、誰でも、多くの人の協力、情け、愛情などを受けており、それを肥料にして成長しながら、己独自の力によって今日あるかの感をもって自負していることがよくわかり、そこに人間感情の本然性として自戒をもたらし、奉仕の心を生みます。そこに純粋な、素直さといったものが生まれます。そこまで行くと、欲求不満の種になるものが消えてしまいます。明るい幸福な生活は、そこから生まれるのです。そして奥床しい品格が自然に備わります」

ここからも、指導者自身、内観による欲求不満反応の変化を期待しているといえよう。

これらの点から「内観法は内観者の欲求不満への対処の仕方を変化させる」という仮説が立てられよう。ここではこの仮説を検証し、その意味するところを考察してみたい。

2、方法

用具〔P‐Fスタディ〕（日本版・成人用使用）

私たちはミスをして誰かに叱られるとか、何かをしようとしているのに相手に邪魔されるとか、思わぬ被害を受けるとか、日常生活ではいろいろの欲求不満を経験している。それに対して私たちは謝ったり、相手を非難したり、仕方がないと諦めたり、いろいろな反応をしている。そしてこの反応には個人差があることに気づくであろう。例えばAさんはすぐに怒るが、Bさんは率直に謝るとか、Cさんはいつもぐっと我慢するとか……。この反応の個人的傾向をとらえようとするのが、P《ピー》‐F《エフ》スタディ（絵画欲求不満テスト）である。

このテストはいろいろの場合が絵で描いてあって、相手からの叱責や弁解に対しての応答を求めるものである。どのように答えるのが「正しい」または「望ましい」かは明確でないので、回答者は自分の信じるところに従って回答するので、比較的意識的な歪曲が少なく、その人の本音をつかみやすいテストと言われている。

対象と手続き

〔内観群〕調査期間中に研修所に内観に来た五十二名を対象とした。年齢は十歳代と二十歳代が七割余、職業では中学、高校、予備校、大学などの学生と、公務員や会社員などの有職者が五割ずつを占めていた。内観の開始前と終了後に同じテストを実施した。

〔非内観群〕内観群において、たとえテスト上に変化があっても、それは同じテストを二回繰り返すことによる結果かもしれない。そこで再テストの影響をみるため、内観を経験しないで日常生活を送っているY大学予備校生二十名を非内観群とし、一週間の間隔で前後二回テストした。

3、結果と考察

このテストの細かな分析は省略して、ここでは二十四場面に対する欲求不満反応を外罰・無罰・内罰と大きく

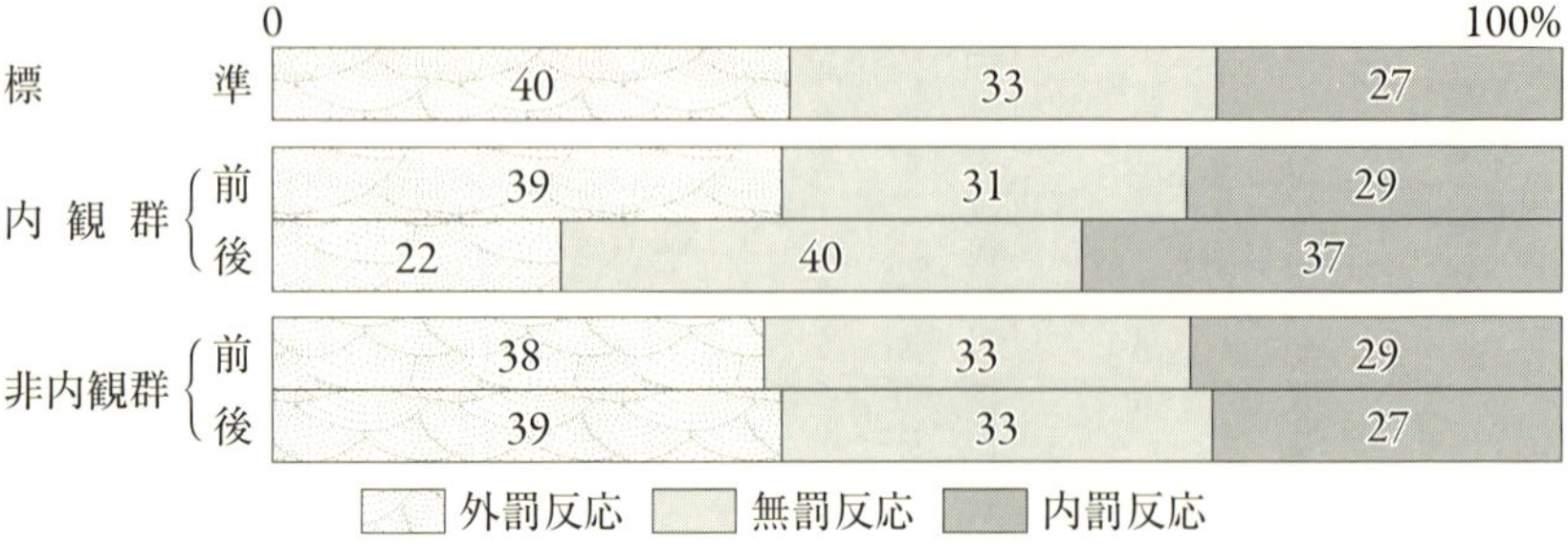

図3　P-Fスタディの結果

三つに分類し、そのパーセントを算出した結果について考察したい（四捨五入するので合計が一〇〇%にならないことがある）。

ここで三分類について簡単に言えば、外罰反応とは欲求不満事態になると腹を立て相手を責め、問題の解決を相手に要求する反応であり、無罰反応とは誰も悪くない、やむをえなかったのだとして忍耐し、解決を時の流れにまかせる反応である。これらに対して、内罰反応とは自分が悪かったと反省し、自らの力で事態の解決を図る反応である。このテストを多くの人々に実施して得た平均値が、一応の標準とされている。

図3はその結果を群別に図示したものである。

「前」テスト結果

内観群と非内観群との差はない。標準とも変わりがない。これは内観群に偏りがないことを示す。このことは、もともと内罰的自責的な人が内観するのだとか、いや外罰的攻撃的な人だからこそ内観する必要性が出てきて内観するのだという見解を否定するものであろう。少なくとも、P-Fスタディ上では内観群は平均的であって特異なグループではない。

「後」テスト結果

内観群は外罰性が激減し、無罰性と内罰性が増加している。これに対して非内観群には見るべき変化がない。このため、内観群における変化は内観の結果とみなしてよいであろう。

変化した反応例

内観者の反応が具体的にどのように変化したか、いくつかの例を見てみよう。

例えば、時計店でお客から「何度修理に出してもすぐに故障してしまう」と文句を言われている場面に対して、内観前「そんなはずはないですよ、ちゃんと直してあったはずだから」と自分の非を認めず、逆に相手に抗議していた人が、内観後は「本当にすみません、もう一度よく見直してみますから。でき次第お宅へお届けいたします」と謝罪し、自分できちんと問題を解決していこうとしている。

車が追突した責任を追及されている場合では内観前「君が右によるからだよ」と相手を非難していた人が、内観後は「どうもすみません、弁償を私が致しますからお許し下さい」と謝っている。

これらは外罰反応から内罰反応へ転換した例である。

相手から面会の約束を破られた場面では内観前「君はうそつきだ、もう信用できない」と相手に怒りをぶっつけていた人が、内観後「そうですか、じゃ昼からはどうですか」と冷静に状況に対処しようとしている。「せっかく送ってきたんですが、車の故障で汽車に間に合わず申し訳ありません」と謝っている相手に対して、内観前「そうですなあ、そんなことでは困りますなあ」とつぶやいていた人が、内観後「いやいや、こちらこそ、ここまで送っていただきまして本当にありがとうございました」と寛容になり、礼を言っている。

これらは外罰反応から無罰反応へと変化した例である。

少しニュアンスの異なる例として、次のようなものがある。「あら大変だわ！　あなたが今割ったのは母が大切にしていた花瓶なんですよ」と言われて、内観前は「困ったわー」と困惑するだけであった人が、内観後は「きちんとしてからお母さんに謝ります」と取り片づけて持ち主に詫びに行く行動をとろうとしている。これは消極的内罰から積極的内罰反応へ変化したといえよう。

また、いかにも内観的な反応であるとしか言いようのないものに、次のような例がある。遠足に友人は招待されたが、自分はガールフレンドから招待されなかったことを告げられた場面で、内観前はその友人に向かって「彼女は私の持ち物でないですからどうぞ御自由に」と負け惜しみを言っていた人が、内観後は「本当ですか。彼女には私の方は何一つとして気をつかってやることがなかったのですから、彼女の怒るのも無理はないです。親切にありがとう」と内省し、それを告げてくれた相手に感謝している。

以上が内観者の反応の変化の典型である。このような結果から「内観法は内観者の欲求不満への対処の仕方を変化させる」という仮説は検証されたといえよう。つまり、内観前と比べて内観後は欲求不満になって相手を責めたり、問題の解決を相手に要求したりすることが少なくなり、自己反省の機会が増え、自分の非を認め、自分で問題を解決していこうという姿勢を示し、たとえ相手に非があろうとも許し、寛容になり、欲求不満を感じても、じっと忍耐して、規則に従い、問題の解決を自然の流れにまかせようという態度が増加したといえよう。

内観終了直後の内観者に、面接したりアンケートを取った結果を二、三示してみよう。

ある主婦は内観するまでの自分を振り返って「私も悪いと思ってましたけど、相手が悪いから私がこんなになったのだと思ってました。私ばっかり悪いんじゃないと思っていたのです。今ここにこうして生きているのは両親、主人、子供のおかげです。家のため、子供のために生きてます。今、私は幸せです」と語っている。

ある会社員は「両親に対して不満があったり友だちに対して信用しなかったり、そういう点が多分にあった」ことを反省し、「常に自分を振り返りたい」としている。

ある教師は「これから自分というものを厳しく見つめて、他人にできるだけゆるやかな気持ちで接してゆきたい」と述べている。

これらの例からも、他者を非難することをやめ、自己に厳しく他者に思いやりをかけ、寛容であろうとする姿勢がうかがえる。

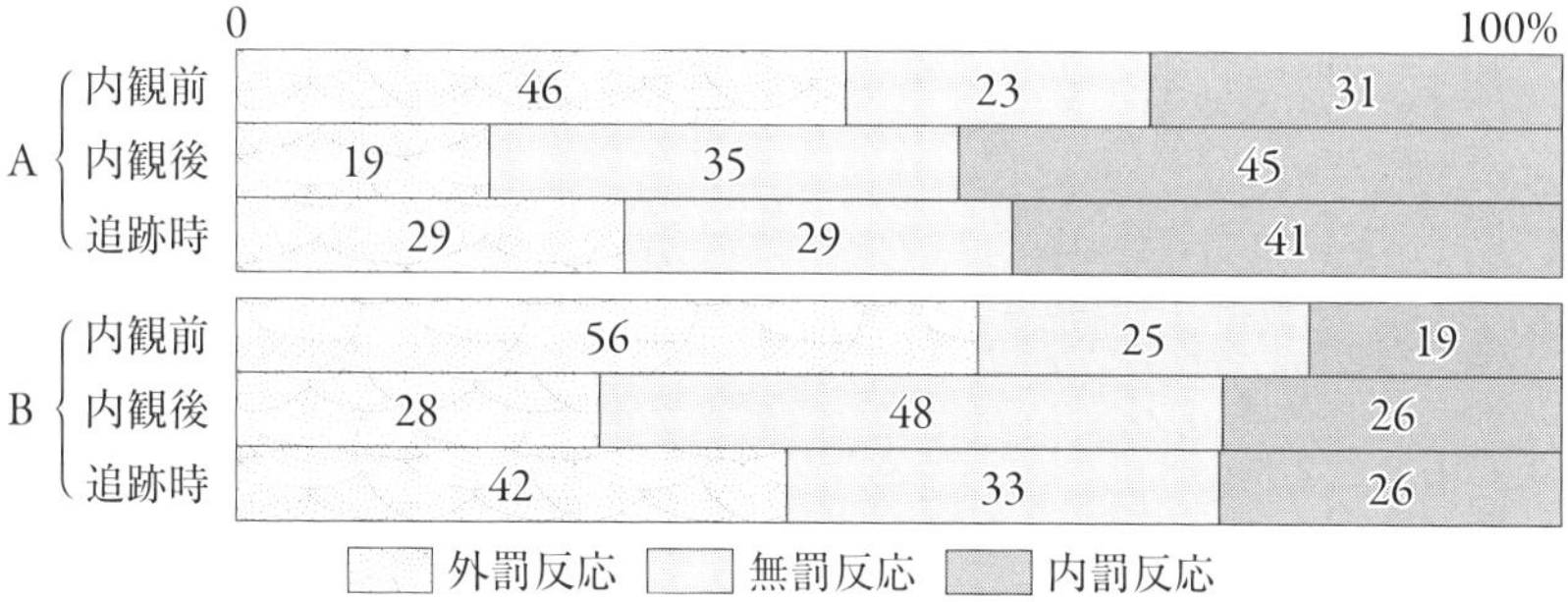

図4　高校生Aと予備校生BのP-Fスタディの結果

二つの事例

指導者によって内観終了時に「内観が浅かった」と評価される者には、P-Fスタディ上でもほとんど変化が見られず、逆にP-Fスタディ上で大きな変化があった者に対して、指導者は「内観が深かった」と評価する傾向がある。もちろん、この際指導者には、P-Fスタディの結果を知らさないで、評価を行ってもらったのである。このことからP-Fスタディは内観の結果の一面をかなりよく反映するものといえよう。

ところで、ここにAとBの二つの事例がある。Aは十八歳の高校三年生、Bは十九歳の大学予備校生で、Aは非行からの更生を目的とし、Bは落ち着いて勉強できるようにという目的で内観した。図4は両者のP-Fスタディの結果である。A、B共に内観後は外罰性が激減している点までは同じであるが、指導者の評価は「Aは内観が深かったが、Bは浅かった」と大きな違いがある。

さて、二カ月半後の追跡調査で、Aの報告は次の通りである。

「たばこ、マージャンをしなくなった。自分自身を抑制することができる。忍耐力がついた。人の言うことをすなおに聞き入れるようになってきた。母の手伝いや家の用事などをすなおにできるようになった。友だちや先生から、まじめになった、悪いことをしなくなった、おとなしくなったと言われ、母からもすなおになったと言われるようになった」

これに対して、Bはあまり芳しくない。「内観後自分の気持ちは、前にくらべて少し落ち着いてきました。前にくらべて考えも態度・行動も冷静になってきました。家族などからはまだあまり効果があったように言われていませんけれど、自分では効果があったように思います」

この両者の報告から、行動の改善はAに大であり、Bに小であったことは明白であろう。このことは指導者の評価は彼らの予後に関しても妥当であることを意味している。

さて、この相違は一体どこから来るのであろうか。もう一度図4を見るならば、内観後Aは内罰性を十四増加させているのに比べて、Bはその半分の七増加させたにすぎないことがわかる。Bは内罰性よりも無罰性を増加させたのである。両者に大きな相違をもたらしたのは、この点にあるといえよう。つまり、内観法はP-Fスタディで言えば外罰性を減じ、内罰性を増加させる狙いをもっているのであって、たとえ外罰性が減少しようとも、それが無罰性の増加につながるならば、治療的には意味がないといえよう。わずか二例の比較からこのように結論するのは早急であろうが、内観法が自責的思考様式を特徴の一つとしているところからみて当然の結果といえよう。

追跡調査の結果

内観体験後一カ月〜四カ月経った人に対して郵送法でP-Fスタディを再度調査した。その結果十名の資料が得られた。この十名の内観体験の前後及び追跡時のテスト結果の平均値を示したものが図5である。

例数が少なく変化量も小さいので、確実なことは言えないが、ある程度内観直後の変化は維持されているようである。しかし、わずかではあるが外罰性が増加し、無罰性・内罰性が減少するという逆戻りの傾向もみうけられる。少なくとも肝心の内罰性が減少しなかったのは、十名中四名にすぎない。これは内観の効果が薄れてきたことを暗示するといえよう。これはまた、内観終了時の内観の深さの評定において、「深い」と評定された人が全体の三分の一であったことと、対応するかもしれない。ただこの調査では、内観の評価点との関連性を取り上げなかったので、これ以上は推測の域を出ないので論をとどめる。なお先述の事例Aも追跡時ではわずかだが内罰

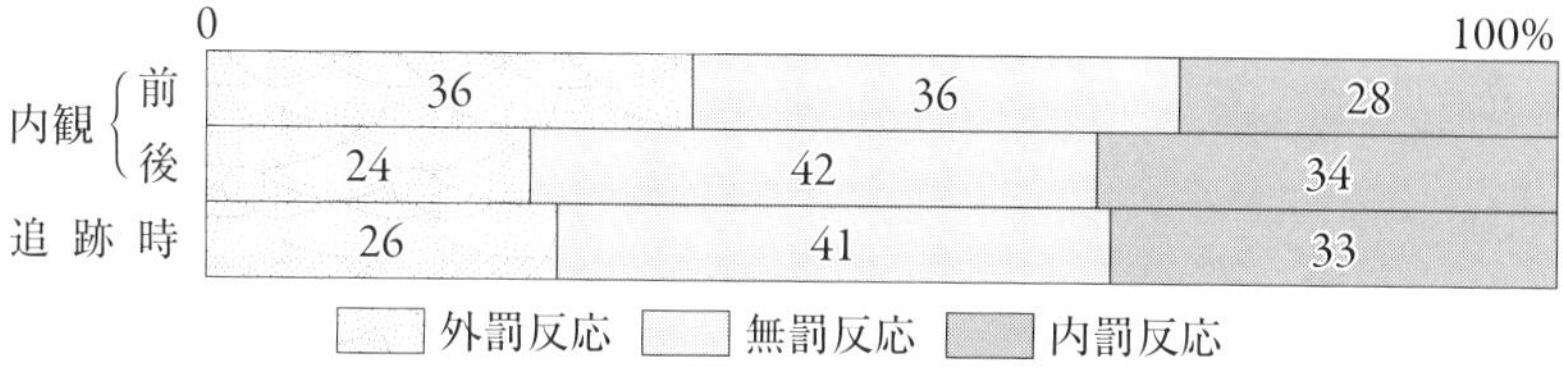

図5　内観前後及び追跡調査の結果

性が減少している。このことから、P-Fスタディでの内罰性の減少と効果の消退を単純に結びつけるのも、差し控えた方がよさそうである。

さて、この追跡調査とは別に、内観後の日常生活での変化について回答を求めた。この中にはP-Fスタディでの変化が、具体的に行動レベルでも表れていることがうかがわれる。

ある女子高校生は、内観一カ月後の自分の変化について「人に対して寛大になったこと。言葉遣いがきれいになりました。前は学校の規則にはとっても反発を感じていましたが、今は規則を守るようになったこと」を挙げている。

ある大学予備校生は、内観四カ月後「自分が少しでも悪いと思ったら心から謝るが、正しいと思ったことはどこまでも貫くようになりました。また友人からいじわるされたところで、少々のことでは腹が立たなくなり、またそのいじわるをした人が自分の悪さを認めてきた時はすなおに許してあげて、前のことは抜きにして付き合うようになりました」と報告している。

内観二カ月後の自分を振り返って、ある大学生は「まず第一に母や家の者に自分の腹立つ時などが以前ですと、たまたまあったのであるが、自分からそういう気持ちがはたらかなくなったこと。第二に以前ですと人のためとか、そういうことは考えずに自分の勝手やわがままをしていたのであるが、相手の立場にたって、話や応対ができるようになった。第三に家の仕事を頼まれても、以前は、いやでいやでしかたなかったのであるが、不思議にそういう気持ちが起きなく、なんでもやり通せるようになってきた。第四に、自分でもふしぎなことであるが、落ち着きが出てくるようになった」と述懐している。

またある公務員は二カ月後の心境を「以前よりいくらか辛抱強くなったように思われる。その他特に変わったことはありません」と述べている。

このように、日常生活において他者非難が少なくなり、弁解がましいことをやめて、内省するようになり相手の立場に立ってものを考え、忍耐強く寛容になり規則に従うようになっている。これは内観前から内観後へのP-Fスタディの変化の方向と一致している。

もちろん、内観法がすべての人に効果的かと言えばそうでないのは確かで、内観後の変化を問うても、「別に自分ではわかりません。人からも別に何も言われていない」（中学生・一カ月後）や「変わったと思われる点はありません」（教師・三カ月半後）という報告もある。

もう一つの解釈

これまで内観群の反応をいかにも良いもののように解釈してきたきらいがある。同じ結果を別の観点から解釈することができないであろうか。

P-Fスタディにおいて、内観後の内観群の反応は標準からかなり逸脱している。標準値は平均値であるから理想値とはいえないであろう。しかし一応の目安にはなる。これから見ると、内観群の反応は健康な精神の持ち主の反応であるといえようか。

外罰性が標準の五割減であるということは、自省に名を借りて怒りや敵意といった攻撃性を過度に抑圧し、適度な自己主張の権利すら放棄しているのではなかろうか。内罰性が標準の四割増というのは自己非難が過剰で常に自責感に悩まされているのではないか。また無罰性が高いというのは寛容の仮面をつけた事なかれ主義ではないか。

つまり、内観法によってバランスシート的思考や自責的思考、あるいは共感的思考などといった思考様式を徹底的に叩き込まれた結果、内観後は自我が萎縮してしまい、気が弱くなって、たとえ相手に非があろうとも正当にそれを非難することもできず、言いたいことも言わず、事あるごとに自分が悪いと後悔し罪悪感に陥ったり、自分の責任でもないものまでひっかぶり、責任を追及すべき時でもあいまいにごまかし、すぐに妥協して誰も悪くないとしてしまう、いかにも消極的なおどおどした行動しかとれなくなったのだといえないであろうか。これでは内観した結果、かえって社会的適応が低下し、精神的に不健康になってしまう危険性があるのではなかろうか。

このような解釈――内観者不健康論に対しては、具体的にはこれまでにあげたいくつかの例から否定することができよう。しかし、この問題は内観法の本質に迫るものであるから、後の章においても適宜触れていきたい。

二　自己評価・他者評価テストによる測定

1、目的

精神療法は自己を探究させ、それによってそれまでの自己に対する考え方や、自己にとって重要な人物に対する考え方や、自己とその人物との関係に対する認識に、変化をもたらすものである。内観法では対人関係の中での自己を丹念に、それも自責的に、相手の立場に立って調べてゆくものであるから、自己及び自己を取り巻く人々への評価が大きく転換することが予想され、またそれが期待されている。

そこで内観法の体験が、自己評価と他者評価にいかなる影響を及ぼすかを、測定してみたい。

2、方法

用具

〈自己評価テスト〉これは私が試みに作成したもので、自分の今までの行動を振り返ってみて「人に親切であったか」とか「誠実であったか」など五項目について「たしかにそうだった」から「絶対にそうではなかった」までの五段階に評定するテストである。

〔他者評価テスト〕これも私が作成したもので、「人は誰でも自分中心的だ」とか「人は最後まで信用できない」などの五つの意見に対してどう思うかを「まさにその通り」から「決してそうではない」までの五段階でチェックするテストであり、これによって他者をどのように評価しているかをとらえようとした。

両テスト共、得点がプラスであれば肯定的評価となり、マイナスであれば否定的評価となるように操作しておいた（範囲はプラス一〇〜マイナス一〇）。このテストは標準化されていないので、具体的な数値そのものにはあまり信頼がおけないが、変化の大きさや方向からその意味を読みとることができるであろう。

対象と手続き

対象・手続き共にP-Fスタディの時と同じである（ただし人数は内観群四十一名、非内観群四十名）。

3、結果と考察

表6に明らかなように非内観群はほとんど変化せず、内観群は大きく変化している。よって、この変化は内観法の結果とみなしてよいであろう。

自己評価の低下

内観群は内観後、自己評価がマイナス方向に大きく変化している。

どうしてこのような結果になったのであろうか。内観法は「相手がどうであったか」よりも「その時自分はどうであったか」に重点を置いて自分の過去のあり方を調べていく。

ところで、私たちはそれぞれ「私はこのような人間だ」というイメージを抱いている。「自分はちょっと気の弱いところがあるが、責任感が強く、親切で誠実であり、妻子には思いやりがある」がそれであり、「自分は怠け者

表6　自己評価・他者評価テストの内観前後の変化

群＼時期	自己評価 前	自己評価 後	自己評価 差	他者評価 前	他者評価 後	他者評価 差
内観群	1.3	−3.6	−4.9	1.8	5.0	+3.2
非内観群	3.6	4.0	+0.4	2.7	3.4	+0.7

（※差＝内観後−内観前）

のように見られているが、それは上司が自分の才能を生かしてくれないからであって、もともとはまじめで仕事熱心である」などというのもそれである。この自分に関するイメージを自己像《セルフ・イメージ》という。この自己像は「責任感が強い」「親切」「仕事熱心」「思いやりがある」などいろいろな認知要素から構成されている。

　ところが内観していくと、この認知要素が変化し否定されていく。つまり、自分は人に対して結構誠実で親切だったと思い込んでいたのが、いかに自己中心的で冷たい人間であったか、という過去の事実が思い出されてくる。それもやむをえずそうであったのではなくて、例えば妻が苦労している時に、温かい言葉の一つも掛けられたのに、それをしなかったのである。子供の教育に関しても、自分の力で手助けできたはずなのに、その労を惜しんだのである。心の痛みを感じることなく、平気で友人との約束を破り嘘をつき、自分のことは棚に上げて、相手の欠点を数え上げてきたことなどが、思い出されてくる。

　あるいはまた、果たさねばならない責任を回避し、非を上司に押しつけてきたこと、もともとまじめで仕事熱心だと思っていたが、自分の少年時代から今日まで両親の言いつけにはいつも抗《あらが》い、まじめに勉強や仕事に取り組んだことがなかったことが、過去を点検すればするほど明確になってくる。相手からの愛や思いやりばかり求めて、自分から相手へ配慮しようともしなかったことなどが、次々と逃れようのない事実として迫ってくる。

　これらの事実は指導者から無理矢理与えられたものでなくて、内観者自身が自己の過去の体験を調べてみて、浮かび上がってきた事実であるから、否定しようがない。そこで、これらの認知要素が今までの認知要素にとって代わるようになる。すると今までの自己像は崩壊し、新しい自己像が生まれてくる。

自己像の転換

一部の認知要素が変化することによって、全体像が変化することは、アッシュの次のような実験によっても証明されている。

まず、人の性格についての形容詞単語の情報群を(a)、(b)二組用意する。

(a)知的な―器用な―温かい―断固とした―実際家の―注意深い

(b)知的な―器用な―冷たい―断固とした―実際家の―注意深い

情報群(b)は(a)の「温かい」を「冷たい」に変更しただけで、他は同じ情報要素が入っている。

次にこの情報群を、別々のグループの人たちに読んで聞かせ、その人物のイメージを作らせ、それを記述してもらい、その後評定尺度で評定してもらう。

その結果、情報群(a)の場合は、その人物のイメージとして、寛大で幸福そうで、気持ちがやさしく、ユーモラスで、社交的、人気がある、人間味がある、愛他的といった点で(b)と違った印象をもったイメージが作られた。情報群(b)の場合はそれらの点で反対の印象が得られた。

この実験のように「温かい」という要素を「冷たい」と逆にしただけで、全体のイメージががらりと変わってしまうということは、情報要素が個々バラバラでなく、まとまりをもって相互に関連しあってイメージを作っていることを、示しているのに他ならない。

これは人格のかなり中核的要素の変更ではあるが、一つの認知要素の変更だけで、このような大きな転換が生ずるのであるから、内観することにより今までの認知要素と、それも中核的な認知要素と矛盾する要素が、次々と意識化されてくるに従い、自己像に転換が生ずるのは当然の結果であろう。

それゆえ深い内観をした人ほど、今までの自己像を構成している認知要素に背反する要素を、より多く自己の中に発見するであろうから、自己像の転換も大きいであろう。同様に、神経症や心身症、対人関係のトラブルに悩んでいた人ほど、あるいは非行や犯罪を犯したり、アル中で苦しんでいた人ほど、実際の経験や現実と自己像とのズレが大きかったはずであるから、抵抗を乗り越えて内観すれば、それだけ今までの認知要素と矛盾することが思い出されるので、自己像の転換も大きく、実際行動レベルでも、大きな変化となって表れるものと思われる。問題をもった人たちが劇的な転換を遂げるメカニズムの一つは、このように説明できるであろう。

逆に、このように考えれば竹内硬氏が「平生さほど問題もなく、ほどほどによく人とも交わっており、皆からよい人だと言われ、本人もその気になって楽々と何事もなく人生を送っているような人は、内観してもさほど大きい変化は認められないことが多い」と述べているのもうなずけるであろう。

ともかく、このように後生大事に抱えていた自己像が無惨にも崩れ去れば、自己評価も下落するのは当然であり、それがこのテスト結果に明白に表れているのであろう。このことは第三章の洞察の項で記した、いろいろな記録からも明らかである。

しかし、それではこのように自己像が崩壊した人は、それによって打ちひしがれてしまいはしないであろうか？このような心配は実際には当たらないようである。内観三カ月後の報告である会社員は次のような手紙を寄せている。「内観後、私は仕事に対してすごいファイトが湧いてきました。そうして精一杯働いてきました。そんな自分を周囲の同僚はじめ、先輩・後輩等は、やっぱり内観に行くと変わる、などと言っています」

またアルコール中毒だった人は次のように体験記に記している。

「現在、妻は会う人ごとに私のことをこう言っている。『仕事は見違えるほど熱心になるし、家族の者にはやさしくしてくれる。酒もぴったり飲まなくなりました。主人一人で家の中が明るくなり、全く別人のような変わりようです』と、さも嬉しそうに言いふらすのだ。『内観』を終えて帰ってから五カ月後の今日も、私は酒を一滴も飲まなくなっている。もう飲みたくなかった。……私はただ、漠然と生きることでなしに、何か目標をもち、愛と誠実をもって生きてゆきたい――」

「悪い」自己を発見した結果、なぜこのようにかえって元気になるのであろうか。そこが人間存在の不可思議なところだ、と逃げてしまえば人間理解が進まない。ここで一つ言えることは、自己評価が否定的になったとはいえ、それは今までの過去の自己のあり方を評価したものであって、これから将来の自己のあり方までも、このように否定的に評価しているのではなかろうということである。というのは、内観者の多くは内観の面接において、自己の過去の罪や悪を語れば語るほど、自分の汚れが洗い流されていくような感じを体験し、内観直後、身も心も洗われたような清々《すがすが》しい気持ちになるからである。この体験が内観の本質と密接に関連したものであることは、吉本氏が内観法を時には「心の洗濯法」とたとえていることからもうかがわれる。

その結果であろうが、内観を終えた少年院生が「今まで自分で自分を粗末にしてきました。これからは自分というものを、もっと大切にしたいと思います」と語ったり、大学生が「これからは自分というものを、もっと大切にして物事を深く考えてゆきたい」と答えている。ここには、本来の自己というのは汚れない清浄なものである、という認識がある。清浄な本来の自己に気づかせ、本来の自己についた穢《けが》れを洗い流す作業が、内観法であるといえよう。それゆえ、その本来の自己を発揮して「これからは、世の中の人のために少しでも努力してゆきたいと思います」（大学生）とか、「今までの過去の失敗、自分の欠点を戒めとして、自分のめざす目標に向かってゆきたい」（会社員）と意欲的になるのであろう。

とはいえ、内観の深かった人ほど過去の自己に対してはもちろん、内観後の自己に対しても楽観してはいない。一度や二度集中内観したからといって、自分の汚れがすべて流され、清浄潔白になり、今後汚れたことや醜いことは一切しない聖人君子になったとは、ちっとも考えていない。人間はそれほど単純でも直截簡明でもない。一旦純粋になったら永久不変に汚濁しない、なんてものではない。今後共、自己本位な邪《よこしま》なこともするであろうし、人の気持ちも汲まず、嘘や盗みもする可能性があり、自分というものはいつまでたっても、きれいな人間になれないことを知っている。そこには自己のそういう意味での罪性に対する洞察と深い悲しみを抱いている。

それゆえ、日常内観を続けている人ほど、いつ自己評価テストをしても、否定的な結果が出るであろう。しかし、それは根底にある人間観に由来するものであって、現実にいわゆる神経症的に悩んでいるものではないことは、これまでの例からも明らかであるが、この問題については、後の章でも触れてゆきたい。

付言するなら、深い内観者には人間は本来清浄であるという禅宗的な考え方と、人間は本来悪の塊であるという真宗的な考え方が共在しているように思われ、そのどちらを強調するかは、その人の内観体験の質の相違によるのかもしれない。

他者評価の向上

内観群は内観後、他者に対する評価をプラスの方向に大きく変化させている。内観によって、他者のいろいろな形での愛に気づき、他者に関する認知要素に大きな変更が生じ、今まで他者に抱いていたイメージ（他者像）に大きな変化が生じた結果であろう。

尻切れトンボの文章のあとに文を続けて完成させる文章完成テストの結果にも、それが如実に表れている。「内観するまでの私は」という文章に対して、「お母さん、お父さん、兄弟がよくしてくれたことに気づかなかった。忘れていた」（高校生）、「反省が足りなかった。父母、先生という方々の細かい心づかいに気づかなかったことが多かった」（教師）、「人のあったかい思いやりがわからず、自分だけの目で行動をとっていた」（公務員）などと答えている。また「今ここにこうして生きているのは」に対して「母や父の温かい心によって、ここまで大きくしてもらった」（高校生）、「両親、あるいはまわりの方々、私をとりまくすべての人、そういう人たちのおかげです」（会社員）、「両親、主人子供のおかげです。家のため、子供のために生きています。私は幸せです」（主婦）と記している。

そしてこのように他者像が肯定的に変化すれば、日常生活での対人関係が好転するのも当然であろう。ある会社員は次のように記している。

「母に対して雑言を吐いたり、わがままに振る舞ったり、粗末に扱ったりすることだけはぴたりと止まっている。もうそれはできないことであった。不可能であった。私の内で、いままでそんなことをさせていたあるものがピッタリ鳴りをひそめ、私から遠ざかった。……『お前、以前とはよほど変わったね』と母は……」

ある女性教師は内観後の自分の変化に驚きながら、次のように記している。

「集中内観しての帰りの車中で、はっきり自分の変化に気づいたのは人に対する態度です。私はあまり社交的な性格ではありませんので、他人に親しそうに話しかけられるのを好みません。どちらかと申しますと、一人で何時間でも黙っているのが好きな方ですが、内観後は人に話しかけられることを、それほどわずらわしく感じませんでした。その時の車中では、六日間は一人ぼっちだったので誰とでもおしゃべりしたい気持ちに一時的になったのかと考えておりましたが、この気持ちは二カ月後の今でも続いております。人間の見方が変わったなどと申しますと大げさですが、とにかく変化したと同僚からも言われます。気持ちが謙虚になったことは確かです。少なくとも、自分で謙虚でなければいけないと、常に自分に言いきかせるようになりました。内観における何が私の気持ちに変化を起こさせたかはっきり致しませんが、人生において一度は体験すべきことだということは、はっきり申せます。中学生のころから『人間嫌い』というレッテルを貼られている私にとって、喜ぶべき変化だったと思っております」

しかし、このように他者像が転換するためには、他者と本人が密接な人間関係を形成し、そこで何らかの形で他者から愛されたという経験が豊かでなければならない。それが乏しければ、内観法の適用はかなり困難であろう、ということは容易に推測できる。この点に、内観法の適用対象の制限の一つがあるかもしれない。これについては第六章においても触れたい。

三　TATによる測定

1、目的

これまで見てきたように、内観後の内観者は人間関係が好転し、積極的な態度や行動が増加し、幸福な気持ちになっているが、これは本心からそうなったのであろうか。心が変わっていないのに、変わったように見せかけているのではなかろうか。指導者やテストする者を落胆させないために、否定的な結果を語らず、いかにも効果があったごとく話したり書いたりしているのではないか。

このような疑問を明らかにするためには、何が良い答えかはっきりしないテストを使えばよい。内観の成果をそこにどのように反映してよいかわからないテストを使えば、内観者の意識的な歪曲は排除できるであろう。ここではP-Fスタディ以上に良い答えがわかりにくい、TATというテストを実施して、その結果を考察したい。

2、方法

用具〔TAT精研版成人用使用〕

このテストは人物や情景を描いたカードを見せて、空想で短い物語を作らせ、それを分析することによってパーソナリティのダイナミックな面を知ろうとするものである。マーレーの原版の他、我国でも数種の図版があるが、今回は十二枚のカードで構成された精研版を使用した。

分析の仕方は精研式を参考にした。

なお、人間関係の分析では受容―拒否の次元でのみ考えた。ここで「受容」とは登場人物の欲求が相互に受け入れられる関係であり、「拒否」とはどちらか一方でも相手の欲求を拒否する関係を指すものとする。内的状態

（感情など）は明瞭な表現がない時でも推察できる時は大まかに（＋）〔快〕、（－）〔不快〕に分類した。解決様式も一見してわかるように（＋）〔現実的・能動的・直接的・肯定的〕、（－）〔非現実的・受動的・回避的・否定的〕の符号をつけ、肯定－否定の次元を重視した。結末の（＋）は成功・幸福であり、（－）は不成功・不幸な時であり、それが実現すれば（＋＋）または（－－）である。

これらの分析の結果は一覧表にして後に掲げる。

対象と手続き

研修所に内観に来た十名に、その集中内観の前後に、同一図版を見せてテストした。そのうちから、ここでは精神的に正常で、かなり深い内観ができたと指導者が評価する、Rという一ケースを選んだ。

（R、二十二歳、女子大学四年生）

父は大会社の重役。実母死亡のため現在の母は継母。高校時代一年間アメリカ留学。顔立ちは整っていて美しい。体格は普通で健康。大学を卒業するとすぐ結婚することになっていた。家の使用人が内観体験者で、結婚前に一度体験しておいたらと勧められ、自発的に精神修養のために内観に来たものである。面接時においても、彼女は心身共に正常域にあるとの印象を受けた。

3、結果と考察

それぞれのカードについて内観前後のＴＡＴを分析し解釈する。そして最後に前後のＴＡＴ全体を比較したい（なお、このケースでは手違いのためカード４Ｆの記録が前後共欠けている）。次にカード別結果を記してゆくが、「前」とは内観前を、「後」とは内観後を示す。その次の数字はカード提示後、話しはじめるまでの秒数である。

カード別結果と考察

カード１ＭＦ　前25秒　「イメージが全然わかない。……９秒……ウント、外でお友だちと遊んでいて、お友だちとケンカして家に帰ってきて、あのー、ナンカ描こうと思ったけど、でもつまんないからやめちゃって、で……友だちのことを……あ、ケンカしたことが悲しいなんて考えて、明日仲直りしようかなあ、なんて思っている」

〔考察〕①かなり長く考えていたのに内容は貧困である。絵を描くのは図版に規定されたもので、友だちとのケンカが主たる空想内容である。②この図版では、ほとんどの人が宿題で絵を描くとか自発的に絵を描いているというテーマを選ぶのに、友だちとのケンカをテーマにしたのは、R（被検者）の友人関係を暗示しているのかもしれない。

後5秒　「ウン、学校で先生に宿題を出されて、そいで男の子が今から何を描こうかなあって、思って、そいで、エー、絵の具を取り出したけれども、まだ構想がつかなくて、そいで弱ったなあと思って、ウン、で、あっ、これからオヤツを食べに行こうと思って階下に行く。台所に降りて行って冷蔵庫を開けてバナナ一本食べます。ウフフ（笑）」

〔考察〕①絵は完成されず、飲食するという回避行動がとられている。②物語を作っているRの表情は前回とくらべてずっと明るい。物語の構成が難しくなった時に機転を働かせて、うまく逃げてしまっている。自分でもそれを感じて笑っている。

カード2F　前5秒　「これも同じようなことで、あの、お母さんと娘が、……あ、娘の方が昨日買物に行って、そいで、なんか生地を買ってきて、カーテンを作ろうと思って買ってきて、で、縫ってたら、お母さんがお手伝いしなさいと言ったので、ちょっとやだなあと思って、あのー、不機嫌になって、そいでお手伝いしないで、このままミシンを縫い続ける」

〔考察〕①母娘は拒否的対立的関係である。娘は母の要求を（黙って）拒否し、不機嫌のまま自分の仕事を続ける。そこには母娘相互の疎通性が欠けている。②被検者Rとその母とは感情的にうまくいっていないと推定される。

後15秒　「うーんと、……ウン、あのー、この前の日にお母さんとこの娘さんが、ウン、お姑さんにします。お姑さんとこのお嫁さんが、あのー、カーテンの生地買いに行って、そいで今、あのー、カーテンを作っているわけ、あのー、お嫁さんが……。そいで、あー、この家ものすごくきれいに飾れるわーなんて思いながら作っていて、そいで、うーん、お母さんが入ってきて『まあ、よくできているわねー』なんて褒めて、褒めて、そいであぁ、これからこのミシン、あのー、カーテン縫いあげて、そいで二人で、お母さんと、きれいに飾ってゆくの……」

〔考察〕①「お母さんとこの娘さんがウン、お姑さんにします。お姑さんとこのお嫁さんが」と言いかえているが、これは母娘関係とみなしてもよいであろう。前回では、カーテンの生地を買いに行ったのは娘一人であったが、今回は二人で買いに行き、縫いあげたカーテンを二人で飾ってゆく。この点にも二人の親和的で協調的なことがよく表れている。これはRが今までの母親像を好転させたことを示すものと思われる。②母娘関係をわざわざ嫁姑関係にしたのは、Rがすでに婚約し、数カ月後には結婚するという事実と関連があるのであろう。つまり、お嫁にいってもお姑さんと自分とは協調してなごやかにうまくやってゆけるだろうという予想、あるいはそうありたいという希望の表れと見られる。

カード3F　前5秒　「これは、あのー、女の人が、ウンと、今まで、そう、三年間くらい付き合っていたボーイフレンドと別れて、それで、ウンと、あんまり悲しいので、汽車に乗って今から遠いところへ行って、一人でものを考えようというところ……」

〔考察〕①一般によく作られるテーマである。内容は貧困。人間関係がうまくいかず、逃避する。

後4秒　「ウン、働いている女の人でね。そいで昨日、ウン、あ……それまでね、コツコツ貯金してきて、そいであのー、お金が、ずーっと旅行に行けるお金がだいぶ貯まったので、この日、ウーンと、前々から休暇届出して、もらって、そいで今、汽車に乗って、そいで、これからどんどん楽しみたいなあって、そいで、ずーっと旅行に出て行って…ウーン、そこぐらいまでしかわかりません。（どういう気持ちで旅行にいくのですか?）楽しい気持ちで」

〔考察〕①目的達成のため着実に行動する（「コツコツ貯金する」）。②感情も明るくなっている。

カード5MF　前6秒「これもさっきの絵と同じだけど、あのー、だいぶ長い間付き合っている恋人同士で、もう別れようじゃないかってことで、これから結局二人は別れてしまいます。……（まあ、もうちょっと二人の気持ちを）……あのー、男の人の方がほかに誰か恋人ができちゃって、それで女の人の方はまだ未練があって、あのー『行かないでほしい』と言っているけれど、男の人の方は何となく『君がまだ好きだ』なんてうまいこと言って、それで結局は男の方が女の人を蹴ってしまう」

〔考察〕①男女どちらが主人公か決めがたいがRと同性（女）を主人公とみなす。②男性に対する不信感がみられる（「うまいこと言って結局は蹴る」）。③主人公は男に哀願するのみで、積極性がない。

後5秒「あのこれはね、うーんと……娘さん、お父さんと娘さんでね。そいで、あのー、娘さんが前から何か縁談があって、そいで結婚するっていうことで、あの、お父さんと娘さんが、あのー、ま、もうすぐだ、もうお別れだといって、いろいろ買物してたんです、二人でね。そいで、うーんと、結婚式の前の日に、あのー『お父さん別れるのつらいです』なんてってそいでお父さんに抱きついて、そいでお父さんは『よしよし』って慰めていて、そいで、あのー、あっ、どうしよう。それから、うーんと、慰めてって『そいじゃ明日また早いから早く寝よう』てなって、そいで、あの、そう、この晩は枕並べて一緒に寝ました」

〔考察〕①父への親愛の情を表す娘。娘のその気持ちを察して慰めるやさしい父。父娘の結びつきが強い。②前述したようにRは数カ月後には結婚するが、その時のことを想像して作ったのであろう。別れの時はこうありたいという願いかもしれない。

カード6MF　前10秒　「なんだか、あのー、ある人が憎らしくなっちゃって、うんケンカかな？　そいで、うん、その人のことが憎らしくって、あのー、衝動的にそこにナイフがあったから、衝動的にナイフをつかもうとしているところで。そいで、この後、結局瞬間まで殺そうかなと脅かして、結局はこわくなってやめちゃいます」

〔考察〕①内容は貧困。カードの絵以上の部分が少ない。

後11秒　「あのー、昨日、そのまた前の日だけど、あのー、知り合いの方から、うーんと、何か、うんと『ちょうど、あのー、おリンゴがおいしいですので』ってもらって、で……あの……その知り合いの方とずっと話していて、あ、それじゃちょっと喉も乾いたし、何か食べるものないかってんで、『あ、持ってきたおリンゴむきましょ』っていうので、ナイフ取りに行って、そいでむいて、そいであの、いろいろ、あのー『重たいのにどうもありがとうございました』って、いろいろお礼言ったりして、そいで食べる」

〔考察〕①一般に深い内観がされた場合、ナイフが危機的場面の攻撃道具（武器）として使用されず、このように果物をむいたり、鉛筆をけずったりという日常的場面に使用されることが多い。②たとえナイフが攻撃用に使われても、内観後は多くの場合、殺傷にまでは至らない。例えば十九歳の予備校生は内観前「格闘して馬乗りになった人が下の人を殺そうと思い、刀に手を伸ばしている。殺すような気がします」というテーマだったのが、内観後「格闘して相手の上になった人がナイフで相手を殺そうと手を伸ばしている。だが邪魔が入り殺すことができない。しかし後で、止められたことを感謝する」と変化している。

カード7F　前5秒　「あのー、娘さんが、あの、ついさっき、何か、あのー、ちょっとしたヘマをやっちゃって、そいで、そのまま外に行こうかなあと思っていたら、お父さんに呼びとめられて『ちょっと、こっちへいらっしゃい』って言われて、そいでお父さんは『一体あれはどういうことなんだ』と言って、娘に何かお説教と忠告を兼ねてしていています。そいで娘さんはそのお説教を受けて、この後自分の室に閉じこもっちゃって、つまんないなあって思います」

〔考察〕①自分の失敗を隠してコソコソ逃げ出そうとする娘。お説教する厳しい父。叱られて自室にこもり不服そうにしている娘。父娘の心が通じあっていない。Rの父娘関係を暗示しているのであろう。②主人公は自分の失敗の責任をとらず、積極的な行動を起こそうとしない。

後8秒「この女の子はね、昨日あのー、二、三日前から、あのー宿題を先生から出されていて、そいで、あのーお父さんにいつも『この宿題やる気ないのよー』なんて言ってたんだけど、お父さんがあんまりこの女の子がその宿題をやらないので気になって『おいお前、宿題どうなっているんだ、できてるんかい？』なんて聞いて、そいで女の子は『うん、まだしてないの』なんていって、そいで『じゃあ、今からお父さんが手伝ってやるから一緒にやろう』ってことになって、そいでこの後、一緒に宿題やります」

〔考察〕①娘の宿題のことを気にして、叱らず手伝ってくれるやさしい父。娘はその父に甘えている。互いの心が通いあっている。カード5MFの内観後の父とも考えあわせてみると、内観前とはその父親像がかなり大きく変化していることがわかる。②主人公は問題解決を避けようとするが、父の援助により解決に向かう。

カード8F　前6秒「えーっと、何かクラス会かなんかの打ち合わせがあって、そいであのー、相談、いろいろ相談していて、それであのー、この立っている娘さんのお家で、そいで彼女がちょっと何か『お茶とってくるわ』とかなんとか言って、そいでお母さんのところに『お茶入れてちょうだい』といって頼んで帰ってきたら、自分の何かことを話していて、入りにくくて、どうしようと思って迷って、そいでそいで何か、えーと、折を見て中に入っていって、また元の相談の、相談を皆でする。……（自分のことを話してたというのはどんなこと？）うん、あの……悪口！」

〔考察〕①陰で悪口をいう友人。信じあえていない友人関係。②それに対して主人公は自分の気持ちを制止して、何事もなかったかのように振る舞う。

後10秒 「うん、これはあのね、あのーうん、この女の子のお兄さんと、そのえーと、お友だち二人で、そいで三人で『どっかへ行こうじゃないか』と計画……ああ、その前の話忘れてました。うーん、やっぱり前から言います？（いえ、かまいませんよ）そいであのー『どっかへ行こうじゃないか』って、あの、ま『北海道にしよう』『ああ、そうしよう、そうしよう』と言ったら、妹さんがちょうど通りかかって、あのーお話聞いて『私も行きたいなあ』なんて思って、『じゃあ、ちょうど女の子二人と男の二人だから』というので、三人が相談して妹さんも一緒に、そしたら四人で一緒に行こうということで北海道の方へ一緒に行きます」

〔考察〕①兄やその友達は主人公の希望を受け入れてくれる親和的な関係。②内観後のカード2F、5MF、7Fそしてこの8Fを総合すると、被検者Rは自分が家族友人の愛情にかこまれて生きていることを表現しているように思われる。

カード9MF　前9秒 「お昼に奥さんのお母さんがいらっしゃって、そいであのー、そのお母さんのところへ、お母さんのところに何か、そう、うん……何か重たいもの……が、それがこの家にあって、それを持ってきてくれって頼まれて、そいでそしたら旦那さんが帰ったら車があるから、旦那さんに頼みますわって、その奥さんが言って。そいで旦那さんが帰ってきて『持って行って』て旦那さんに頼んだら、あのー御主人が『今日疲れているから、やだよ』って言って、そいで、うんそれで、うんそれで結局、御主人さんの方があのー、勝っちゃって、あのー、持って行かないことになっちゃう」

〔考察〕①妻の願いをニべもなく断る夫。②夫から拒否されると、やむなくそれに従い、母に頼まれたことは未解決のまま放置される。カード2Fでもそうであったが、結果的には母の頼みを娘は果たさない。

後6秒　「この奥さんがね、昨日、最近ずっと映画観てなくて『映画が観たいわ』って、その前、ずっと前から言っていたの。そしたらこの晩ちょうど御主人が、うん、早く、いつもより早く帰ってきたので『じゃあ、うん、今晩ぐらい映画観に行こうか』っていうことになって、二人で映画観に行くことになります」

〔考察〕①妻の願いを快く聞きいれる夫。夫婦の心が通じあっている。②Rの婚約者への気持ちが前より好転したのかもしれない。

カード10MF　前10秒　「あのー、五年くらいの闘病生活で、それで糖尿病で、彼女はそれで、うん、あの、突然意識不明になって、そいで点滴を受けて、あのー、今、痛い痛いなんて、こう唸っているところで、彼女は……結局は死んでしまいます」

〔考察〕①空想性の少ないありふれた物語。

後10秒　「えーと、この女の子がずっと前に、うん、そう一年くらい前に、あの、お父さんから車を買ってもらってて、そいでうーん、その車、嬉しくって、毎日乗っていて、そいでちょうど一年くらいたった時に、あのー、一番まあ運転の技術もうまくなりかけて、ちょっと油断したすきにぶつかっちゃって……柱か電柱かなんかにぶつかっちゃって、そいであのー、意識失ってしまって、そいでその時、ちょうど通りかかった人が救急車呼んで下さって、救急車で病院に運ばれて、そいでまあ、意識ないんですけど、手当て受けて、そいで、あのー、そう意識が戻って、そいで、あのー、その時はちょっとひどかったんですけど治って、そいでまた、あのー、そうね、車はだからメチャメチャになってしまったから、車、運転できないけれども、ずっと学校に歩いて通ったりなんかしてます」

〔考察〕①この被検者Rにしてはかなり長い物語。これに似た経験があるのかもしれない。②他者からいろいろな世話を受ける主人公、というよりは内観して他者からの愛に敏感になっているから、他者のしてくれた好意を刻明にのべるRといってよかろう。③「車はこわれたから、徒歩通学する」とは、ある意味では欲求不満耐性が強いことを示す。別のあるケースでは内観後の物語で「自動車を買ってくれとせがんでも買ってくれないので、家にあるカブ（軽自動二輪車）で我慢する」と語っていた。④前回では主人公は死んだが、今回は傷はひどかったが治る。Rの未来への明るい展望がうかがえる。

カード11ＭＦ　前22秒　「あのー、全然、前は二人は全然あのー、何も知らない二人であって、そいで偶然そこの……彼女のお室に夜、灯がついていて男の人が急にその室に行きたくなって、それでガツンガツンと乱暴してそいで……そいで、その、彼女はのびちゃって、そいで男の人はそのまま逃げちゃいます」

〔考察〕①「男の人が急にその室に行きたくなって」とは、あからさまに語られていないが、男の性欲を意味するものであろう。②男性への不信の念。

後38秒　「あっ、この女の人はね、あのー、ダンスパーティーに行って、そいで、あのー、えーと、ダンスパーティーのバンドがちょうど早い曲ばっかりやっていてね。ものすごく疲れちゃって、それであのー、今『あー、もう疲れた、もう踊れないわ』ってって、そうだ会場の、会場がちょうど、あのー、あのー、なんか会場の近くにね、ちょっとした座るところがあったので、そこのソファに腰かけて休んでいたら、あのー、男の方が『どうしたんだい』って、見に来て下さって、そいで、あの、うん『ちょっと疲れたから今休んでいるの』なんてって、『じゃあ、もうちょっと待ってまた一緒に踊ろうか』ってって、また会場の方に行って踊ります」

〔考察〕①主人公が疲れて休んでいると、心配して見に来てくれる男性。そして後に一緒に踊る。前回の男女は対立的関係にあったが、今回のそれは親和的である。前回が男性への不信を示すものとするなら、今回は男性への信頼を示すものといえよう。②このケースのようにかなり深い内観のできた者は、このカードで直接性欲に関する物語を作るのを避けようとする傾向がある。それは、性欲に関する物語を作るとすれば、カードの絵に制限されて、ともすれば男女が対立的拒否的な関係にある物語を作らざるを得なくなることや、道徳観が強化され、暴力的な社会通念に反する性行動は不道徳なものとして強く否定されるからであろう。

カード12ＭＦ（白紙のカード）　前15秒　「そう、あのー、うーんと夏の暑い日で、そいで、あのー、女の人と男の人がプールに行っていて、そいでプールサイドに、うん、二人共腰かけていて、で、彼らは、あのー、三カ月前くらいに知り合って、それで、ずーっと付き合ってきて、それであのー、まあ今日とにかく一番はじめ二人にとっての、一番はじめの水泳に行って、これからも時々来ようなんてことを話してそれで結局二人は結婚しちゃう」

〔考察〕①前述したように被検者Ｒはすでに婚約し、数カ月後に結婚することになっていたから、語られた内容はＲ自身のことを示すものと思われる。

後３秒　「うん、あのね、あのー、うん……結婚した夫婦、アハ（笑）結婚した男女で、いて、そいでその間にちっちゃな男の子がいてね。そいで二人は前から子供がほしいってって、やっとまあ三年目くらいにできて、そいであのー、今もう子供がやっとできて、嬉しくって、そいで親子水いらずで、そうー、公園に遊びに行ってね。あのー、おにぎりや、そんなもの食べて、子供にミルクあげて、なんてして、そいで日向ぼっこなんかして、そいで、あーっと、もうちょっと陽が暮れてきたから、もうあんまり寒くなっちゃ子供の身体に悪いってって、そいで家に帰って……帰ります。（絵にしたらどんなのですか）だからベンチにね座って……うん、ちょっと待って、芝、グリーンの芝生の上に、うん、ナイロンを敷いていて、大きなナイロン風呂敷ひいていて、そいでその上に奥さんと旦那さんと、そいで子供が真中にチョコンと座っていて、そいで魔法瓶とか、あのーサンドイッチとか、そういうようなもの、果物とか、そこの周りに置いてある」

〔考察〕①やっとできた子供を中心にして、夫婦が公園でくつろいでいる家庭的な、平和でなごやかな様子が描かれている。結婚したら、このような家庭でありたいという願いをこめてこの物語を作ったのであろう。

②なお、女性で深い内観者の場合、多くの人たちはこのような家庭の親しい情景をこのブランク・カードで作る傾向がある。

ＴＡＴ結果の全体的考察

被検者ＲのＴＡＴ結果をまとめた表７のａとｂを比較すれば、内観前後のＴＡＴの変化は一目瞭然であろう。

（註：表７は今回新たに分析しなおしたため、すでに発表したものを若干改めた）

人間関係：内観前は拒否的であり、相互のコミュニケーションは不十分であるが、内観後は心が通じあい、情愛があり受容的である。これらのことが親子・友人・夫婦関係等すべてにわたって妥当する。このことから、内観前後で自己像や他者像に大きな変化があったものと思われる。

欲求―圧力関係：内観前はたとえ親和欲求をもっていてもほとんど拒否されたが、内観後はすべて受容されている。圧力も攻撃や支配がなくなっている。これらのことは①の変化から生じてきたものであろう。

内的状態：内観前は悲しい・つまらない等の不快感で満ちているが、内観後は楽しい・嬉しい等の快感情がほとんどである。内観後のＴＡＴ実施時、Ｒはまことに明るく楽しそうであった。それは内観による心理的変化以外に、一つには内観終了という解放感にもよるであろう。

解決様式：内観前は葛藤に対して回避的受動的な行動をとっていた。内観後は葛藤らしい葛藤がないこともあって、欲求はほぼ直接的な行動で解決されている。

結末：内観前は不成功・不幸が大部分を占めていたが、内観後はほとんど成功・幸福な結末となっている。未

表7　内観前後のTAT結果

a）内観前

カード	人間関係	欲　求	圧　力	内的状態	解決様式	結末
1MF	拒否（主―友）	友（誼）的親和・攻撃	攻撃	（－）悲しい	（＋）肯定的	＋
2F	拒否（娘―母）	成就	支配	（－）不機嫌	？	？
3F	拒否（主―恋人）	性的親和	挫折	（－）悲しい	（－）回避的	？
5MF	拒否（主―恋人）	性的親和	拒否	（－）未練	（－）受動的	－－
6MF	拒否（　？　）	攻撃	罪	（－）憎らしい	（－）否定的	±
7F	拒否（娘―父）	非難回避	挫折・攻撃	（－）つまらぬ	（－）回避的	－－
8F	拒否（主―友）	友（誼）的親和	攻撃	（－）迷い	（－）回避的	？
9MF	拒否（妻―夫）	支配	支配	？	（－）受動的	－－
10MF	――	？	病気	（－）苦痛	――	－－
11MF	拒否（女―男）	――	攻撃・性	（－）	――	－－
12MF	受容（主―恋人）	性的親和	性的親和	（＋）	（＋）直接的	＋＋

b）内観後

カード	人間関係	欲　求	圧　力	内的状態	解決様式	結末
1MF	――	成就	強制	（－）困惑	（－）回避的	？
2F	受容（嫁―姑）	成就・審美	賞賛	（＋）	（＋）肯定的	＋＋
3F	――	旅行	欠乏	（＋）楽しい	（＋）能動的	＋＋
5MF	受容（娘―父）	家族的親和	結婚	（－）つらい	（＋）直接的	＋＋
6MF	受容（主―友）	飲食	――	（＋）	（＋）直接的	±or＋＋
7F	受容（娘―父）	――	強制・養育	？	（＋）肯定的	＋
8F	受容（妹―兄・友）	旅行	――	（＋）	（＋）直接的	＋＋
9MF	受容（妻―夫）	遊び	――	（＋）	（＋）直接的	＋
10MF	受容（主―不定）	？	事故	（－）	？	＋＋
11MF	受容（女―男）	休息・遊び	――	（＋）	（＋）直接的	＋＋
12MF	受容（家族）	家族的親和	――	（＋）嬉しい	（＋）直接的	＋＋

来への明るい希望がみられる。

なお内観前のTAT結果の表aをみると、あまりにも拒否的な人間関係であり、感情的にも暗く行動も回避的である。このことから、被検者Rは本当に正常者であったのかどうか疑問になろう。しかしTATの内容から見ても、さほど激しい葛藤もなく、本人もそれを強く意識していなかったようなので、やはり日常生活では一応適応しており、葛藤はあるが正常域の精神状態にあったと考えてよかろう。そして内観によって、その葛藤（特に親子関係における）が解決され、精神的により健康な適応状態になったといえよう。

4、追跡調査の結果

一カ月後、Rは次のように報告してきた。

「帰ってきましてからの生活は、気分の上で、ずいぶん違っております。お母さんに対して全くねたましい気持ちがおこらず、お母さんと話をするのがすごく楽しいです（内観前は義理の母の言葉使いまでが私には気になって、一種反抗的な感じをもっておりましたが、今はそんなことは全く気になりません）。ずーっとお父さんにお母さんのことで恨みをかけた自分は、何とばかな利己的な娘だったかと思います。私には皆にいろいろしていただいて、本当に幸せな娘です。お父さんお母さんに対する自分の気持ちが全く変わって、本当に自分自身気持ちが楽です。二人が仲良くしているのをみると、本当にいつまでもそうあってほしいと思います。他人に対して、しゃくにさわることがあっても、腹を立てる前にまず自分を見つめて反省しています。そのためか全く腹が立たなくなりました」

その後、継母も内観を体験した。これらのことから、ＴＡＴでみられた変化が日常生活の中でも現実化していることがうかがえる。

なお、二年後の追跡調査によれば、Rは結婚して夫の任地ニューヨークですべて順調に幸福に暮らしているとのことである。

5、補足

私は他の機会に、妻子ある男性に恋して三角関係に悩む未婚女性の事例をＴＡＴによって分析したことがあるが、この場合も、彼女が内観によって三角関係を解決し、人間関係における親和性の増加、道徳性の向上、積極的な態度や行動の増加などの心理的変化を遂げていることが確かめられた。そして彼女は内観後まもなく別の男性と結婚し、幸福な生活を送っていることが一年後及び二年後の追跡調査によっても確かめられている。

このようなことから、ＴＡＴは内観による心的変化をかなり鋭敏にとらえうるものといえよう。

以上、いくつかの心理テストを使用して、内観による心的変化を測定した。もちろん、これらによってその変化のすべてをとらえたわけではないが、少なくともその一端を明らかにしたといえよう。

第五章　自己嫌悪の女性の事例

一　内観法の医学界への導入

灯影《ほかげ》なき室に我あり
　父と母壁のなかより杖つきて出ず
　　　　　　　　　　　　　　　——啄木——

この歌の軸が石田六郎氏の医院の内観室の床の間に掛けてあった。まさしく内観の風景と内観者の心像をうたいあげたものである。石田氏は福島県の須賀川市という小さな町の、神経科と内科の開業医であった。氏は長年の啄木研究によって、失意のドン底にあった啄木が自己否定の極みに、初恋の少女への愛を人間愛の根源たる母の愛、母への愛へと昇華し、その結果、「東海の　小島の磯の白砂に　我泣きぬれて　蟹《かに》と戯《たわむ》る」や「たわむれに母を背負いて　その余り　軽きに泣きて　三歩あゆまず」といった秀れた歌を生んだことを発見し、そのような歌を作ることにより、啄木の心身の状態が爽快になっていることに気づいた。そこで石田氏は、「人間愛を中心

表8　内観分析療法適用成績（石田、1970）

A. 神経症、心身症、その他

病名		例数	著効	軽快	不変	悪化
神経症	ヒステリー	5	3	1	1（中断）	0
	抑うつ神経症	16	13	1	2	0
	不安神経症	18	16	1	1	0
	強迫神経症	3	1	2	0	0
心身症		44	38	2	4	0
その他	ハイミナール中毒	1	1	0	0	0
	放浪癖	1	1	0	0	0
計		88	73（83%）	7（8%）	8（9%）	0

B. 内因性精神病

病名	例数	著効	軽快	不変	悪化
統合失調症	4	0	0	4	0
躁病	1	0	1	0	0
うつ病	1	1	0	0	0
てんかん	2	0	0	2	0
境界状態	3	2	0	1	0
計	11	3	1	7	0

とする自己の否定的、過去反省的思索から、強力かつ短期の心理療法の生まれる可能性を夢みていた」が、内観法を知るに及んで、まさしくこれこそ自分が求めていた療法であると確信し、早速、二十年来、月数回失神発作で倒れていた神経症の患者に実施して劇的な治癒を見た。

以来、石田氏は多くの臨床経験を積み、その中から精神分析の素養を基礎として、内観法を中心に自律訓練法と催眠療法を加えた**内観分析療法**を樹立し、その成果を次々と発表した。表8はその適用成績である。これをみれば神経症や心身症に著効をもたらしていることがわかるであろう。内因性精神病と言われているものにはあまり大きな期待はもてないが、内因性うつ病に奏効しているのが注目される。

石田氏はその臨床的知見と豊かな学識をもって内観法の意味を探り、精神分析や森田療法などとの異同を論じ、内観法の理論を発展させ、仏教的精神療法としての内観法のユニークさと普遍性を解明しようとした。しかし、その途上で惜しくも数年前故人となられた。特に遺稿となった「内観法の医学臨床」という論文は氏の内観法の理解の鋭さと深さを示し示唆に富むものである。

石田氏以外にも岡山大学精神科の医師たちも内観法に関心をもち、奥村二吉教授の指導のもとに洲脇寛氏や横山茂生氏らはアルコール中毒の患者や神経症、性格異常の人たちに内観法を施行し、検討を続けている。最近では奥村氏が川崎医科大学に移られ、そこが中心になって研究が行われている。また慈恵会医科大学精神科や九州大学心療内科の人たちも内観法に関心を寄せている。

このように神経症や心身症に対する内観法の有効性が検証され、対象による方法の修正や他の療法の併用、その適用の限界、効果を規定する要因などが検討されつつあるのが現状である。

次に掲げるのは吉本氏の内観研修所で集中内観を体験した二十三歳の未婚の女性Kさんの体験記である。神経症の状態にあった人がどのような過程をたどり、どのような心的変化を遂げていったかが、この体験記から読みとれるであろう。

二　自己嫌悪の女性の内観体験記

1、内観前の状態

私は、今から四年前、専門学校卒業を目前に控え、卒業試験や国家試験のことなどを考えると、胸のつまる毎日で勉強が身に入らずに悩んでおりました。

その時に親友のYさんが次のような手紙をくれました。今のあなたをそばで見ていると、どうしてそんなに？と納得のいかないほど、自己嫌悪に陥っているようです。何でもないことをただ、だめだだめだと無理やりに思い込んでいるように見受けられます……と。そして、今のあなたに贈りたい私の大好きな言葉ですとして、『人生とは休戦のない戦いであって、人間という名にふさわしい人間になりたいと思うものは、目に見えない敵軍、つまり自然の破壊的力や濁った欲望や暗い思考など、陰険にも人間を堕落させ、絶滅させようとしているものと絶えず戦わねばならない（ジャン・クリストフより）』と書かれていました。

その後、どうにか試験にパスして、K病院の検査室に勤務しておりました。検査成績の変動について昨年の六月頃から検討し、ほとんど誤差は許容範囲内でしたが、しかし少しでも誤差を小さくしようと努力しましたが、思うようにならず不安な毎日が続き、仕事は以前の半分ほどしか進みませんでした。そして私はこの仕事に適していないと真剣に考えていました。

この状態が少しでも軽くなりたいと思い、A精神科の先生にカウンセリングしていただきました。十分ぐらいの話し合いの後で「甘やかされて育ちましたネ、ゆっくり休んで、普通どおり勤務して下さい」と言われました。

納得がいかないので、翌日知人の紹介で、S病院に行き知能検査と心理検査を受けました。その後先生は私の話をゆっくりと聞いて下さいましたので、だいぶ気分が楽になりました。検査の結果をみて先生は「異常ありませんよ。あなたの悩みは、右足の次には左足を出す、その次はと考えるとその人は歩行できなくなります。これと全く同じですから、元気を出して下さい」と言われましたので、これですっかり安心しておりました。

しかし日時が経つうちに、またどこかに異常があるのではないだろうかと考えて、医者に対して強い不信感を持ちはじめました。そして病院に出勤するのが、とても苦痛でした。

ちょうどその時、同僚のSさんが結婚相手としてO青年を推薦して下さいましたので、家族の者とも相談して、納得の行く方ならこの際結婚しようと思って、お見合いをして、昨年の十月に婚約しました。その後結婚準備のために退職しましたが、習い事に集中できなくその上、不安はつのるばかりでした。

それは、相手の性格をつかめないことと、私は相手の方を幸せにしてあげる資格があるだろうかと考え、そして来る日も来る日も不安に襲われてしまい、相手に手紙を出すのが恐ろしくなり、結局このような未熟者は、死んでしまえば相手に迷惑をかけなくてすむのだと思い、外出するのさえも億劫になってしまいました。

それからは空虚な毎日で、何をするでもなくぼんやりとすごし、死のみを真剣に考えるようになりました。でも死は私にとって、そんなに簡単ではありませんでした。

このような状態の生活を繰り返していましたところ、ある日姉と同じ学校に勤務されているF先生が、夏休みに長野県大町市の内観研修会で内観され、できるだけ多くの人々に経験してもらいたいとおっしゃっていたことを姉から聞き、島田学園高校の発行の『人造りと内観教育』という本を手に入れました。そしてむさぼるように読み終えて、すっかり感激し、私のような者でも素直な気持ちが持てるようになるだろうかと一抹《まつ》の不安を抱きながら、ついに決心しました。十二月四日に研修所に申し込みのお電話を致しましたところ、先生からの「すぐいらして下さい。奈良は寒いので下着を沢山つけて、腹帯を締めて来て下さい。一週間は厳しいですよ」とのお言葉は、今も私の耳に焼き付いています。

翌日、父母の心配をよそに、何の心構えもできないままに奈良に伺いました。夜行列車で心身共に疲れている私の目にも、奈良線の車窓に点在する朝もやに包まれた古都の仏閣がすがすがしく映じ、奈良駅に着いた頃は、はや通学、通勤客で雑踏しており、ついに鄙《ひな》びた郡山駅に着きました。駅から研修所に至る数分間でしたが、研修所に入るのが、恥ずかしいような気持ちになりました。塀づたいに歩き、いかめしい門前に立ち、やがて奥様が玄関の大きな戸を開けて下さった瞬間、静けさが身体の奥深くまで突き刺さり、私はその時、一週間どのようなことがあろうとも頑張るぞ、と心に誓いました。

2、集中内観の過程

第一日

応接間に案内され、吉本先生から内観に来た動機などを聞かれました。その後で内観中の諸注意のテープを聞かせていただき、二階に案内され、大阪大学心理学研究室が行っている心理テスト（註・筆者による調査）に回答しました。その後で温かい牛乳とパンをいただいた時は、車中で食事をとっていない私には蘇生の思いがいたしました。

やがて私は屛風の中に座り、先生から「小学校時代お母さんからどんなことをしてもらい、またあなたはどんなことをしてあげたかお調べ下さい」と問題をいただきました。

その時の私には先生が私と面接する前後に合掌したり、深々と礼をなさるのが奇異に感じられました。

空白な時間が流れ、やっと次のようなことが浮かびました。母は私が一年生の時成績が悪く、何の賞状をもいただけなかったので、私が二年生になってからは、毎晩小さい机ですべての教科について熱心に教えてくれたのに対し私は、成績が悪いと母が他人に対し恥ずかしいという見栄からであろう、というぐらいに考えていました。その他のことは何も浮かんできません。

そのうちに足が痛み、楽に座っていても痛みは増すばかりで、あれほど決心したのに、もう考えることが面倒になり、その時ふと襖《ふすま》に目を注ぐと、落書きが全面にありましたので、それを読み時間を空費していました。

しばらくして先生が来られまして、「どんなことを思い出して下さいましたか」と言われましたので、最初に少し浮かんできた母のことを、さも一生懸命に調べたような口調で答えました。「では、中学時代お母さんは、どんなことをあなたにして下さって、またあなたはどんなことをしてあげましたかを詳しくお調べ下さい。お願いいたします」と言われました。最後の「お願いいたします」のお言葉には、もはや私の怠慢さを知られてしまったのかと、驚きました。

なかなか思い出せません。しばらくして、運動会の時に、お弁当を持ってきてくれたことを思い出しました。精神統一ができず、時計ばかりが気になるのです。――その後、順次年を追って現在に至るまで考えたのですが、何も考えられぬまま、先生の面接がある度に、ふと頭に浮かんだ事柄をお答えして、その場凌《しの》ぎをして、いつもの悪い癖を出しておりました。

午後からだいぶ暖かくなり、ついに居眠りをはじめてしまい、歳末大売出しの宣伝をしている飛行機の音で目が覚め、過去の自分に目を向けようとあせるのですが、簡単に思い出せないままに、心の隅から私は低脳だから過去のことを思い出せないのだ、と横槍が入ってきました。

先生との面接が回を重ねて六回目になりました。「今日まであなたが成長するのに、どれほどの費用をかけてもらったか、今の金額で概算して下さい」とおっしゃいました。暗算できそうにないので、紙に書いて計算してみました。はじめは二七〇万円、またやりなおして三一五万円。小遣い帳などつけたことのない私ですので大変でした。就職してから十万円のお金を貯めるのにどんなに大変であったか十分わかっているはずの私ですのに、父が出してくれたお金は何とも思いませんでした。常に私は、親が子供を生んだ以上育ててくれるのは当然の義務ではないか、そして私の意志で生まれてきたのではないと、考えておりました。

入浴させていただき、すっかり冷えきった体が温まり気分を一新いたしましてから、父に対して調べはじめました。そうだ六年生の、授業最中の時、先生より、「お父さんが赤痢なのですぐ家に帰りなさい」と伝えられました。帰途アスファルト道路から、はね返った熱気が、むんむんする中で、なぜ伝染病になったのか、「お父さんのバカ」と涙を出して家に着くと、保健所から消毒に来られ家の中が、びっしょりでした。保健婦さんが、直接採便されて、帰った後の不安な気持ち……「お父さんの不清潔！」と叫びたいような気持ちだったことを思い出しました。

先生が、今日の最後の面接に来られたので、このことを話しました。先生は「その時あなたはどうであったか詳しくお調べ下さい。そして九時になったらお休み下さい」とおっしゃり、目覚時計を五時に合わせて下さって静かに階下に行かれました。

第二日

午前二時頃から、五時に起きなければとの一念で安眠できずに五時起床。急いで洗面を済ませた後、さっぱりした気持ちで掃除にとりかかりました。人の気配のない広い道場は、無気味な静けさでした。階下では、もう奥様が働いておられる様子でした。

今日こそは、と思いながら、屏風の中に入り、昨夜の続きの中学時代の父に対して調べました。夏休みには必ず山に連れて行ってくれ、その時のおいしかったおむすびの味や、また、父は私にスポーツをするように、口すっぱく言ってくれたことがありました。このことに対して私は勉強熱心でもないのに、勉強が主で、スポーツなどは頭から否定しておりました。一年生の秋、強歩大会で三位になった時、父が本当に喜んでくれたことが頭に浮かんできました。

先生との面接——高校から専門学校の自分を調べる。朝食後は素直に合掌ができました。

高校二年生の春、進学クラスに入り、能力の無いのを嘆き、退学するのだと言って、父を困らせたことや、三年生の秋に、急に国立大学の受験を断念して、己の実力を知らずに、あれや、これやと空想に耽っていたことなどを思い出しました。そんな時、父はいつも「お前の気のすむようにしてやるよ」と言っておりました。親バカとはこのことだろうと、内心思っておりました。『子供が父親に尽くす最初のサービスは、彼を親バカにさせることである』という格言を、自分勝手に解釈しておりました。

嘘と盗みについて（小学校時代から現在に至るまで）を調べる。——家のすぐ近くに、ほおずきの畑がありました。母の注意をよそに、毎日のように通ったことや、廻覧板を持って行った帰りに、真赤な大きなイチゴを見つけ、周囲に人がいないことを確かめて、垣根越しに手を伸ばして盗んだ私。それから母や祖母に「お腹によくないから食べてはいけないよ」と注意されていた、桑の実を学校の帰り、まわり道をして食べては、洋服や顔を汚していながら、食べない食べないと嘘をついておりました。

中学一年生の時でした。試験をすると必ず、上位百名が掲示されました。少しでも良い番号になりたいと思って、国語のテストの時でした。前の席に、いつも一番になっている人が来ましたので、カンニングをしました。良い結果を得るために、手段を選ばなかった私は、恥ずかしいとも思う反面、このくらいのことは誰でもやっているという、気持ちを抑えることができません。そして、高校時代を思い出したのですが、はっきりしません。先生は「例えば月謝を使いこんだとか、キセルをしたとかをしっかり調べて下さい」と言われました。

それから専門学校時代に、思い出は進んできました。化学の実習の時に口惜しくて、泣いてしまったことを思い出しました。よーし、このことについて深く調べよう。二人一組になってビュレットの検定をしました。慣れない化学天秤を使って、もう少しというところで、ビュレットの中に残っていた液を流してしまいました。その時彼女は一言も、私に謝ってくれなかったので、後から彼女を非難しました。その時のことをできるだけ、はっきり思い出そうと努力しました。私は彼女に教わりながら、検定していたのです。何も知らなかったのに知ったか振りをして、他の実習の時も、失敗を恐れて、自分から最初に手を出すことをしませんでした。高慢で醜い私まる出し、と思いました。でも、彼女に謝る気持ちには、とてもなれません。相変わらず口惜しいです。

就職後について——手の荒れている母を見て「可哀そうに、明日は病院からベルツ水を作ってきてあげるよ」と言って、沢山作って持ち帰り「病院に勤めている特権だよ、いいでしょう」なんて得意がっていたり、またガーゼを化粧ふきにしておりました。ある時検査の成績をエンピツ一本で書き変えてしまったこともありました。

先生が聞いて下さっている時には、恐ろしい私ですと思うのですが、その後すぐ「あそこにいた人、全部がやっていたのになあー」と反省の念など少しもできません。

先生から「お母さんに対して小学校時代どんなことをしてもらい、またどんなことをしてあげたか、お調べ下さい」と言われ、また母か、昨日あれほど苦労しても考えられなかったのに、いやだと思いました。

膝をなぜたり、頭を振ったりいろいろと試みまして、やっとのことで次のようなことを思い出しました。母が妹を連れて実家に行くと必ず私は熱を出して寝てしまったことを、そして母が帰ってくると不思議に治ってしまったのです。また扁桃腺肥大なので冬になると幾度も寝てしまいました。その時、氷嚢《のう》や水枕を替えてくれる母に対して、もっと静かにとか、空気が入りすぎていると、注文をつけていました。愚痴を言いに生まれてきたような私。悪く思わないか、思え思え思え。

そして中一の夏、家族五人で登山した折に、霧が深くなってきたのです。母はその時「私は一人で来た道を帰ります」と叫んで先にドンドン行ってしまいました。そして家に帰ってから母は、「もしも遭難したら困るので、救助してもらおうと思っていた」と話してくれました（いや一人だけ生きようと思っていたのだろうという考えが頭をかすめてました）。どうして、こうも反抗的なんだろう、私はもうだめだだめだ、つい先日、忘れさることのできない過去の自分の醜さに気づき、もう救いがたいと思っていたのに、今は悪いと思わないのだから、内観前より悪くなってしまったのではないだろうか。吉本先生は、たぶん悩みから抜け出すことができるでしょうと最初に言って下さったのに……などと考えていましたところ、先生が面接して下さって「高校一年生の時のお母さんについて調べて下さい」と言われ、勇気を出そうと思いながら、床に入る。

足が冷えて眠れないで、窓をうつ風の音が、いやに気になる。

第三日

昨夜のテーマについて調べました。英語の時間に指名され「このカッコの中に、何を入れたらよいですか」と問われ「わかりません」と答えましたところ、先生は「このくらいのことがわからないのか、そんなはずがない。君はいつもふくれっ面ばかりしている」と言われました。その時の心を深く調べることにいたしました。

入学試験の成績でクラス編成があり、私は良いクラスに入れなかったことが、内心不服でした。そして二年生になり、進学クラスに入り、英語と数学は能力別授業をしました。私は、そのトップクラスに入り、最初は喜んでいましたが、それは束の間のことでした。数学の模擬テストで、〇点を取ってから、はじめてこんなにも無能かと思い、その原因は母にあると、毎日のように、母を責めて自分の無能を嘆いておりました。「人間は馬鹿がいるから、利口がわかるのだよ」と言っている母を、なんとのんきだろうと思っていた。

今日は特別に、寒いように思いました。その時、囚人がいる独房とは、こんな所だろうかと……いや違う。毎日心のこもった、おいしい食事をいただいた上、先生が一時間か二時間ごとに面接して下さることに対し、これに応えるには、もっと頑張らなければいけないと考えるようになりました。

——現在まで調べました。苦しいことです。夕方同室に女の方が入ってこられました。先生がいらして、内観者が五人になったことを伺いました。今日一日は、本当に苦しかったのですが、九時過ぎ友を得たように嬉しくなり同室の方と二言三言交わしてから、眠りにつきました。

第四日

朝食後、先生から「お姉さんに対して良き妹であったかお調べ下さい」と言われました。

姉に対しては、何の抵抗もなく考えることができました。小学校の時には、ほとんど宿題を手伝ってもらっていました。四年の夏休みの最後の日でした。蟬の成長観察をしたのですが、絵が上手に描けないので、いつもの調子でお願いしようと考えて、夕食後に頼みました。しかし姉は、その時想像もしなかったことを言ったのです。「そういうことは、自分でするものだよ」。それから全然取り合ってくれないので、私は本当に困ってしまい、大声で拗ねていました。その時父が姉に「書いてやれよ、不器用だから可哀そうだ」と言ったのです。姉はその時、泣きながら、模造紙に大きく、幼虫から成虫までの図をきれいに、描き上げてくれました。

それから、中学一年生の強歩大会の時、姉に勝ちたい一心で頑張ったことがありました。ゴール近くになって、姉の姿を見つけ出した時には、目のくらむ思いでした。猛然と走って追いついた私に姉は「一年生はまだ早い方だから、頑張ってネ」と励ましてくれました。

と話し終えた私に、先生は「姉さんは、お母さんのように、温かな、思いやりのある方ですね」と、おっしゃられた。お言葉を素直に聞くことができました。

それから、高校一年生の時、私の家は台風で屋根が半壊しました。姉は来春の大学受験勉強中なのに、大工さんが入っている時は、台所の仕事をよくしました。父が姉の机を仮の住まいに運んで行くのを見て、羨ましく、どうして姉にばかり親切なんだろうと思っておりました。二年生の最初に学校が嫌になった時、姉は自分の古い日記帳を取り出して、誰でもあなたと同じように悩むことがあるのじゃあないかなと、励ましてくれました。

私はこのように親切な姉に対してすら、対抗意識を持っていたことに気づき、すまなかったと思いながら、屏風を静かに開けて、洗面所の鏡の前に立ちました。その時ピンク色の二輪のカーネーションと緑に光るフェニックスが飾られているのが目に入り、ハッと、目をやりました。その時、奥様本当に、ありがとうございますと心の底から叫びました。かつて、花を見て美しいと思ったことは、何回もありました。でも今回の感激は特別でした。この時ばかりは、生まれてはじめての感動を覚え、跳び上がるような嬉しさでいっぱいでした。この感動は、一体何だろう——。

姉に対しての続きを調べました。姉を何でもできる万能選手のように思っていた私は、自分と比較して劣等感を抱き、第一に依頼心ばかり起こしていた自己に気が付きました。

次は妹に対してとのテーマをいただき、妹がまだ就学前のことでした。小さな玩具のバケツを持って池の中心にある島（私たちだけで島と呼んでいた所）に、渡りたいと言いましたので先にバケツを投げておくようにと、命令したのです。妹はそれに額をぶつけて、怪我をしてしまいました。今でもその傷跡は、はっきりわかります。本当に可哀そうなことをしました。

私が親元を離れて寮生活をしていた時に、妹から最初に届いた手紙の中に、赤い椿の花びらが、一片入っていました。今家の椿の花が満開で燃えそうです。思い出して下さいネ……。と心細やかな手紙をくれました。その妹が高二の時、私に将来どんな道に進んだら良いか迷っているという手紙をよこしました。姉として何一つ助言をしてあげたような覚えがないのです。ごめんなさいネ。もっと思いやりのある人間にならなくてはと思いました。

断片的に浮かんできます。まだ足が痛かったりで、今日も、心の底から詫びる気持ちにはなれませんでした。四日目だと考えると、自分はなかば諦めの境地で、悲しくなってしまいました。隣の中年の方は、昨日の夕方から入ったのに、昔のことを先生に泣きながらお話ししておられました。まだ他の人のことが耳に入るようでは、内観ではないと思いながら、続けて妹について調べました。

四カ月前、病院に勤めに行くのが苦しくて、私のことをいろいろ話しましたら、「姉さんの言っていることは、私のことを言っているようで、聞いていると、苦しくなってしまうから、もうやめて」そして「気分が楽になるのならどんなことでもしてあげるよ」といい、その上、病院に荷物を取りに行ってきてあげるから、明日からはゆっくり休むようにとまで言ってくれました。妹は下宿をしておりますが、私は妹がくれたようには、手紙も出していないことに気づきました。

――今の私は一体何をしているのかと自問自答、これで良いだろうか。先生は私に何も注意して下さらないのは、もう諦めてしまわれたのだろうか。それとも自己嫌悪にとりつかれているので、厳しく注意して下さらないのだろうか等思っておりました。

第五日

父に対しての反省（二回目）。二年間の寮生活の間に、父はハガキや手紙を大きな袋に入りきれないほどくれました。食べ物に気をつけるようにとか、また人間づきあいについてを箇条書きにして、こまごまと注意してくれたり、また月末には必ず届くように、送金してくれたことに対して私は、「友達はほとんどお母さんからもらっているよ、お父さんからは、ほしくない」とか、細かいところまで気がついて女のようだと非難していました。もしも、私が父の立場ならどんな気持ちになったのだろうと考え、申し訳なく思いました。

十二時少々前に、先生から、テープを聞かせてあげますから隣の部屋に来て下さいと言われ、行きました。その時テープからは、男性の声で、小学時代のことを反省されて、おかあさんに対して懺悔しているところでした。また女子大生のお母さんに対しての深い反省や、NHKから放送された〝鉄格子より、光っている星は、母の優しいひとみにも似ていた〟というタイトルで、少年院からお母さんに詫び、今度からは立派に更生すると誓っている少年の声などでした。

これらはすべて内観後の感激を語っている先輩諸氏の声だったのです。温かなおでんをいただきながら、人前もかまわず、号泣いたしました。映画を観ても、泣かないことを自慢していた私でしたが、この時ばかりは小さなハンカチはすぐにグショ濡れになりました。私は五日半も何をしていたのだろう。涙一つ出さずに、思い出したことを他人事のように、ペラペラと先生にお話ししていたのです。それに自分で気がつきながらも、それを掘り下げる努力をせず怠けていたのです。無駄に過ごした時間や傲慢な私の態度も思い浮かべ、もうあらゆる感情が寄り集まったような一瞬で、虚脱感におそわれて、屏風の中に戻ってからも、とめどもなく流れ出す涙にむせんでおりました。

それから、泣いているばかりが内観でないと、自分に言い聞かせてから、今度こそは、真剣に集中して考えられそうな気持ちになりました。先生から「一番お世話になった、先生について調べて下さい」と言われ、すべての先生にお世話になっているように思って迷いましたが、高三の時の受け持ちのK先生について調べることにいたしました。

田舎の学校では国立校に何人合格したかが、学校のレベルになっているのです。秋も深まったある日の放課後でした。自分の不勉強が原因で受験を断念しましたが、そのことを先生に話すことができずにいました。私は歴史の模擬テストを受けなくて、隣の部屋で雑談していました。その時にわざわざ呼びに来て下さった。私が受けないと言いますと、そんなこと言わずにと、励まして下さいましたが、私は先生に対して「私は人前で話をするような仕事がきらいです。何か一つのことを、じっくりと、やるような道に進みたいのです」と言いました。また願書提出の最終日にも「今日が締切日です。後悔しませんか」と電話を下さったK先生に私は、なんて執念深いのだろう。自分のことは一番よく知っているのに、K先生に私の気持ちなんてわからない、と思っておりました。

専門学校の五月、寮から帰ってきて、K先生が御病気で入院していらっしゃることを知り、看護学校に進んだ友と、お見舞に行きました。その時K先生を「医学の方面に進んで行くあなた達に反対して悪かった。病気をしてはじめてわかったわ。重要で大切なお仕事ですから頑張って下さいネ」と言われました。その時私の進んだ道は、間違っていなかったのだと意気揚揚として、教師になることだけが最良の道でないと思っておりました。

でも、今の私はどうでしょう。この仕事は私に適さないと投げ出して、あの強気はどこに行ってしまったのだろう。これほどまでに強いところがあるなら、この強いところをもっと異なった方向にむけたら良かったのに。我ばかりが強く、実践の伴わない強情な私でした。自分を知っているつもりでいたのに、全然知らなかったのです。それに気づき、本当に恥ずかしいと涙にくれました。

それから、中学時代カンニングした自分を詳しく掘り下げていきました。結局いつも私は自信がなく、見栄や外聞を気にしていて、ちょっとした苦難にぶつかると、我慢することができなくて、自分を卑下し、自分を磨くことを怠り、何事も体当たりする勇気がなく、そのつど家族の者や先生などに迷惑ばかりかけていた私に気づき、愕然とし、涙腺に異常をきたしてしまったほどの涙でした。

先生がお見えになり「では婚約者に対して、良き婚約者であったかを、お調べ下さい。しっかりお願いいたします」。真剣な先生の眼差しを見つめました。その時急に、先生と私の間隔がなくなった感じがいたしました。

それから、彼との出会い、その後の自分の態度を一つ一つ克明に調べました。

二度目に会ったのは、お見合いをしてから約一カ月後でした。彼のおばあさんの家でした。雨上がりの午後の強い陽射しを、あびながら二人で港の大桟橋に上って、大きな船を背景に、腕には自信があるという彼の注文に応えて、何枚もカメラにおさまりました。それから公園を歩きながら、近くの林の中の蟬の声が、いやに耳につきましたので「蟬の声って暑い感じがしますね」と言った私に、彼は「ぼくは子供の頃勉強が嫌いで、林の中を歩きまわり昆虫採集をしたのでとても懐かしい」と言いました。言葉少なげにいろいろと、案内して説明して下さってから、喫茶店に入って話し合いました。

たわいない話をしてから、彼は「今日いやいやながら来たのですか、それとも」私「自分の意志で来ました」彼「家事仕事は好きですか。例えばつけ物漬けとか食事の仕度など」私「大嫌いなんです。お金の使い方は下手ですし整頓が大嫌いです」と言ってしまった私に彼はとても困惑した顔つきで「おばあちゃんは明るそうな人だと言っていたのになあ」。それから頭をかかえて、しばらくしてから「わがままなら治してやる。僕は勤務の関係で帰りが七時か八時になってしまうことがあるが、寂しくない？」私「大丈夫、お人形さんでも作ったりしていれば」。このような会話を続けました。

それからまた一カ月後に婚約。小雨の降る中を二人で、家の近くの禅寺に行きました。帰途彼が「結婚なんて賭けみたいなものだ」と言った言葉がとても気がかりになり、お別れしてから、電話を下さるのですが、話題がなく、「心配になってきた」という私に「勤めを辞めて、ポカーとしているからではないの？」私は、お手紙を書きますと言いながら書いても全然出す気持ちになれませんでした。

十一月に入ってから私は、遊びに行くといって、N市に行きました。実はその時、婚約を解消しようと思っていました。その時「心配せんでいい」と優しく包んでくれた彼でした。こんなに心の大きな人がそう沢山いるものではない。相手に責任はないのだ。私が相手を慎重に調査することもなく、わからない、わからないといっていた怠慢な私。もっと知る努力をしなければと思いました。この時は涙が出ませんでした。続きを考えながら、床に着きました。

第六日

母に対しての調査（三回目）

中学二年の時、友達の一人は「私は末っ子なので、母と一緒に生活する時間が短いので損だね」と真剣な表情で言っておりました。私は何の考えもなく「お母さんなんか、いつ死んでも少しも困らない」と得々として話しました。浅ましい私でした。お母さん許して下さいと震えそうでした。

そしてまた私は母に「お父さんのような人と生活できたのは、お母さんがのんきだったからで、離婚していれば私のような子供が生まれなかったのに」と言った私に母は「お前がお腹の中にいた時に、お父さんとケンカばかりしていたので、その時今度生まれてくる子は可哀そうだと思っていたけど、やはり他の二人と比べて反抗心が強いね。でもお前の責任ではないのだものね」と答えました。私はその瞬間、自分のあまりに思慮なさに言った一言に対して、母はそれほどまでに私のことを……と思うと矢も楯もたまらず、涙が枯れんばかりに流れましたも号泣。

先生が来られ（合掌）たのですが、言葉になりませんでした。「また来ますから、しっかりお調べ下さい」と帰られ、再び来られたので、気を落ちつけて、お話しいたしました。聞き終えられた先生は「はあ、お母さんは自分を責めることによって、罪を軽くしていたのですね。もし本当に親が悪いのなら、子供三人全部悪いはずです」とおっしゃられました。一つ一つ調べていくごとに、本当に醜い野獣のように過ごした二十余年、頭に浮かぶ事柄を追うのが精一杯でした。

寮に入ってはじめて冬を迎え暖房もない部屋で、震えていた私に、はんてんと、パジャマを作って送ってくれました。洗濯が嫌いなのを知って、汚れが目立たないようにとの心遣いで暗い色合いのものを選んでくれたのに、私はそれを囚人服のようだと、不平を言ったのです。

そして就職してからも家に帰って、主任との言葉のやりとりしたことを、父に話していると、母はいろいろと注意してくれました。「お母さんは勤めの経験がないのだから黙って！」と強い口調ではねのけました。母は私の高慢な態度が、わかっていたのです。

先生はまた「どなたかを調べたい方がありますか」私「はい、同室にいたSさんについて調べたいと思います」先生「はい、そうですか、頑張って下さい」

全く違った仕事をしていたSさんが、三年前に検査室に勤務することになり苦しんでいましたので、自分にも理解できていないことを教えてあげました。不確実なことを！　ある時Sさんは「何も知らない時に、一番若いのに、一生懸命に教えてくれたことは一生忘れない。そして何かの時にその恩に報いたい」と言っておられました。そして婚約者Oさんを紹介して下さったのですが、本当によく知っていたのかしらとSさんを疑いました。そしてまわりの方々の迷惑も考えずに、散漫な考えを持っていました。

内観に来る三日前、Sさん宅へ行くと、奥様や子供さん皆で温かく迎えて励まして下さいました。その時の奥様のお言葉「私はこのSのためなら、どんなことをしてもと思っていましたけど……」。本当に今は、そのお言葉がよくわかりました。すぐにでも飛んで行って謝りたい気持ちですと先生に声をつまらせながらお話ししました。

そしてどんな苦しい試練にも耐え、Oさんと二人で、幸せの本当の意味がわかるまで、頑張ります。それが御紹介下さったSさんそして奥様への御恩返しと思います。そして今は感謝しておりますと興奮しながら床につきました。

第七日

母について調べる（四回目）。抵抗に抵抗を重ねてきた私でした。もしも母がいなかったら、私はどうなっていたのでしょう。目を閉じると母の顔がはっきりと浮かんできては、微笑みかけてくれるのです。

こんなごうまんな私に。そして母が言った一言一言がはっきり思い浮かんできました。父に殴られて明日は帰ってしまおうと思っていきり立ちながら、タンスの整理をはじめて、ふと横ですやすや眠っている我が子の顔を見れば、「私が帰った後、どうなるかと思うと可哀そうで、できないものだね。子供って本当に可愛いものだよ」。そのように耐え忍び苦しんで、私を育ててくれた母に、私何一つ孝行していないのです。

二年前に姉と共に、長野県小諸に連れていってあげた時のことを、まだ楽しかった話としてくれるのです。私は行きたい所に旅行し、また食べたい放題でした。そして母の作って下さる食事に、文句をつけていた私でした。外出を好まない母をなぜ誘い出してあげなかったのだろうか。そして深い深い母の愛を知ることができ、その時の私の気持ちは、隠されていた宝物を掘り出したような嬉しさでした。

午後七時先生がいらして、「今のこの感激をテープに入れましょうか」私「ハイお願いいたします」。また先生の特別なはからいで婚約者Oさんに電話するように細かい注意をして下さいました。階下におりてマイクの前に座りました。緊張のあまり、震えてきました。先生のご質問に答える私は、自分の本心が素直に言えずぎごちないものでした。

「世の中のすべての人より劣っていると考えていた私でした。それは自分も廃人にし周囲の人々までも、暗くしてしまう以外、何も意味していないということがわかりました。常に抵抗ばかり示し、自分を磨く努力をしなかった私でした。今は、家族の者そして、婚約者、そして私の周りの人全部に謝りたい気持ちです」先生「今、婚約者にライバルが現れたらどうしますか」私「内観前の私でしたらあっさりライバルにゆずったと思います。今の私なら彼に突進してゆきたいと思います」先生「それは結婚してから一生続くものです」とおっしゃられた。そのお言葉を大切に、これからの私の生活を一新しようと決心しました。

N市のOさんに電話しましたが、まだ仕事から帰っておられませんでした。一週間前と同じ心理テストをはじめました。父母に対してのあの抵抗感が無くなったのは、本当に不思議な気がいたしました。

明日は皆が待っている楽しい我が家に帰ることができる、というはやる気持ちを抑えながら、先生からいただいた、沢山の文献や本を整頓して床に就きました。頭がますます冴えてきましたので、母に対して一番感激したことなどを考えながら、内観中はじめての深い眠りにつきました。

3、集中内観後十日間の状態

私は研修所で教授されたことを源に、日常内観に精を出そうと覚悟し、吉本先生御夫妻に温かく送られて研修所を後にいたしました。

郡山駅までの数分間、行き交う人が微笑みかけているような錯覚に陥り、不思議な気持ちで空を仰ぎました。彼へのみやげはピンクのカーネーションにしようと思いながら……車中の人となりました。十二月中旬というのに春のような暖かな陽気でした。

N市に着いて仕事で忙しいOさんに会いました。心配顔で見つめる彼に、開口一番「ごめんなさい」と謝りました。「今は仕事のことで頭がいっぱいで他のことは何も考えられない」と言う彼、私一人でおしゃべりしていました。そして静かに聞いて下さって最後に「そんなに心配せんでええ。下駄を履いておいで、困るようなことはせん」と言ってくれました。一時間のデートでしたが、お別れするのがつらくて困りました。

それから歳末で混雑する街を一人で歩き、家へのみやげを買って再び車中の人となっておりました。その時横のおじさんが、今何時ですかと尋ねました。私は嬉しくなってしまい、時計を持っていたのですが不安に感じてしまい、前の人の所に歩み寄って今何時でしょうか、と時間を確かめてから知らせました。ごく自然にそうできたのです。そして私に時間を尋ねて下さった方やまた教えて下さった方に感謝したいような気持ちになりました。

それから興奮は高まり、母に対しての自分の態度を思い浮かべ泣いてしまいました。家に着いたのは、午前一時でした。この二十余年間何とも思わなかった生垣がタクシーのライトで緑に映えた瞬間、あのピンクのカーネーションを見た時と同じ感激が私の全身に伝わりました。

母は寒気の中で震えながら、私の帰りを今か今かと待っていてくれたのです。姉は私を見て「ああ、肥って可愛くなったネ」。そして母は「毎晩自動車の止まる音がすると、途中でくじけて帰ってきたのではと胸がドキドキした」と言いました。その時頭を垂れ伏し同時に涙がこみ上げて、しばらくは言葉になりませんでした。そして何のためらいもなく、「お母さんごめんなさい」と言えました。

その夜は高ぶる気持ちを抑えることができず、眠い眠いという姉に無理やり話しかけ、一夜を明かしました。（帰宅した翌日）外は今年はじめての雪が降り出して、木々の小枝に積もった新雪の美しさに驚きました。朝五時から七時まで、集中内観中の私の態度についての反省をしました。吉本先生の前ですら、格好ばかり整えて、その場凌《しの》ぎをしていた自分が浮彫りにされました。その時に、慈恵医大の新福先生の言葉『自己発展の道は、絶えず自分を冷たく批判して冷酷に扱うこと』（註・これは本人の誤解）を思い出しました。内観中でさえ、自分を甘やかせていたのです。私の本当の心を求めよう。

――この一週間家に、じっとしていることが退屈で、もったいないような気持ちになり、吉本先生からお預かりした文献とテープを、六カ月前に検査していただいたS病院の先生の所に持って行きました。そしていろいろとご心配して下さった仲人さんにお会いして、内観のことや、N市で婚約者のOさんに会ったお話をして喜んでいただきました。そしてSさんにもお会いして深く詫びました。

編物がしたくなり、はじめましたが、それが楽しくて夜も眠りたくないのです。そして高校のクラス会の幹事になっている事に気づいて早速連絡をしました。

その時でした。吉本先生よりテープをいただきました。聞いてみますと「『知らぬ間に、積もる袂《たもと》のほこりかな』日常内観怠らずに頑張って下さい。一週間後の声の便りを下さい」と、テープを下さって、そして返信用の封筒に切手が貼りつけてあるのです。すっかり感激し、改めて吉本先生ご夫妻に感謝いたしました。

このような私をみて、内観前とのあまりの変容に、父母や姉妹の喜びは大きく、家がとても明るくなりました。私が内観をしたいと言った時に、父は人間の性格が一週間くらいで変わるものではないと思っていたそうですが、私があまりに積極的に行く意志を示しましたので、それなら気休め程度だろうが、行ってみるが良いと賛成してくれたのだと話して下さったのです。そして内観一週間後の声として以上のようなことを吉本先生の所にお送りいたしました。

（集中内観後九日目）先生より体験記を書くようにとお便りをいただき、だいぶためらったのですが、今後の日常内観を少しでも長続きさせるためにもと決心いたしました。

これは自分自身との戦いだと思いながら、夜十一時頃風呂に入りに行くと外は残雪があり、身が引きしまるような寒さでした。晴れ上がった空には、大小の星が輝いておりました。約一カ月前この星空を眺めながらどこか静かな所で凍死し、この世から抹消したいと陰険な考えを持っていた私でしたが、今は違います。美しい星の光が私に、生きる喜びを教えてくれた。また勇気づけているように思えました。親からいただいた大切な体、まして婚約している私でしたのに。Oさんすみませんでした。お仕事はまだお忙しいでしょうか。大変でしょうネ。このようにいたわりの気持ちが出てきたようです。そして気持ちの持ち方次第で、幸せにも、不幸にもなるということがわかりかけてきました。

内観から帰ってきて編み上げた衿巻きを、彼のおばあ様に送ってあげたのです。おばあ様がここ数年このように嬉しかったことは一度もないと喜んでおられたことを、仲人さんよりお聞きして飛び上がるように嬉しく思いました。

内観後十日間の私の一番の変化は、明るくなり、以前なら自分の殻から一歩も出るのが嫌いだったのですが、視野を外に向けるようになったことだと思います。そして私のできることなら一緒にやってあげたいという風に考えられるようになりました。そして他人の喜びが自分自身の喜びに還元されて、伝わってきつつあります。そしてふと過去の自分と現在の自分を比較して、このような気持ちになった私が偽った私ではなかろうか、と考えたりしましたが、少しでも前進して良くなるために日常内観を頑張ろうと思いました。

4、日常内観の過程

第十日

今日一日の反省。朝方までかかって編み上げたマフラーをOさんに送ろうと思って、私は出勤前の父に、寝床の中で、速達でお願いと言ったつもりでしたのに、夕方帰ってきた父は普通で送ったというのです。私は「どうして速達にしてくれなかったの、言っておいたのに」と高ぶった口調で言いました。

そしてそのことに対して考えてみましたが、いくら考えても、はっきり速達でと言った覚えはありませんでした。私は頭の中で考えていたのです。父に頼むなら最初から赤エンピツで速達と包みの上に書いておいたなら良かったのに、その上お金も渡してあげなかったのです（わがままが知らぬ間に頭を持ち上げるこの頃です）。

「集中内観を電柱にたとえれば日常内観は電線のようなものです。いくら立派な電柱が立っても電線がなければ電気が流れなく無意味です」と吉本先生のお言葉を思い出しました。

先生から、御依頼の禅寺への内観に関するテープと、本を昨日届けましたが、管長さんにお会いできませんでしたので、夕方伺いましたところ、お忙しい管長さんは、私に絹の布団をすすめて下さってから、「今は忙しいので正月になってから、この本とテープを持って必ず来て下さい。内観は大事なことです。いつもやっておられますか？　坐禅も内観も共に必要です。頑張って下さい」と言われて、夕闇せまる静かな庭を歩いて鐘の音が次第に小さくなりました。

父に対しての中学時代、スポーツをやっておけば良かった。あれほどまでに言ってくれたのに……。

そして詳しく調べはじめました。私は父が体育の教師ということを、非常に恥ずかしく思っておりました。そして口癖のように「体育なんて学問でない」とかまた「教育というのは普通なら精神労働者の中に入るが、体育の先生は肉体労働者だ」と父をバカにしておりました。そして学会の前に測定成績など統計学的に計算している父に「もっと能あることをすれば良いのに」とか私の言動の一つ一つは、身の縮まる思いが致しました。そして父をも信頼できない私は、受け持ちの先生そして医者までも信頼できなくなってしまったことに気づきました。健全なる身体には健全なる精神が宿るという言葉がよく理解できました。

第十七日

一日の反省。父がひいた風邪は、妹にそして母に、今日は姉にまで感染したのです。私はまだ感染していないのですが、寒気がしましたので、朝八時頃まで寝床にいますと、父がコタツで空腹を訴えていました。反応のない私を見てか大声で「女の子は少しぐらい気分が悪くても仕事をするものだ」と。私はそれを聞いてついに激怒して（内観後はじめてでした）「お父さんが、風邪を持ち込んで来て、皆にうつして！　自分で食事の仕度をしてよ」と言ってまだ寝ていました。

妹が起きて鼻をすすりながら食事にしてくれました。妹に対してとても恥ずかしく思い感謝しながら食べました。午後になって父は、私に「体力をつけよう。美味しい物を作ってくれ」とお金を下さいました。一生懸命に作ったのですが、味つけが上手にできなくて、困っていましたのに、おいしいおいしいと食べている父を見ていましたら、とても気の毒になってしまいました。

そしてこの父に頼らなければ何もできない私に気づき、今朝の高慢な態度を思い出して、悲しくなってしまいました。

日常内観をやるにあたり、最初は意気込んで二階に屏風を立て、中に布団を入れて、そこに座って頑張っていたのですが、いつからか、コタツで、むやみに長い時間を費してしまっているので、今晩も母に「内観け、それとも居眠りけ、もう遅いので休みな」と言われ、ハッと我に返りました。もっと深く反省しなければ……。

先日吉本先生は、八年昔からハガキでお便り下さる五十六歳の御婦人があると、お便り下さったのに（このような私ではだめだ）。『内観の流布発展を阻止する者は誰か、他の何者でもなく自称内観者の怠慢が張本人では、あるまいか（吉本先生）』

第二十三日

Oさんと一緒だった三日間の反省。

年頭から内観を怠ってしまいました。どうして意志が弱いのだろう。客の接待や新しい家の訪問ですっかり疲れてしまった私でした。

その時奈良県郡山で、休みなく働いておられる奥様のお姿がはっきり現れ、帰り際に「しっかり頑張って下さい」と優しい中にも厳しさがある口調で言われたこと、そして研修所での一週間に心が走りどうしても本題に入りません。普通の方なら到底できないと思われる家事一切と内観者のお世話をお一人で、やっておられる奥様が不思議に思えるのです。そして感謝の気持ちで合掌しました。

Oさんを駅に迎えに行く。疲労している感じで顔色が心持ち悪いようでした。久しぶりに飲み過ぎて具合が悪かったのです。家に着いて父と杯を交わしている間に、気分が良くなりとても嬉しそうでした。

仲人さんの家に行く途中、周りの雪景色と対照に晴れ上がった青空を見て「ああきれいで気持ち良い」と一人言を言っておられました。それから仲人さんに、私が風邪をひかなかったことを得意そうに話していました。そして彼はまた「結婚とは遊戯ではないのだから一緒になった以上ちょっとのことで別れられては困る」とはっきりおっしゃいました。

私は横隣りで、その言葉を聞きながら誠実な彼の心がわかり、嬉しさが全身に伝わりました。そして夜もだいぶ更けるまでお話をして、帰り際に、仲人さんは彼に日記を、私には家計簿を下さいました。帰途仲人さんの温かな気持ちが嬉しくて涙をおさえておりました。

翌日は彼の家に行きそれから、おばあ様の家に泊まりました。彼の顔つきでどんなにおばあ様の家が心の安らぎの場であったかがわかります。外面は男性的でたくましいのですが、心の底では人一倍温かな愛情を欲しているのです。

彼の義理の伯母さんが彼のことを、こんな風に言っておられました。「引っ越しを手伝ってあげたら愛用していたギターを、私にくれたんですよ、のんきのようだけど細かい所に気がつくネ。だからやるだけのことをしっかりしてあげれば本当に良い人よ」。心は温かなのに実際表面に表さないで、私が本当に困った時に、大きく包んでくれるのです。

そして仕事が好きで家庭をあけることが多い生活になるでしょうが、外で精一杯良い仕事をしてくれるよう、一人でいても少しも寂しくなく幸せがわかるようになるために、内観を頑張ろうと思いました。そして私は彼に財産も何もなくて、体だけということが、未来に対して無限の力が潜んでいるのではないかと思いました。彼と一緒に、家庭という名の一番小さな城を築き上げるための努力をしようと決心しました。

体験記あとがき

この一カ月何度日常内観を怠ったことでしょう。そして、音《ね》を上げてしまいそうな時、吉本先生から、必ず、厳しくもまた温かいお葉書きをたびたびいただきました。遠くからの先生の励ましに支えられながら今日に至っています。

先生から体験記を書くように依頼された時には戸惑いました。しかしこれは結婚前の残り少ない日々を、少しでも充実させ、自己反省を一層深めるためとそして一つのことをやりぬく自分との戦いに挑んだのです。この二つの理由から、書きはじめましたが、途中で何度も投げ出しそうになりました。以前の私ならそこで放り投げてしまったことでしょう。今は努力すれば必ず意欲が湧いてきました。

家族の喜びは大変なものです。妹が「姉さんのように一生懸命物事に集中できるようになりたいので私も、内観やりたい」と父にお願いしておりました。手紙以外の文を書いたことのない私でしたので、まとまったことを書くことなど思ってもみないことでした。そして私なりの方法で書き連ねた体験記はでき上がりの拙さにいささか恥ずかしくなりますが、私と同じような悩みを持っている人に少しでもお役に立てばと思い、幼い頃からの自分をあるがままに書きました。

他人に頼んで自分の道を切り開いてもらおうと四方八方かけずりまわり疲れ果て、とうとう自分を見失ってしまった私でしたが、その私に、人間というものは苦しみを通して磨かれ、新しい力を生み出すものだということをお教え下さった吉本先生御夫妻に深く感謝いたします。

一月二六日記　合掌

三　考察

この事例に関しては内観前後にいくつかの心理テストを実施し、追跡調査も行ってあるので、それらを参考にして、彼女の心的変化をまとめてみたい。

1、内観前の状態

彼女は自己嫌悪が強く、自分を無能でとりえのない人間だと思い、自信が持てず、小さなことにこだわり、くよくよと心配し、仕事に対しても結婚に対しても不安が強い。このことはMAS不安検査の不安得点（三十五点、神経症的傾向）に反映されている。軽い自殺念慮を持っている。身体症状は何もなくむしろ健康で、精神的には病識があり、自ら進んで医師を訪れ、「異常はありませんよ」との診断を受けているところから見て、精神病的傾向はない。

行動はかなり自閉的になっているが、内観の本を読んで感激して、自発的に一人ではるばる研修所まで来たという行動性もあるから、総合的にはノイローゼ状態にあったが、重症ではなかったといえよう。内観への動機づけは高い。

2、内観中の状態

第一日は内観に集中できず、想起量も大変少ない。第二日は父や母に対してほんの少し自責的。想起量は増加。第三日は指導者の誠意を感じて、もっと内観に集中しなければと考える。母に対してかなり自責的。第四日は姉に対して素直に詫びる気持ちになり、洗面所の花の美しさに感動する。自己防衛機制がはずれ、内観的思考様式がかなり体得されてきている。

第五日、この日に大きな転機が訪れた。モデルテープを聴いて感動し、以後内観が深まり、想起量も豊富で生き生きしており、自責的で感動が強く、意味ある自己洞察をしている。第六日、意識的な努力なしに、次々と内観され、深まっている。結婚への意欲がみられる。指導者への感謝の念があらわれる。第七日、母の愛がひしひしと感じられる。不安や自己嫌悪の気持ちが去り、婚約者に強い愛情を抱き、将来への希望にあふれている。

3、内観直後の状態

内観直後の文章完成検査の結果から見ると、彼女は自分が人々の愛に囲まれて生きており、それに依存しているのに、我《が》が強く、わがままであったことに気づいている。そしてこれからは我を捨て素直になり、人と人との心のふれあいを大切にし、着実に生きていこうとする姿勢がうかがわれる。

内観後の十日間彼女は婚約者への愛情を強め、明朗になり活動的になり、視野を広げ、自然の美しさに感動するなかで生き生きとした毎日である。

表9　不安検査の内観前後の比較　（一部のみ）

不　安　項　目	内観前	追跡時
私は何か困ったことが起こりはしないかと大変心配します	○	×
私は夜、心配のために眠れないことが時々あります	○	×
私はいつでもなにか、かにかの心配をしていることが多いと思います	○	?
私は自分がもうだめになるのではないかと感じることが時々あります	○	×
私は生きていくことがとてもつらいと思うことがよくあります	○	×
私という人間はとりえのない人間だと時々思います	○	×
私は自分というものに全然自信がもてません	○	×
私はよく実際には問題にならないようなことがらについて理由のない心配をすることがあります	○	×
私はなんでも物事をむずかしく考えるほうです	○	×

（○…ハイ、×…イイエ、？…ドチラトモイエヌ）

4、日常内観の状態

先に掲げた日常内観の記録は体験記から三日分のみを抜粋したものである。日常内観を続けるのがいかに困難であるかがわかるであろう。しかし、彼女は父に対する内観をすることによって意味ある洞察をしている。また婚約者に対する理解と愛情も深めている。この日常内観の意味については第九章で述べたい。

5、追跡調査の結果

五カ月後、自由記述とＭＡＳ不安検査による追跡調査を郵送法で実施した。

すでに結婚している彼女は次のように現状を報告してきた。

「……私も内観させていただきましてから、おかげ様にて毎日幸せに過ごさせていただいております。……あれから何やかやと忙しさにかまけて、内観を怠っておりますが、しかし私の信条としては持っております。あの時のすばらしい気持ちからは確かに遠去かっておりますが、内観を契機に自分の重苦しい、あのもやもやが一度に取り去られましたことは本当に嬉しく思っております。……何か人間的付き合いがとても楽にできます。そして近所の奥様とも明るく心から語り合いができ、そしてとても楽しいのでございます」

不安検査の結果は十五点であり正常値である。既述したように内観前は三十五点で神経症的傾向であった。例えば表9に示したような項目が変化している。これらのことから内観の効果は持続していると考えてよかろう。

なお七年後の間接的な調査によると、日常内観はしていないようであるが、内観前のような症状は再発せず、安定した生活をしているとのことである。

＊　＊　＊

この章を終えるに当たって、貴重な体験記を書かれた彼女の努力に感謝し、彼女に献身的な援助をされた吉本氏御夫妻に畏敬の念を捧げたい。

第六章　少年院生の事例

一　内観法の矯正界への導入

内観法が非行少年や犯罪者の矯正法として、少年院や刑務所に導入されたのは昭和二十九年である。以来、吉本氏の熱心な活動により、自ら内観を体験した矯正職員が指導者となって収容者の指導に当たるようになった。矯正界において早くから内観法に注目し、精力的な研究を続けている武田良二氏らの調査によれば、昭和四十八年四月現在、内観法は刑務所七、少年院十、少年鑑別所四、計二十一施設で実施されており、現在は実施していないが、かつては実施していたのは計五十五施設の多きにのぼっている。その体験者の中から劇的な人格転換を遂げた数々のエピソードが生まれ、当時の所内誌やラジオ・テレビを賑わした。

さて、その効果に関して多田陽三氏と三木利夫氏が徳島刑務所における結果を報告している。表10は内観前後の行状及び作業成績の変化である。また表11は同刑務所での再犯率の調査結果である。法務省が調査した総合結果が表12である。

内観者群と非内観者群が等質であるという保証はないが、少なくともこれだけの効果をあげている矯正法は他

表10　徳島刑務所での内観前後の行状・作業成績の変化

（多田・三木利夫、1964）

		非常に良い	良　好	普　通	悪　い	計
行　　状	前	4	11	54	43	112
	後	14	60	37	1	112
作業成績	前	6	22	69	15	112
	後	16	57	38	1	112

表11　徳島刑務所での非内観者と内観者の再犯率

（多田・三木利夫、1964）

	出所人員	再犯人員	再 犯 率
一 般 の 出 所 者	2,229	1,340	60.1%
内観しての出所者	629	191	30.4

注：昭38.9.9現在調べ　34.9.9～38.9.8　満4カ年の調査

表12　内観の総合的結果

（矯正局教育課資料、1960.7.31）

	効果がある	やや効果がある	な　い	不　詳	計
刑　務　所（14ヵ所）	1,991（50.1）	1,359（34.2）	367（9.2）	258（6.5）	3,975名（100%）
少　年　院（6ヵ所）	178（44.0）	97（27.0）	87（21.4）	43（10.6）	405名（100%）

に見当たらないのが現状である。実施については、各施設のいろいろな事情もあろうが、少なくとも内観法の矯正教育に果たす役割をもっと肯定的に評価してよいのではなかろうか。

矯正界においてもっと積極的に内観法が採用されるためには、非行少年や犯罪者は心の病める人たちであり、心の教育や治療が不十分な人たちであるという根本的な認識の上に立って、内観法の効用と限界を冷静に検討することが必要であろう。

その手引きとして武田氏の論文「内観法」（一九七二年）は大いに役立つであろう。

さて次に掲げる事例は、ある少年院で私が指導者となって内観を指導した記録である。当時私は十名の少年の指導をしたが、そのうちでこの事例を取りあげることにしたのは、彼の生育史がかなり特異であり、父母を恨み、内観過程で明確な抵抗が出現し、結果としてかなり内観が深かったことや、内観に関係あると思われる夢の報告が偶然得られたことなどから、その心的変化が把握しやすいと思われたためである。

二　少年院生の内観

1、少年の生育史及び性格

生育史

（S、十七歳、詐欺により中等少年院送致）

少年が出生前に父母は離婚し、母方祖父母に育てられた。実母は同居せずバーのホステスをしたり、化粧品のセールスの仕事をしていた。再婚して彼にとって義妹がいる。実父も再婚した。祖父母は貧困で生活扶助を受けていた。少年は健康で学業成績も良好であったが、小学校五年生の時、実父のことで仲間はずれにされ、怠学するようになった。

同年窃盗事件を起こし、数カ月養護施設に収容された。その後、叔母の世話になったり、実父の許で中学に通ったり、家出して祖母の家に帰ったりしながらも中学一年を修了した。そしてトランペットの勉強をしようと家出し、保護され教護院に収容された。半年後、養護施設に移された。

一カ月後、実母に引き渡されるが一カ月半後には家出し、虞《ぐ》犯で鑑別所に収容された。両親とも引き取りに来なかったので、初等少年院に入院。

翌年仮退院し、実母の元に帰り職業訓練所に入る予定であったところ、入学金欲しさに（少年の言）窃盗を行い、中等少年院入院。翌年仮退院後、電気関係の仕事に就く。数週間後には知人に騙され製品を持ち逃げされ、少年も職場を飛び出してしまった。その後、ある会社に就職するが、女子社員と問題を起こしたり、通行中の者に対して暴行傷害事件がいくつかあったという。数カ月後、友人を訪ねて上京し、共犯者（少年院での知人）と会い、共同または単独で十数件の詐欺事件を行い、現在の少年院に送致されてきたのである。

性格

知能指数は一〇〇で普通知であるが想像力がたくましく、繊細な感情をもち、表現力にもすぐれている。言葉使いは丁寧で、作詩、作文も上手である。体格もすぐれ、顔立ちも整って大人びているので十七歳とはとても思えない。運動能力もすぐれている。

自己顕示傾向が強く、自己を偽ったり、自己を過大評価して、自信過剰傾向があり、同輩をバカにしている。

両親が自分を捨てたとして、特に実母に対して強い憎悪をもっている。これまでの保護機関の遍歴は単に少年の両親に対する反感と世間一般に対する反抗心をますます強めたにすぎず、矯正教育も少年にとってはその場かぎりの一時的なものになっていた。

幼時からの負因の多い保護環境のもとで形成されてきた性格偏倚《へんい》、歪められた考え方、愛情欲求不満は少年の非行への親和性を強化したものと思われる。

精神障害は特に認められない。

2、内観の過程

第一日

導入のためのテープ（内観法を紹介したもの）をまじめに聞いている。聴取後、「どうですかこれを機会にひとつやってみませんか」と指導者が言うと、少年は「自分でも一体自分はどうなってんのかわからないから、やってみてもよい」という答えであった。

母との生活は短く、また母に憎しみをもっているようなので、祖母に対する内観からはじめる。第一回目「自分は食わなくても、ぼくにはよくしてくれましたね。……でまたそれに対するぼくはもう今まで考えてみれば何もやってきて、やってないわけで……さっき思っていたら、だんだん涙してですね、また先にハンカチが目に行ってですね、何か変な、もう何ていいますかね。考えたらいよいよ、そんな気になってきましてですね……」と抽象的ではあるが、まじめに内観している様子がうかがわれた。

その後、家出した時の祖母の心配に気づきはじめている。また参考書代といって余分な金をもらったり、肩叩きしても報酬をもらっていた自分なのに、祖母は彼が少年院に入ったことを「私がこういう躾け方をしたから、孫がこんなになった」と苦しんでいたことに気づいている。かなりスムーズに内観がスタートしている。

翌朝の夢「まっくらなところに自分の小さいころ、バアチャンの背中におぶさって、田舎道をバアチャンが子守歌を歌いながら歩いている夢」

少年によれば、いつもこんな夢を見たことはないと言っている。内観によって少年の心が幼児期に帰っているのかもしれない。愛情をかけてくれた祖母の背中におぶさっていた安定した幼児期。しかし、「まっくらなところ」で老婆が背負っている情景はまた、母無し子の淋しさが表れているように感じられる。

第二日

祖母に対する内観として、見物に連れて行ったら涙を流して喜んでくれたことを語る。（第一日目に祖母に対する自分の悪行ばかり思い出したので、不安定になった心のバランスを取り戻そうとする努力の表れか？）母に対する内観を課するが、母には何もしていないし、してもらった覚えもないという。そこで祖母に対する内観を、今度はもっと年代を細分して行うようにした。するとオルガンを買ってもらったこと、よく勉強したこと、運動会で一等になったこと、登山して心配かけたこと、看病してもらったこと、逆に看病したこと、キノコを採ってきてあげたことを内観した。

そして小学校五年まではいたずらして心配かけたこともあったが、自分としては生活面でも精神面でも充実して楽しかった時だと回想している。

祖父に対する内観では、足をケガした時長い山道を背中におぶって病院まで運んでくれたこと、少年が五年生の時に死亡したが、もし今でも魂があるとすれば、祖父は少年が一生懸命まじめにやっていると思っているだろう、それに今は全然応えてない、とかなり回想内容も鮮明で自責的な内観をしている。

叔母に対する内観では、彼女がよくしてくれたことを思い出している。最終回の内観は、ふつうの内観をやめて自分自身の性格を考えてみたいというので、そうさせたが、結局つかめなかった。

指導者がお母さんに対しては全然内観できないか、一緒に暮らしたことは一度もないのかと尋ねると、ほんのちょっとしか一緒に暮らさなかったと述べ、続いて、実父母に対する不満や憎しみを激しくぶちまけた。

少年鑑別所に入った時、両親のどちらも引き取りに来てくれなかったため、少年院に入れられたこと、学芸会にも入学式にも何も来てくれなかったこと、「あの時（鑑別所に）来たらですね、ぼくはっきり言ってまじめになるつもりというんですかね、そんな気でいたんです。それから、今日に至るまでいがみ続けてコンチクショウ、コンチクショウ思ってですね、で結局またよけいに悪くなってやろう」と思ったこと、父母が自分を放ったらかしにしておいたことは許せないと述べる。非常に激しく実父母を恨んでいる。

少年の語るところを指導者は共感的に聴いた。父母からの愛情を求める気持ち、少年の反感、恨み、悲しみがよく感じられ、面接時間も三十分を越えた。

翌朝の夢「小学校の運動会、皆応援に来ている。バアチャンとジイチャンが一生懸命応援しているが、一向に足が前に進まん。いくら走っても足が動かん。しまいにワンワン泣いている夢」

やはり小学校時代の楽しかったころの夢。祖父母への懐かしさが表れている。しかし、彼らの愛情に応えていない現在の自分の姿も表れているのではなかろうか。

第三日

自分の世話をしてくれた大学生に対する内観をして、どうしてその人が自分によくしてくれたのかわからない、いつも人がやってくれることの裏ばかり考えていたと述べる。

嘘と盗みのテーマに対しては、小学生時代は子供らしい嘘や盗みだったが、中学あるいはそれ以後になると家の貯金通帳を盗んだり、オートバイ、乗用車の窃盗、恐喝、傷害暴行、詐欺などをするようになり、酒・煙草の味を覚え、女とも交渉をもつようになったことを述べる。しかし、罪名を並べたてるだけで罪悪感は表明されない。

そして内観しても「ぼくに言わしてみると過去を振り返っているだけのことで何も進歩ないみたいな気がするんです」と内観への疑問をもつと同時に、自分でもこれでは内観になっていないと感じている。

指導者も少年が一見、自責の念を表していても、彼の心には、ひねくれた自分・悪いことばかりする自分を憐れむ気持ちがあったり、こんな自分になったのも両親のせいだという気持ちがあって、もうひとつ内観が深まらないことを感ずる（ここで内観の深い浅いとは自責性の強弱、想起量の豊富さ貧困さ、感動の強弱を一応の目安としている）。

この翌朝の夢の報告はない。

第四日

会社の上司への内観も深まらない。少し厳しくして自責性を強めようと指導者は心がける。

同棲した幼馴染みの女性（アキコ・仮名）に対する内観では、若いのにそのような無茶なことをしたことを悔やみ、妊娠中絶させたこと、実父の居所をつきとめて暴行し、その見舞いに行った彼女をブン殴った自分などを語る。自責性もみられ、相手の気持ちもわかっているが、それでも事実を淡々と語る感じであった。

そこで、ある少年が深い内観をしたテープを聞かせた。それによって彼は自分の内観が浅かったことに気づき、それから深く一つのことでも考えてみようという気になってきた。

それ以後の内観はかなり深くなってきたように思う。自責性は深まり、想起は詳細になってきているが、感動に乏しい。

アキコが子供を生みたがっていたのに妊娠中絶させたこと、鑑別所に面会に来てくれたのに無愛想にしたことを語る。彼女の気持ちがわかりかけているが、本当の内観へは大きな壁があることを感ずる。指導者はかなり厳しく、相手の気持ちに共感するようにと励ます。

翌朝の夢「小さいころアキコとアキコの家の犬、エスというのが、ぼくと三人。ぼくの家の牧場の草むらで何か探している夢。なにか大事なものでしょうね、もうちょっと探そ探そと言っていたから大事なものと思う。あきっぽいぼくはもうやめて帰ろうというのに、アキコがもっと探そ、もっと探そという」

他者の愛や自己の罪を探すことに恐れをいだき、内観をやめたいとも思うが、また一方では内観しなければという気持ちが表れているのではなかろうか。

第五日

第一回はアキコに対する内観であったが、落ち着いた低い声になり、感動している様子であり警察から何度も門前払いをされながらも面会に来た彼女の気持ちをわかろうとする姿勢がうかがわれた。

第二回からは祖母に対する内観に戻った。神経痛で苦しいのに朝早く起きて弁当を作ってくれたこと、霜焼けの手で洗濯してくれたことなどを詳細な点まで思い出している。小さなことにも意味を見出している。粘土細工を過失で壊した祖母を責めたてたことなどを内観し、祖母を裏切ってきた自分は祖母にとっては死ぬほどのむごいしうちをしてきたのだと述べている。

第六回からは祖父に対する内観に戻る。足悪く風邪気味にもかかわらず、昆虫採集してくれたこと、本当に自分は酷なことをしたと思っていますと述べる。思い出は詳細になり、情景が生き生きと描けている。

祖父は少年にパイロットになってほしくて期待をかけていたのに、その夢を今は全然果たさず、少年院に収容されている自分の姿を見たら失望するだろう。つくづく自分のやってきた行動一つ一つのいやしさがやっとわかってきました、と小さい声で語った。内観が深くなっていると指導者は感じた。

翌朝の夢「この夢が疑問。少年院（ここの）の庭が出てくる。ぼくが恨んどるオフクロが、ぼくを呼びよる、わめく、S、Sと。ぼくはこの室から何とか言った。ぼくの声はままならず、オフクロには聞こえず、S、Sと呼んでいる夢」

少年も母が夢の中に登場してきたことを不思議がっているが、母以外の人たちに対する内観を続けているうちに、彼の心が少しずつ変化してきて、意識のレベルでは母を拒否していても、無意識的なレベルでは、母の呼びかけに応えようとしていることを表しているのかもしれない。

第六日

第一回は祖父に対する内観。第二回からは叔母や叔父のテーマ。いろいろ世話を受けたことを想起する。ただそれにつけても父や母はまだまだ許す気にはなれないという。

世話になった大学生や会社の上司に対する内観をして、本当にありがたいと思ってなかった自分、今思うとあの時、浅はかだったと思うと述べる。内観を促進するため、内観のテープを聴かせた。頭をたれて聴いていた。

再びアキコに対する内観をする。自責性が高まってきている。可哀そうなことばかりした、この罪は一生かかっても消えないと思うと述べていた。

翌朝の夢「おじいさんと山に登って、じいちゃんはその辺の山を見回っている間に、何やらわからんきれいな花がある。それを一生けんめいむしりとる夢」

何を意味する夢かはわからないが、きれいな花を「むしりとる」のは気になる。

第七日

アキコに対する内観。今日の今日まで可哀そうなことをしてきたと、低い小さな声で具体的に話す。嘘をつかせるようなことを、恥ずかしい思いをさせて給料の前借りをさせたこと。同棲したことについても「それを思うとどうしてよいかわからぬ。とり返しのつかぬことをやったなあと思う」と述べていた。自責性は高い。

ところが、第四回目の面接になると突然、内観してもムダだ、内観をやめるといい出した。そして、自分みたいに内観しても涙を流すこともないし、まじめになる気は全然ない、仲間が待っている、自分はどこか狂っていて、直そうとしても直せないと語る。指導者はその気持ちを受け入れ、誠意をこめて一緒に考え、彼の気持ちをはっきりさせるように努めた。そして内観を続けるよう強く勧めたが、あとはもちろん本人の自由意志にまかせた。指導者は彼が今まで内観することによって自分の醜さに気づき、これ以上自分のことが明らかになっていくのがつらくなったために、内観を中止したくなったのではなかろうかと思った。

指導者はそれまでの二週間余りの内観指導活動にとても疲れていたため、もう説得する気力を失い、彼が内観したくなければそれもやむを得まいという気持ちになっていた。

一通りの話し合いが終わった後も、たまたま時間があったため立ち去りがたい気持ちがあったため、少年と一緒に単独房の中で雑談していた。すると少年は指導者に「先生はぼくが怖くないか？」と尋ねた。指導者はありのままに「うん、ちょっと怖いよ。君は力も強そうだし、君に殴られれば痛いし、また君がぼくを突き飛ばして逃走したら大変だと思うから、用心もしている」と答えた。

少年「そしたらなぜ先生はここに入ってくるのか」

指導者「入ってこなければ、きちんと内観報告聞けないし助言もできないし、仕方ないからです」

少年「なぜこんなことするのか」

指導者「はっきり言えば内観法の研究のためと、それによって一人の少年でも助かれば嬉しいと思って」

……少年は次から次へと指導者のことや大学のこと、心理学のことについて質問した。指導者はそれに一つ一つ答えた。

後になって考えてみると、彼が内観を継続することになったのは一つにはこれらの話し合いに意味があったように思う。つまり少年はここではじめて、指導者を内観強制者あるいは少年院職員の代理と見るのではなくて、一人の内観指導者として見るようになったのではなかろうか。

以上の話し合いの後、一時間ほどしてから彼の室を訪れると「やっぱり内観続けてみたい。ムダになる可能性の方が多いと思いますけど、一応やってみる気です。少年院であんなこと経験したなあという思い出だけでもよいし」と言う。

そして強引に肉体関係を結んだ別の女性に対する内観をした。自らそのような苦しいテーマを選んだことに指導者は驚いた。内観への抵抗は克服されたといえよう。

翌朝の夢の報告はない。

第八日

前日の女性に対する内観。アキコの場合と同様自責性が高まっている。認めたくない自分の暗い面を語る。そして、その信頼を裏切り傷つけた相手を、今まで可哀そうだと思っていなかったと語る。自分の醜さを自責の念をもって認めるようになってきている。

そして驚いたことに、彼は自ら母親に対する内観をすると言って、自発的に内観しはじめた。そして次のように語った。小学校四年の時の冬休みに母の家に行き泊まったが、母が義父と一緒に寝ているのを見て非常に不潔で、いやらしいと思い、それがだんだんと母が嫌いになった原因だと思う。母がタバコを吸うことに対してもイヤだった。許せなかった。今となっては許すも許さぬもない。今自分がまともな生活をしているのだったら母を責められようが、それを責められるだけの自分ではない、また男女の性的な関係もいやらしいものではないということがわかったし、と語り、少しは母を許せる気持ちになってきたようであった。

かなり長いが七回目の面接を次に記しておく、彼の母に対する気持ちがよく表れていると思う。

「小学校二年生。母が田舎に帰ってきた。義父を連れて。今まで来たことのない参観日に来てくれた。小さいから嬉しかったのだろう。ちょうど数学の時間、黒板に、この問題できる人？　って。ぼくはその時できたから、ハイ！　と手をあげて当たった。ぼくのお母さんがはじめて見ているのだなあと思って一生けんめいやった。その時アガって一つまちがえた。その先生がもう一度見て下さいと言い、友だちが教えてくれる。その時のことが一番印象に残っています。良くとれば自分の息子のことだから一ぺんぐらい行ってやろうという気だったかもしれない。悪くとれば、その男の人から勧められ、田舎に帰ってきて参観日に行かなあかんなあと言われたのかもしれない。田舎はやっぱりいいことを言わないから。子供としての考えは、その時は本当に嬉しかった。そのあくる日、二日してN市に帰る時、その男の人も良くしてくれた。三輪車も買ってくれた。田舎だから一時間に一本のバスが通る。帰るのがわかって、帰らないでくれと言って引き止めた。そしたら母がいや今日は絶対に帰らないからと言って、近所の十〜十五分駆け足で行く所にタバコを買ってきてと言われ、買ってきた。自転車も買ってくれた良いおじさんなので、往復二十分かかり一生けんめい帰ってきたら、家にいなかった。その時バス停まで行ってもいない。それから悲しくなりタバコをちぎって泣いた。ワァーと。川の流れている所にポーンと捨てた。おばあさんはオロオロしていた。やるせなかったでしょう。（鼻をススル）どんな気持ちでタバコを買いにやらせたのか。ぼくはあの頃わかりませんでしたから、カーチャンただいまと言って帰った。おばあさんは黙って見ているだけ。タバコを見ると憎らしい。ボストンバックも着物もない。タバコを持ったまま、バス停に行き、ワーッと泣きおばあちゃんの胸の中で泣いた。手にタバコを握ったまま。

その前日の参観日に、友だちから、お前にもカーチャンおったんか？　と言われ、その頃、今は思いませんけど（鼻をススル）、やっぱり嬉しかったのだろう。友だちに言われて誇りにしていた。お前のカーチャンきれいやなあーと、たったこれくらいの言葉でも。今は憎んでいるけど。だから参観日は嬉しかった。別れはつらかったです。そして今何か変な気持ちです。そして中学に入ってそのことも考えました。

ぼくを可愛いと思うならなんで他の男の人とまた一緒になってなんで、義理の妹までつくったんかと、そんなこといろいろ考えました。そして、ヤケクソになって――こんなこと言ったらオフクロのせいにして、今までやってきたことオフクロのせいにしていると言われたらそれは困るけど――多少なりともその影響あったことまちがいないと思っている。今思うに、何かにつけてつらかったかもしれないと思って、こんな気持ちになったのははじめてですけれども……。どうしようもなくて、その男の人と一緒になったのかもしれない。ぼくを可愛いと思ったからこそ、その男の人と一緒になって何でもしてくれたのかもしれない。ぼくはできるだけいい方に取りたいです。今まで悪い方にとっていたから。女ならではの悲しみ。そう思っても考えが深いのか、どうしても何で……という気が強く。母にこの前ぼくは怒りました。口をきかず、お前の説教聞く気はないぞと言って。顔を見るのもいやだ、出て行けと。せっかく会いに来たのに、そう言いました。それについて、せっかく会いに来てくれたのだから、高い旅費、無駄な時間を使って来てくれたのだから。F市からK市まで身体の悪かったのに……。まともに働いていていて仕事場に面会に来たのなら楽しかっただろう。

でもこうしていて、人前で泣かないと言っていたけど、今はジーンと来ています（素直な気持ちで、ぶっつけた感情で語る）」

できるだけ母親の行動を善意に解釈しようとしている。そして遠くから鑑別所に面会に来てくれた母親を拒否した自分の姿を思い出している。

翌朝の夢の報告はない。

第九日

はじめ内観日数は八日間としていたが、少年は単独室にいる間は続けたいという。指導者も少年の内観はまだ不十分だと思うし、また少年がどこまでやれるか関心があるので、以後も今までと同様指導することにした。

第一回目は母に対する内観であったが、少年は次のように述べた。母のことは考えにくい、矛盾した行動が多いので、すぐそのことを考えてしまう。例えば少年のことが可愛いのなら、なぜ祖母に預け放しにしておいたのか、だのになぜ家庭裁判所の調査官には「私が一生けんめいに育てたのに悪くなった」と言うのか。そんなこと考えたら内観できない。だから、おばあさんのことばかり内観したいという。そこでテーマを祖母にする。

よく内観できて目をうるませている。祖母の愛情を身に感じている。初等少年院から出てきた時涙を流して喜んでくれた。祖母が愛情をかけてくれればくれるほど母親への恨みが増していた自分。非行しても警察につかまっても、それを信用できなかった祖母等を内観する。

しかしながら、もうひとつカベが破れない感じがする。彼は自分の哀れさに泣けても他者のために泣くことができていない。指導者は少年に「おばあさんがあなたのために泣いて下さったと同様に、あなたがおばあさんのために泣ければよいんですが。泣けた時にはカベが破れているでしょう」と告げた。

翌朝の夢「ジイチャンとバアチャンと小学校三年の時の担任のW先生とぼくの四人で、ぼくの家の中でモチを焼いて食べる。W先生にモチ食べさせながら、バアチャンがあやまっている」

少年をかばいあやまってくれる祖母。ちょっと強引に解釈すれば、先生＝超自我のこれ以上の追及を避けるため餅でもてなして、ここらでもう中止してほしいという気持ちが表れているのかもしれない。というのはこの夢を見た日（第十日）の途中で内観の中止を申し出ているのである。

第十日

祖母に対する内観を続ける、いくらでも新しいことがきめ細かく鮮やかに想起されている。少年が少年院に入っている間、祖母は陰膳を供え神に三度三度祈っていたと保護司から聞いた。それを聞いた時はなんてバカなことをしていると思ったが、今は祖母の行為一つ一つに自分を思う心があふれているのだなあと思う。また、小学校の遠足で、父兄同伴のお別れ遠足の時、誰もついて来てくれなかった。忙しかったこともあり、祖母は身体が弱かったこともあって、長いバス旅行はできなかったのである。しかし自分だけ一人だったので帰ってから当たり散らし、ガラスを割りホースで水を撒き……祖母はオロオロしていた。人一倍良い洋服で小遣いだったのに申し訳ない……等と自責性も強く感動しながら内観していた。

ところが五回目の面接に行くと、内観していないという。一つのことをじっくり考えていたら芋づる式に次々と自分のいやなところが出てきそうなのでという。

指導者は内観を続けてほしいという希望を述べるが、少年の自由に任せ、この日は指導者にも時間的余裕がなかったので、以後の面接は中止した。

翌朝の夢の報告はない。

第十一日

面接に行くと、少年は、内観しないでおこう、ほかのことを考えようと思っても結局は内観をしている、これだったら同じことだからまた面接に来て下さいと指導者に頼む。

そしてやはり祖母に対する内観をする。小学校六年の時、叔母の家を家出して、祖母のところへ帰ってきた。祖母は嬉しいやら困るやらであったが、後で叔母が引き取りに来た時少年が帰らないと言うと、祖母はここにいてはいけない、叔母さんのところへ行きなさいと突き放すように言った。その言葉を聞いて、もうぼくを可愛がってくれないのだという気持ちになり、叔母宅に帰っても手紙も出さず、電話がかかってきても電話にも出なかった。祖母は電話口で泣いていたそうだ。大切に育てていた孫を叔母にとられ、夫にも死に別れ淋しかったであろう。母がもうおばあさんでは育てられんから、叔母さんに預けなさいと言われたおばあちゃん……等と内観する。

そしてまた次々と内観をする。祖母をダマして貯金をおろして全部使ったこと、まじめになってくれという祖母の願いにかかわらず、ダンスホールに入りびたったこと、少年院を出た記念として買ってくれた時計をすぐに質に入れてしまったこと、テレビをわざと故障させて、祖母をダマして修理代を高くふっかけたり、アマ無線の実験器具のお金といって高く請求したり、遊び呆けて帰ってきても、アマ無線の交信で山に登ってきたのだと言ってウソをついたり……等を内観する。

そして、自分のいやしさ、無価値さ、非道徳という言葉でもいえないほどの自分、これだったら餓鬼道に落ちるに決まっていると語る。非常に自責的になっている。これを聞いているうちに指導者はどう応答してよいかわからず言葉なくじっと黙っていた。少年が語り終わっても相対して座っていた。冬の陽はすでに落ちて外は暗くしんしんと寒くなっていた。彼は時々低い声で話す。指導者にも祖母の気持ち、哀れさ、みじめさがひしひしと身に迫り、ついに「この世で一番不幸な人はあなたのおばあさんでしょう。大切に育て楽しみにし信頼して、育ててあげてきた相手はこのような身、信頼しているその瞬間に裏切られている人……あなたは地獄行きでしょう。それはかまいません。でも、おばあさんは今、現在が地獄なんです。おばあさんだけは極楽に行かせてあげたい。あなたも私も地獄へ行ってもよいけれど、おばあさんだけは極楽に行かせてあげたい。そのおばあさんを地獄から救って極楽にしてあげられるのはあなたよりほかにありません。あなたしかできないのです……」。指導者は語りながらも涙がポロポロ流れる。頭を低くたれたまま少年も肩をブルブル震わせて腕で涙を拭う。その後指導者は「今晩はここにおばあさんがいる気持ちで内観して下さい。そして明日で一応内観を終了しますので、明日は内観をやめて将来のことを考えて下さい」と言った。

あまりに自責的になってしまって自殺でも考えるようになったら困るので、指導者は地獄から祖母を救えるのはあなただけと強調したのであろう。

指導者が室を出てからも少年は腕を目に当てたまま頭をたれ泣いていた。指導者は少年院の職員に気をつけてくれるよう依頼した。

それから三十分ほどして職員が巡視すると、少年は他室の者と話していたということであった。指導者は少し安心すると同時に、少し落胆した。しかし、今まで自分の悪さを両親のせいにし自分の罪を自分のものとして感じていなかった少年が、少なくとも祖母に対しては自分の罪を強く感じたことだけでも彼にとっては大きな経験だと思った。今日が少年の内観にとっては一番深い内観のできた日であった。

翌朝の夢「刑事さんがぼくのジイチャンの墓にぼくと一緒に来てしきりに拝んでいる。墓にひざまずいて。ぼくは拝まずボサッと見ている、おかしな夢」

刑事＝超自我は謝罪する気持ちになっているが、それが十分に本人の自己の中に統合されていないことを示すものか。あるいは刑事＝指導者と考えると、指導者の方が一足先に、本人に代わって謝罪する態度を取っていることを表すものか。そもそもこの内観は指導者が勧めてかなり強制的に少年にやらせたという発端がこの夢にも響いているのかもしれない。ともあれ、このような夢を見ること自体、彼が謝罪へと向かっていることを示すものであろう。

第十二日

将来のことを考えるようにと指示するが、少年は何も考えられないと言ったり、やっぱり見栄や虚栄心があるから今さら高校へ行くことなんかできないと述べたり、仲間を裏切ることはできないから、出たらまた仲間のところに戻るかもしれないと述べていた。しかしながら祖母のことを考えるとどうしてよいかわからないという。将来に対する確たる目標はまだない。更生の自信もない。このことを率直に述べている。これから一年有余の少年院生活の中でそれは考えられていくことであろう。

この少年は内観によってそのパーソナリティや態度をその根底からくつがえさせるようなことはなかったかもしれない。またそうするには彼の問題はあまりにも根深いものであった。しかしそれにしてもかなり強くゆさぶられたように指導者には感じられた。

本日で少年の集中内観は終了した。

翌朝の夢「船に乗っている夢。ポンポン船、それに皆乗っている。家の者全部、オフクロ、オヤジ、妹、親戚も、おばあさんおじいさんも全部、ぼくに関係ある人全部乗っていた。ぼくはあっけにとられたような、ボヤーとしている夢。皆キャアキャアものすごく笑っている、明るく、船内が明るい」

大団円の夢である。少年がすべての人々に親愛感を抱くようになったことを表している。またこのような状態になることを心から願っているのかもしれない。少年のいつもは抑制されていた理想が内観に刺激されて素直に表現されたのであろう。

集中内観が終了した後も、少年が単独室にいる限り、朝夕一回ずつ面接した。少年は大体きちんと内観していた。

そして朝の面接の時、見た夢を報告してくれた。

十四日朝の夢（内観開始後）「田舎の家。仕事から帰ってくると、家の中に白い服を着た人がいる。バアチャンが神経痛でお医者さんが来ているのかと思ってよく見ると、テープレコーダーをもった先生（内観指導者）だった。目が合った時夢からさめた」

内観が彼の心の中に入りこんだことを示すものか。あるいは指導者が少年に故郷の人々の一人として受け入れられたことを示すものであろうか。

十五日朝の夢「オフクロと手をつないでいる夢。あれほど憎んでいるのに、好かんのに……。お寺のずっと高い階段を降りて行く。お参りがすんだあとらしい。しゃべらないけど、どちらもニコニコ笑って降りている。――今までこんな夢みたことない。一緒に寺に行ったこともない。ここずーっと見る夢はぼくにとっては考えさせる夢、考えざるを得ない夢ばかりである」

驚くべき夢である。母親と手をつなぎたい、母親に接近したいという気持ちが表れているのであろう。少年自身この夢をみたことに驚いている。

十七日朝の夢「少年院を逃走して近くのアキコの家に盗み入り、オバさんを張り倒して、アキコの兄の服を盗る。そしてその服を着て祖母の家に入ろうとすると、ガラス越しに中の様子が見える。祖母が寝ていて祖父がそばで模型飛行機を作っている。よく見ると、ぼくがいる。小さな時のぼくが。祖父はそのぼくのために飛行機を作っていたのだ。入りづらくて、それを見て入りづらくて、入って行けば皆が驚くだろうと思い、また少年院に帰る」

この夢を語った後、少年は「今まで内観して、あれしてもらった、これしてもらった、すまないとかなんかとか言っていたが、言葉では言い表せないくらいではなかったかと思うようになった」と話していた。

夢は、祖父母の愛情とそれに応えていない今の自分は祖父母のもとへは帰れない、今の自分には少年院がふさわしいという彼の気持ちを表しているのではなかろうか。

この後、数日して彼は集団処遇となり単独室を出ていった。

3、少年の感想

内観直後、少年に「内観して感じたことを自由に書いて下さい（つらかったこと、苦しかったこと、内観のはじめのころ、なかごろ、おわりのころの感想、内観で強く感じたことなど）」という質問をして、次のような回答を得た。

「まず内観第一日目・二日目。この時の僕の心の中は、やれと言われてやっているというような、全然意欲のない、そして内観というものを軽く指の先であしらっていた。だからヒマつぶしにやっていたと言った方が適当であろう。ところが第七日目あたりから、だんだん内観をやるのがとても苦しく、つらいそして嫌なものに変わっていった。また、内観に対して一種の疑問迷いが出てきたのもこの頃である。僕の今までの一つ一つの行動の卑劣さ、醜さ！　あまりの罪の深さにただ、ただあきれかえるばかりで、空恐ろしくなる時もあった。十日目頃になると内観を避けよう避けようと考え出し、一時、内観を中止して他のことをやったり、楽しかったことなどにふけったりしては見るのだが……。避けようとする心が強ければ強いほど、内観がそれに正比例して気になってくるのである。この時になってはじめて内観というものの奥行の深さ・偉大さがハッキリとわかったのである。だから結果としては真から内観を行ったとは言えない。が、しかし、今、ここで内観を受けている誰よりも内観というたった二文字の偉大さとでもいうか。それを強く感じ得ているつもりでいる。

他人から内観とはどんなものですか？　と問われたら、僕は苦しくて苦しくてやり切れないものです！　としか答えようがないくらい、集中内観をやっていた時の僕の心は苦しくやるせなかったように思っている」

そしてまた六項目のＳＣＴ（文章完成テスト）に次のように答えている。

1　内観するまでの私は自分本位な考え、行動の非を全然知ろうとはしなかった。
2　今ここにこうして私が生きているのはすべて祖母祖父、強いては僕を取りまく社会のおかげだと思う。
3　これから私は何か一つ行動をおこす前に自分を見守っている人にとってプラスになるか？　ということを考えてから、行動に取りかかりたいと思う。
4　これから自分というものを素直に振り返り、素直な心に近づけていく習慣をつけていきたい。
5　内観して一番深く感じたことは僕という人間の今までの行動・考えがあまりに他人に迷惑をかけていること。
6　内観の先生は、僕にとって最良の指導者であり、また、一番嫌なきびしい人だった。

「結局、内観してよかったですか」という問に対しては「たいへんよかった」と回答している。

4、心理テストによる効果の測定

内観法の前後に各種のテスト（ＴＡＴ、ＳＣＴ、Ｐ-Ｆスタディ）を四回（Ａ、内観直前　Ｂ、内観直後　Ｃ、三カ月後　Ｄ、一年後）繰り返し実施し、その変化をとらえようとした。

この場合、考慮しておくべき問題がある。一つは同一テストを繰り返すことの影響があり、もう一つは時間的要因、つまり三カ月後や一年後ではそのテストの間の被験者の経験の影響（その間の少年院への適応状況、矯正教育の効果、年齢増加による成熟など）が大きい。さらには本調査の場合、指導者と検査者が同一であったことの影響がある。これらと内観法の影響がからみあったものが、テスト上の変化となって反映されるであろう。

内観法のみの〝純粋な〟効果をみるためには内観群と非内観群を設けて比較する方法がある。今回の少年院での調査では内観群（十名）非内観群（四名）を設定して、同じ時間間隔で同じテストを繰り返した。そのデータは未整理であり、別の機会にまとめてみたい（ただこの場合でも、被験者数が少ないこと、テストが投影法であり、P-Fスタディ以外数量的な比較がしにくいこと、内観群と同じような生育史や家庭環境や非行歴をもつ者を非内観群にとるのは実際上難しいことなどの難点があった）。

以上のような点を考慮の上、ここでは（比較する者のないまま）本事例の結果を報告する。なおTATはマーレー版十八枚、SCTは法務省式SCT青年用と精研式の一部、P-Fスタディは成人用を使用した。紙幅の都合上、テストの結果を個々別々に解釈せず、TATを中心に得られた所見を総合的に示す。

内観直前

両親に対する否定的拒否的な気持ちが非常に強い。それはまた人間一般に対する否定的な気持ちとなっている。孤独な中でひとり空想を楽しむのが好きである。詩や小説に関心をもち、読書が好きで自らも創作したり、トランペットを吹奏することは得意であり自信がある。運動能力にも自信がある。

罪悪感はなく、かえって自らが被害者であるかの如き気持ちをもっている。

自己顕示欲求や審美的欲求や金銭獲得の欲求があるがすべて挫折したり、その達成を他者によって抑制されているように感じている。死へのあこがれがある。大きな野原で自由にのびのびと大の字になって寝ころびたいという気持ちがある。現実から逃避したい気持ちが強い。空想を楽しんだり現実逃避の気持ちもある反面、負けず嫌いで行動力もあるが、自己統制に欠ける点がある。

これからの少年院での束縛ある生活に反発を感じると同時に、しかたがないというあきらめの気持ちがある。

内観直後

対人感情において、受容的親和的なものがみられるようになった。両親へ接近する態度がみられる。ただし、まだまだ許す気になれないが……。祖母への強い感謝の念が表明されている、平和でのどかで明るい家庭へのあこがれが素直に表明されている。幼少時のことがすぐになつかしく思い出されてくる。人は自分を全然理解してくれないとばかり今までは思っていたが、そうではなかったことに気づいている。

内省があり、罪悪感があり、罪償行動すらＴＡＴの中ではみられる。ＴＡＴ要旨「刑務所から出てきた息子が罪のつぐないとして母を楽しく暮らさせる」

自分の醜さ、罪深さに気づき、人の心を傷つけたことに自責の念をもっている。Ｐ-Ｆスタディでも自責傾向が増加している。

成就欲求や親和欲求がみられるが、結末は成功と不成功が半々である。圧力としては、情緒的攻撃が多くみられるが、他に罪、挫折がみられる。死へのあこがれは薄らいでいる。

内観によって自分の考えや気持ちが大きく変わったと自覚している。

これからの少年院生活に順応していこうとする姿勢がみられる。

三カ月後

対人感情は非常に否定的拒否的である。両親に対しても拒否的で、一般の人間への信頼もない。ＳＣＴでは父母に関する刺激語に無答で、ＴＡＴでは子が親を拒否する場面がみられる。祖母のことに関してもＳＣＴでは一言も言及されない。

自己嫌悪がみられ、自暴自棄的である。

罪悪感はほとんどみられず、他者非難を繰り返し、非常に攻撃的である（Ｐ-Ｆスタディで外罰85％）。ただし、その感情の底流には自己の罪を強く意識し、それを無理に抑圧し、かえって攻撃的になっているように感じられる。

すぐに空想の世界に逃避する傾向が強い。淋しい暗い気持ちである。苦しみもがいている感じである。少年院生活への不平不満が多い。入院前の都会での生活にあこがれている。

面接した印象でも、表情は暗く、捨て鉢な気持ちが強く「ムシャクシャするから、反則でもなんでもしてやろうかと思う」とか「人間はどいつもこいつもきたないやつばかりだ。オフクロとは縁を切りたい」などと言っていた。SCTで「内観は今のところ、さけるようにしている。自分自身が変えられてしまいそうだから」と述べている。

しかしながら、この時期以前も以後も彼の院内での生活はとても優秀で、多くの賞を受け進級が早くスムーズに出院（仮退院）に至っている。この間、一人の熱心な婦人の篤志面接委員が月に二回面接を続けたことも彼にとって大きな意味があったように思われる。

一年後（出院直前）

前回とは一変して対人感情は非常に受容的親和的である。内観直後よりもその程度は強い。両親に対しては感情的反発はなく、客観的に理解しようとしている。人間一般に対しても客観性がみられる。絶対的な決めつけがなくなった。自責の念がみられる。自暴自棄的な傾向は影を消している。TATでは明るいテーマが多く、その結末はほとんど成功か幸福である。P-Fスタディでも前回の外罰的攻撃的な傾向は大幅に減少し、内観直後と同じになっている（外罰傾向25％）。

問題を能動的直接的に解決していこうとする。空想への逃避はみられない。人生に対して意欲的になっている。自分でもこのごろ性格が変わってきたと述べている。

故郷での和やかな家庭を夢みている。少年院での生活は自分にはプラスになったと評価している。

内観への評価も、内観直後は高く、三カ月後は低下し、今回では上昇している。

全体として一年後の結果は良好であるといえよう。悪く言えば優等生的な反応ともいえる。しかし彼は自己の感情を実にはっきりと表現するので、少なくとも、今はそのような状態であるといえる。それが内観法によるものだとか矯正教育の結果だとか直接に関係づけられないかもしれない。一つには出院直前で解放への喜びが彼の気持ちを明るくさせていたことも大きな要因であろう。

このテストより一週間前に実父が面会に来たが、その時の父親の話では少年は最近父に甘えることがあり、それはこれまでにないことだそうである。これはTATやSCTの結果からうなずけることである。

少年は実父に引き取られ、継母と一緒に暮らし、しばらくは父の仕事の手伝いをしながら受験勉強して高校に進学するのだと語っていた。

三　考察

ひとりの少年院生がなかば強制的に勧められて内観法を実習した。はじめは内観法を軽く考えていた少年も内観過程が進展するにつれて、他者の愛を発見し、自己の罪におののいた。その苦しさは彼の精神をゆさぶるものであった。彼自身内観によって自分が変化したことを自覚し、それはまた心理テストの結果から裏づけられた。

しかしながら、かなり深い内観ができたのは祖父母に対してだけであり、他の人々に対しての内観は不十分であった。特に父母に対する複雑な感情は十分に整理されはしなかった。しかしそれを今の彼に要求するには無理だし、集中内観でそれらを解決するにはあまりにも彼の生育史は複雑であったといえよう。彼がもっと年を重ね精神的な成長の後に、やっとそれらは解決されるものであろう。

彼の予後に関して少年院の教官数人に意見を求めたところ、一致して暗い予想をしていた。彼のこの少年院での生活は非常に優秀で成績がよかった。しかし彼は以前の二回の少年院生活において模範生であった。しかるに短期間で再犯したという過去がある。それゆえ、彼は強制力のない世界に戻った時にはまた以前と同じ過ちを犯すおそれがあるというのである。

私自身も、彼は出院前は希望をもち、意欲的であるが、出院後、状況が彼の予想していたものと多少なりともズレていた場合、彼がそれを克服してやってゆけるかどうか危惧の念をもつ。ちょっとした気分の変化が対人関係を悪化させ、才覚があるためそれがアダになって堅実な努力を捨て、再犯への道をたどるのではないか。私としては、彼が欲求不満耐性を強め、祖父母に愛されたように他人を愛し、地道に生きていくことを願うのみである。

ここで、普通の者でもそれが望ましいが、特に問題が複雑で重い者は、集中内観を時期をみて何度も繰り返す必要性を痛感する。一度限りで終わらずに、何度か繰り返すことによって以前の洞察が深まり、新しい洞察が得られる。彼も出院前にもう一度内観し、また出院後も折をみて集中内観をするならば、よい結果をもたらすであろう。

これは必ずしも内観法の有効性が低いことを意味するのではない。人間の精神的成長というものは一朝一夕にして、あるいはほんの一時期の修練や心理療法によって達成されるのではなくて、かなりの長い期間とたゆまぬ努力が必要だということである。その意味では内観法は、いや内観法に限らず精神療法や教育というものは、問題解決や人間的成長への一つの契機を与えるものといってよかろう。

この章は私が一九七一年に発表した論文を骨子としているが、実は当時の論文はここまでで終わっている。

ところが、その後S少年から一通の手紙が来た。発信地は拘置所であった。私は驚いて彼を拘置所に訪ねた。面会室で少年は次のように語った。仮退院後、彼は実父の元に二カ月いた後、家を出て、新たに知り合った女性と同棲した。そして、子供の出産費を得るため、少年院仲間と詐欺事件を起こしたのである。出院から再犯まで一年半であった。彼は実父とうまくいっていないこと、実母とも和解していないこと、祖母が死んだことなどを語り、祖母の死は本当につらかったと述べた。今は生まれた子供のことばかり考えているが、その子はすぐに里子に出されたという。私は少年の悲惨さに嘆息をつくと同時に、その子の運命を考えて暗い気持ちになった。

この事例は残念ながら失敗事例となった。予想されていたとはいえ、少年にとっても不幸なことであり、私としてもまことにつらいことであった。

この事例が失敗に終わった要因はいくつかあるであろう。内観の指導者としての私の未熟さによるところもあろうが、彼の複雑な生育歴からも見られるように、彼自身の問題があまりにも深く、安定した信頼のできる人間関係の経験に乏しい彼にとっては、一回の集中内観では到底根本的な人格変容はできなかったものといえよう。

そして精神分析的に考えれば、彼の内観が深いように見えたのも、今までの少年院で模範少年であったように、今回も指導者の意図する方向を敏感に読み取り、模範的な内観者となっただけであって、本質的にはちっとも内観になっていなかったのではないか。つまりいつもの彼の無意識的自己防衛機制が発揮されていたにすぎないのかもしれない。

彼のように実父母からの愛情が欠けている場合には、内観法の適用は困難なのかもしれない。それは単純に考えれば、内観しても父母からしてもらったことを思い出すことができず、人間に対する基本的な不信感は癒されようもなく、本質的には愛することも罪を認めることもできなかったのだといえよう。彼の場合、祖父母の愛は父母の愛の代理になりえなかったのである。

しかし、客観的にはこのS少年以上につらい生育史をもっている人も内観して好結果を得ていることもあるので、「実母の愛がなかったから」というのも決定的な理由にはなりえない。例えば、十歳の時母が他の男と駆け落ちし、それに苦悩した父が縊死し、そのため苦労をさせられ、その原因となった母を六十五歳の今日まで憎み恨み通してきた老人が、内観によって亡き母の不幸な生い立ちに涙し、その運命を悲しみ、十歳まで母が手を取って書道を教えておいてくれたことが後の人生に大きく役立ったことを思い出し、ついに母への悪感情を解消したという事例（石川守「一枚の紙」）が報告されている。

ところで、村瀬孝雄氏は「親への憎しみが愛に変わる時」はいくつかあるとして、そのうちの三つを示している。一つは親からの過去の愛情が身にしみてわかった時であり（例えば内観）、二つは新しい愛情対象を発見した時であり（例えば恋人）、三つは専門的な援助者によって尊重と関心を体験する時（例えばカウンセリング）である。

これをS少年にあてはめて考えてみると、彼にとって第一の道は不成功であった。そして第二の道も見つけたが失敗している。彼の相手への要求は過大であろうし、相手もそれに応えるには精神的に未熟だったのであろう。それゆえ、彼が早期に第三の道を得る機会をもっておれば非行を繰り返すことがなかったかもしれない。

前章にあげた事例は劇的な転換を遂げ成功しているが、この少年のように内観しても不成功に終わるケースもみられる。内観すればすべてが良くなると考えるのも過大評価であるし、内観してうまくいかない例が出たからといって、内観は役に立たないと過小評価するのも誤りである。カウンセリングや精神分析でも失敗事例は沢山ある。だからといってそれらが無力であるといえないのと同様である。むしろ今後失敗事例を検討することによって現在の内観法の限界を知り、より有効なものとする努力が要請されよう。

（追記）――読売新聞（大阪本社版）の平成十年四月十八日（夕刊）の三面は、『内観療法〝種は実った〟――再犯走った少年、社長になって三十年後の再会（三木・大阪大教授）――』という大きな記事で埋まっていた。S君が立派な社会人となって、私の前に姿を現したのである。心から感謝したい（詳しくは『内観ワーク』二見書房、一五一～一五四ページ参照）。

第七章　理想的内観者との訪問面接

一　訪問面接

プロローグ

その日の朝、ラジオは近畿地方への台風の接近を告げていた。空は曇り、強い風が木の葉を巻き上げていた。私はバスを降りて、まだ人通りの少ない細い商店街を歩いていった。小さな店がひしめきあい、薄暗い店内では掃除をしたり、品物を並べたりして、開店の準備をしていた。

とある店と店との間の、やっと一人が通り抜けられるような路地に入って、四軒長屋の四軒目にその家があった。小さな小さな家。声を掛けると、ガラス戸がきしんで開いて、メガネをかけた小柄な上品な老婦人が姿を見せた。その人がNさんであった。

Nさんは十四年前に集中内観を体験し、それ以後ずっと日常生活の中で内観を続け、毎週一回は吉本先生に内観報告のハガキを出しておられる方であり、すぐれた内観者の一人として、特に人々が怠りがちな日常内観を続けている模範的な方として、吉本先生が紹介して下さったのである。そこで今日はNさん宅を訪問して、いろいろお話を伺うことになったのである。

入口を入ったすぐのところが二畳ばかりの台所、奥が四畳半ほどの部屋、商売物のハンカチや生地類がうず高く積み上げられている。そこで面接することになった。

1、生育史

（Nさん、女、六十歳、ハンカチ及び生地類の露店商）

Nさんの語るところをまとめてみると、生い立ちは次のようである。

七人同胞の三番目の次女として大正三年に出生。下二人は早逝。

Nさんが七歳の時に父親死亡。そのため母親は日雇いに出て働き、兄姉も学校をやめて手伝う。一年ほどして母親は左官職人と再婚。その前後一年間、叔父の家に預けられる（八〜九歳）。

そのことをNさんは次のように語っている。「預けられた時、捨てられた捨てられたと思いまして、大人になってからも、母に捨てられたという気持ちがずっととれませんでした」。その後、母親の元に引き取られるが、継父になじまなかった。「母を取られたような気がして、私は『お父さん』と言いませんでしたのでね。それで母も苦労したと思います」

母親は再婚後三人の子供を生む。Nさんは家計を助けるため子守奉公に出る。ところが十六歳の時に、母親は再婚先の子供三人をも連れて離婚する。Nさんと兄は一家を支えるため工場で働く。これで何とか生計を維持できていたのだが、悪いことに兄が結核で倒れ、借金が嵩むようになり、その返済のためとうとう十八歳のNさんが遊廓に入る。

「私は売られたと思っていました」。Nさんは遠い昔を昨日のことのように回想しながら、次のように語った。

「遊廓に入ったことをどういうのか、私はひねくれていましたから、二度目の父が憎い憎いと思いつめておりましたので、母を取られたみたいな、不潔なような感じがずっとあったと思います。それでいつのまにか、遊廓へ行ったのは父にやられたというような感じになってしまったように思うんです。父が憎いし母も憎い。けれども、まあどこかに、本当の母ですから、何か恋しいような感じもあったと思います。ですから父一人に、自分の心の中で罪を着せてしまったんですね。折に触れて、父が母に無理言うたりお酒飲んでいる姿を思い出しては、あの父のためにこんなことになってしまった、あの子供のために私はこんなお金払わんならんと思うようになったのですよ。でも父は決してそんな悪い人間じゃなかったんです。で、長年の恨みは恐ろしいなあと思うことがあります。内観さしていただかなんだら、いまだにそれを思っているんじゃないか、と思うんですよ」

遊廓に二～三年いた後、現在の夫と知り合い結婚する（二十一歳）。

このように実父の死はNさんに大変な苦難を背負い込ませ、ついには遊廓に身を沈めなければならないという不運が続いた。これらのことがNさんの心に大きな影響を与えたことであろう。しかし結婚によって、やっと貧しいが安定した生活に入れたのであった。そして二十数年の歳月が流れた。

2、内観の契機

結婚生活二十五年目（四十六歳）に夫婦の危機が訪れる。夫が女を作り家出をするという事件が起こったのである。それがきっかけとなって、Nさんは知人に勧められて内観することになった。その間の事情をNさんは次のように語っている。

「主人がそのようになりました時、私は肋間神経痛でしたので、この先どうやっていこうかしらと思いましてね、いろいろと考えまして、もうとても生きていける気力がありませんでしたので、死んでしまおうと思いまして、ひそかに別れを告げるために親類回りをし、最後に大和三輪の知り合いの方のところへ行きました。するとその方が内観を体験された方で、以前とはすっかり変わられて、温かく大きな感じの方になっておられて、是非とも内観に行きなさいというわけで、内観研修所へ連れて行っていただいたのです。私としてはどこでもいいから、ここで死なしていただくようになるかもわからんなあと思いながら、連れて行っていただいたのです」

このようにNさんは自殺念慮を伴ったうつ状態で内観を開始したのである。

3、集中内観の体験

こうして内観をはじめたのであるが、もちろんはじめの一～二日は心が惑乱していて内観にならず、夫のことを恨み、相手の女に腹を立てているだけであった。

「主人のことや相手の女の人のことばかりしか頭にありませんから、一日目、二日目はそんなことばかりしか考えていませんでしたし、先生に内観するように言われましても、死にたいとか、腹が立つとか、憎しみだけでいっぱいでしたからね、全然内観になりませんでした。母に対する内観で、母なんて恨んでばっかりいたんですからね、してもらったことなんてありませんと言うて、全然できませんでした」

三日目になると心も落ち着いてきて、母に対する内観ができるようになってきた。

「三日目ぐらいと思いますけど、私の身体が少し悪くなると、私とても弱かったですから、いつでも母は九州からこちらまで来てくれたんですよ。こちらへすぐに来られるような豊かな暮らしはしてなかったのに、御近所の方に旅費借りてきたやら言うて、すぐに来てくれましたので、私はちょっとでも熱が出たりしますと、電報さえ打てばすぐ来てくれましたしね。そしてそれを内観さしていただいていますと、もう本当の母の尊い姿というものがだんだんわかってきましてね。それで、いろいろその他のお方にも、舅《しゅうと》、姑さん、いろんな方について内観させていただくと、私が今まで考えていたことが全然、もう悪いことばかりでしたのが、それがだんだんわかってきたんです」

内観が進んでいくと、当の問題である夫に対する内観もできるようになってきた。

「主人に対しても内観させていただくと、申し訳ないことばかりで、私は女らしいところがなくちっとも主人に従っていませんでした。主人はおとなしい人でしたので、何かにつけて、仕事の上でも何でも私の意見ばっかり通して、出すぎたことをしていたようです。それなのに自分はこれでいい、自分は偉いのやと思い続けておりましたのです。私は相手の立場なんて考えずに、自分のことしか考えていませんでした。そう考えると、主人に女ができても当然であって、私はもっと苦労しても当たり前やったと思えるようになってきまして、もう頭の中にいっぱい渦巻いているような気持ちが全く無くなってきまして、溶けてきました。そしてかえって私の方がこんなありがたい教えを受けているのに、主人もその相手の人も気の毒なという気持ちに、だんだんなってきまして、主人も相手の人も今どんな気持ちでいるのかなあ、気の毒やなあ、何回も苦しんで暮らしているんじゃないかな、と思うようになってきました。そして、相手の人を恨む気持ちもだんだん無くなってきましてね、かえって私のようなこんな教えを受けて楽な気持ちになってほしい、という気持ちに変わってきました」

自己中心的で女らしくない妻に愛想をつかして、夫が新しい女の許へ走ったのも当然の結果なのだという洞察を経て、夫や相手の女性に対する恨みや憎しみが解消されていったのである。

4、集中内観直後

集中内観後、Nさんはしばらく家政婦として働いていた。そこへ夫が元通りになりたいと言って帰ってきた。さて、その時Nさんはどのように応対したであろうか。

「主人が帰ってきました時は、内観させていただいていなかったら、無茶苦茶になっていたと思いますけど、その時は『私のような罪深い、こんな汚い心をもっている者でも良かったら一緒にいかしていただきます』という、そういう言葉が一番はじめに出たんです、自然に出てきたのです」

こうしてすんなりと夫との生活が再開され、現在に至っているのである。

5、日常生活と内観

さて、その後の生活における日常内観について、あるいは毎日の生活や人生をどのように感じているのかを、Nさんにいろいろの角度から質問してみた。

――十四年間、毎日内観をなさっているとお聞きしましたが、どのようになさっているのですか。

「はじめのころは薄れかけますので、しっかりと握りしめたいような、ロウソクの火が消えかけるような感じの時がありましたけれども、近頃でしたら、どういいますか、御飯いただいているのと一緒じゃないかなというような、こう、離れられませんのですね、内観ということが」

――内観しないと、どのような気持ちになりますか。

「そうですね、内観していませんでしたら、私なんか池や川に水が引いてしまいますと、お魚が泥の中で跳ねていますね、あんなことになってたんじゃないかなと思いますけどね。水がありますとありがたい、おいしいしね、楽な気持ちですね。内観しませんと、恐ろしいような、お腹が空いてくるような、何かもの淋しいような感じで、離れませんですけど」

――内観していると、どのようなことを感じられますか。

「内観しておりますと、もう生かしていただいていること自体が、何か不思議なような、どう言ったらよいでしょうね、喉が乾いた時にお水をいただくような感じが、一瞬一瞬が何か不思議なような、ありがたいなんて言うか、軽い言葉でなくて、湧き出てくるような、感じがするんですけどね。そして朝起きて水道の栓をひねりますと、さっと水が出ますし、ひねっているこの手が動いているというのは私がこしらえた手ではないのに、はっとこう、そういう瞬間、瞬間の気持ちが何とも言えん、何かこう、湧き出してくるような、果物の汁が湧き出てくるような感じがします。内観を怠っていますと、それが無くなってしまいます」

――自分は生かされているという感動が、湧き上がってくるのですね。

「自分が生きているんだという気負った気持ちではなくて、何かもうすべてが大自然によって生かさせて下さっているというような尊い感じです。露店で商売している時でも、沢山の人が通ってなさるその姿も尊いですね。やっぱり生かされてなさると思います。動いているもの、みんなが大きな自然の力で動いているということがね、尊いという感じになります」

――以前なら腹の立つことも少なくなった？

「昔ですと、私、結核を患ったりしまして、とても神経質でしたので、ちょっと音がしても眠れませんでしたけどね、今このお隣に一家中である宗教を信心なさっている方がおられましてね、夜の十二時過ぎになったら、いつもお題目をあげられるんです。それで賑やかなんです。そうしますと、寝ていてふっと目が覚めて、あっ、これは内観せずに寝ていたらいかんやないかと、言われているようなと思いまして、そして内観させていただきますとね、まあ根が横着な心がありますから、そしたらじきに眠ってしまうんです」

――それだけ熱心にされるということは、内観はもっと深い奥行きのあるものと考えていらっしゃるのですね。

「そうです。もっと深いところに、もっとおいしい泉のようなものがあると思いまして、もっともっとさしていただかんと吉本先生に申し訳ないですから。こんな大きなものをいただきながら、中途半端で忘れると申し訳ないという気持ちばっかりです」

――日常内観がここまで続いたのは、吉本先生の激励もあったのでしょうね。

「集中内観さしていただいて帰ってきました時は、よくお手紙いただきました。あれをいただきませんでしたら、私、ロウソクの火が小さくなっていった感じの時がありましたが、あの時にもう離れてしまったんじゃないかと思ったりします。お手紙をいただいたら、パッとまた消えかかっているのに火がついて、取りすがるような感じで、内観さしていただきましたけれども……。今はもう先生から特にいただかなくても、欲が深いですから、よう離しません。こんな大きな宝物ですから」

――毎日毎日内観していて種がつきないのか、という疑問をもつ人がいますが……

「種がつきるということはないですね。まだまだ沢山ありますから、私の場合は。それに同じことを内観させていただいていると、新しいことが次々と出てきますんですね。例えば舅姑に対しても、どちらも歯が一本もなかったですから入歯してましたけれども、入歯入れたまま食事するとおいしくないんで、はずして食べてましたんです。二人とも。それでお漬物細かく刻んでほしいと言われたんです。それを自分はその時は若くて歯が丈夫ですから、うるさいなあと思って、いいかげんに刻んでいたなと思っていました。それを何度も内観していると、しみじみ歯のないお二人の気持ちがだんだん深く深くわかってくるのですね。その時のお漬物の味までだんだん、その時味わわれた味まで、回を重ねるごとにわかってくるのですね。お漬物の好きな人だったからですね、どうしてもっと薄く切って、漬物から浸み出てくる味わいを味わわせてあげなかったのかなと思うことが、だんだん深く深く感じてくるんですね、回を重ねますと……。そしたら、軽い気持ちで、ああ申し訳なかったな、と思うのと、心の底から、もう本当にその時のお二人の姿がありありとわかってきて、その味わい方も深くなって、申し訳ないという気持ちも深くなってくるように思うのです。こんな風に感じたのと、今度感じたのと違ってくるんです。深く深くにじみ出てくるような感じですね、すべてがそういう風に……」

――お母さんは十八年前に亡くなられたそうですが、お母さんに対する内観をなさって、どういうことを思い出されますか。

「母が生きております間にね、内観さしていただいていたら、少しでも安心さして死なせたと思います。亡くなる時、九州の病院へ入院しています時、ここから行きました。私の母がグチとか人の悪口とか言うてるのを、私は一度も聞いたことないんです。どんなつらい時でもシャンとしていたように思いますから。その時も、もうお医者様も『もうだめです』ということでした。けれども私は二晩病院に泊まっただけで、もう引き返してきたんです。妹と一緒に行きまして、妹はもっとおりたいような素振りでしたけれども、十二月でしたから『こんな所で遊んでられないから、早う帰ろ、帰ろ』と言うて……。向こうの兄も『もう少しおられないか、今帰ると病人が急に……』と言ってましたけれども、まだ内観さしていただいてません時ですしね、『どうせ年取ったら、順番に死ぬの決まっているんやから』そんなこと言いましてね……。母もうあまり物言う元気もありませんから、『私、帰る』言いましたら、何も返事しませんでした。病室出まして、窓開けて廊下から中見ましたら、母の目から涙がスーッと母の顔に流れました……」（語りながらNさんはメガネをはずして涙を拭う。ありありと十八年前の様子を思い浮かべていらっしゃるようである）

——お母さんはいてほしかったのですね。

「今思いますと、そんな時でも私の母は泣き事一つ言わなかったのだなと思いますが、その時の私は『泣くほどやったら、娘を遊廓に売らずにおいといたらよいのに。そしたら何もこんなことして別れなくてもよいのに、自分が勝手にこしらえたことや』と昔の恨みもあって、きつい感じで、私はとっとと帰ってきてしまいました。それがとっても申し訳ないです。何も是非帰らんならん用事もなかったんですから、もう一晩でも二晩でも、たとえ三分間でも背中さすってあげられなかったかなと、それが毎日申し訳ない気持ちです。人が死ぬということがわかっておりますけれど、本当に死ぬということがわかってないんですね。人間は死ぬ、祖母は死ぬ、母は死ぬということは誰でもわかっています。けれども、本当に死ぬ、二度と会えなくなるという、本当の気持ちはわかりませんのですね、本当に死なれてみんとわかりませんね……」

——それも内観してはじめてわかったことなんですね。

「内観させていただいてはじめて母の偉さ、私の母のような偉い人はないな、日本中で一番偉いと思います。グチも言わず人の悪口も言わず、どんな風も波もじっと立って受け止めていたなと思う母でした。私が『売られた、売られた』とか、『学校もやってもらっていないのに』という、そんなことも何も言わず、じっと聞いてました」

——お母さんを責めるばかりの自分だったのですね。

「私はやさしい言葉かけたことも一度もないんです。私が病気の時、来てくれた時でも、母の顔を見るなり『また田舎者の格好丸出しにして！　もっときれいにしてたらよいのに！』という気持ちしかありませんでした。遠くから汽車に乗って疲れて来てますのに、一番最初の私の気持ちがそれでした。『お母さん、よう来てくれたな』と、そんなやさしい言葉なんて一度もかけたことないんです。（こう語りながらホロホロと涙を落とす）母はできるだけのものを持ってきてくれましてね、来るなり私の世話をしてくれましたけど、それでも何かこう汚いような感じがしたりしてたんです。すぐ再婚したということが、とても不潔な感じであったと思うんです」

——お母さんが再婚なさったことを、今どう思われますか？

「母が親子心中せずに、私らを捨てもせずによう生きてくれたと、とても人間業《わざ》でできることじゃないと思います。五人もの小さな子供を育てて、一人でもできかねますのにね。もう神様か仏様みたいに思います。私でしたら主人に死なれたんじゃなしに、捨てられて、たった一人でも生きていけませんでしたのに、母は私がどんな恨みごと言っても、『お父さんが死んだから、つらかった』とか『再婚しなかったら、やってゆけなかった』とか、そんなこと一度も言ったことないんです。一生懸命内観させていただきますのも、その偉かった母の姿が浮かんできますのでね。母がだらしないグチ言うたり人様の悪口言うたりする人でしたら、内観ももっと早く崩れていたように思います。でもそれではあの偉い母に申し訳ない、と思っては内観させていただいております」

——二度目のお父さんに対して、どのように内観なさいましたか？

「いろいろありますね。子供の頃、父が無いということはとても大きな悲しみですからね。そんなことも内観させてもらってから、わかってきました。その父になっていただいた方に、どうして『お父さん』と言えなかったのかなと思います。それに、あの当時五人も子供をかかえて、母がとても苦労しておりましたのでね、雨露しのげる家の中で住まわしていただけたのは、あの父のおかげですのにね、どうして私、素直に『お父さん』と言う気持ちになれなかったのかと思うと、すまなさと申し訳なさでいっぱいです」

——失礼な質問かとは思うのですが、あえてお尋ねしたいのですが、「内観して、自分が本当に醜い汚い人間だと知ったら、生きていけないんじゃないか」という疑問をもつ人が多いのですが、それについてどう思われますか？

「そうですね、汚いから、生きて少しでもきれいにしていくのがいいんじゃないかと思います。汚いのを一生懸命少しでもきれいにしていただくのが、生きがいのようなものじゃないかと思いますけどね。そんなふうに精一杯やらしていただくのが、この世に生まれてきた者の仕事のようなものじゃないでしょうか。私の心は恐ろしいですね、汚いもので固まっているように思えますね、普通のお薬では洗えないと思います。もっともっと内観さしていただいたら、少しは歪んだのやら濁ったのやらが直さしていただけるところまで行きたいなと思うのです」

——お年のわりにはお顔色もよくて、肌もつやつやしておられますが……。

「内観する以前は身体が弱かったのですが、内観して以来、とても健康になりました。近所の人に『元気になられたら歩き方まで違っていますね』って言われます。なかなか治らんという肋間神経痛も治りました。カゼを引いたりしましても、お薬がよく効くんです。そしてお医者さんで待たしていただく間は、やっぱり内観さしていただきますから、診察室に入った時の気持ちもだいぶ違うように思います。ありがたいですね、この身体全部揃わしていただける、汚い心にこうして手足付けていただくということが。いつまで付けていただけるかわかりませんけどもね。ま、現在の一瞬がとてもありがたいです」

——そろそろ予定の時刻に近づいてきましたが、終わりに、お仕事としてはどのようなことをしておられるんですか？

「ハンカチとか生地類をこの商店街で売っています。店舗はありませんから、お休みのおうちが『明日休みますから、うちの前使って下さい』と電話かけて下さるんです。それでとってもありがたいと思っています。そして休んでいますと、知り合いのお客さんなんか、家に買いに来て下さいますので、とてもありがたいです。こんな暮らしできると思いませんでしたけれども。内観さしていただいてから、ずっと主人と一緒に働いています。ありがたいですね、働かしていただけるということは。働ける身体をいただいているということはありがたいですね」

――どうもいろいろとお話を聞かせていただきまして、ありがとうございました。

エピローグ

二時間余りの対談の後、Nさんの家を辞した。外は太陽が輝き、まぶしいほど明るかった。台風はどこかに外《そ》れたのであろうか。Nさんは路地の入口まで見送って下さった。商店街は大勢の買物客であふれ、活気を呈していた。行き交う人々の表情は晴れやかで、この生を楽しんでいるように見えた。私はこれらを深い山にこもっていて、はじめて街におりてきた人のような思いで眺めた。そして、ふと気がつくと、その気持ちは一週間の集中内観を終えた時のそれであった。Nさんとの対談で私の心は洗われたように清々しく、温かい空気が胸の中に充満しているような感じであった。その時、「泥中の白蓮華」という言葉が浮かんできた。Nさんが住んでいるところが決して泥というわけではないが、Nさんはまさしく白くほんのりと咲いた蓮の花であった。私はうっとりとなって雑踏の中を歩いていった（科学的客観的態度で研究しなければならない者がこのようにNさんに魅了されてしまっては、客観性が失われてしまう恐れがあるが、それほどNさんのパーソナリティは私に強烈な印象を与えたのである。またこのことからもわかるように、「内観によって個性が無くなる」なんてとんでもない話だと思う）。

二　心理テストの結果

Nさんに関して各種の心理テストを実施し、その結果を分析した。

1、目的

理想的または模範的とされる内観者は心理テスト上にはどのように表れるであろうか。また、Nさんとの直接の面接の結果からは心身共に健康という印象をもったが、病的な点が背後に隠されているかもしれない。これらに関する情報を得ることを目的とする。

2、方法

使用した心理テストはY–Gテスト、P–Fスタディ、SCT（精研版）、及びTAT（精研版）の四種類である。TATは面接法で、残りのものは留置《とめおき》法で行った。

3、結果

Y–Gテスト

明るい気分で落ち着いており、劣等感が少なく、神経質でなく、くよくよしない。そして物事を現実的客観的に考え、愛想がよく、協調的で、現実肯定的である。物事を割り切って考え、人の裏を考えるようなことをせず、さっさと決めていく。あまりためらいなく率先して行動し、対人関係は良好で、口数は少ないが人と気軽に交わり、すぐ親しくなっていく傾向がある。

このようにY–Gテストの結果からNさんは、情緒が安定しており、社会的適応がよく、積極的な態度で物事に対応するという典型的なD型である。

ここで、T（思考的外向）が非常に高いことが目に付く。これはこのテスト解釈によれば非熟慮的であって、瞑想や反省からほど遠いということになっている。このことはNさんがいつも内観していることと矛盾するように見える。

しかし、このTに該当する項目は「むずかしい問題を考えるのが好きである」「人のすることの裏を考えることが多い」「会話の最中にふと考えこむくせがある」「用心深いたちである」「たびたび考えこむくせがある」などであって、これらの項目にイイエと回答するとTの得点が高くなる仕組みになっている。それゆえ、内観することと、いわゆる「考えこむ」こととは次元が別であると考えざるを得ない。

SCT（文章完成テスト）

自己反省をよくする。肉親や夫に迷惑をかけたことを悔い、その恩を深く感謝している。周囲の人々への思いやりがある。生きている喜びを身にしみて感じている。身体も健康である。内観に深く傾倒し、内観を心のよりどころとしている。自分の心の中に動く欲望もきちんと自覚している。

参考のためいくつかを抜粋して次に掲げる（原文のまま）。

子供の頃、私は　いじわるで、わがままで、父母きょうだいにどれだけめいわくかけたか知れません

争い　自分の考えだけ正しいとわかぎらない

私のできないことは　自分にかつ事

将来　より今が大切に思えます

仕事　をつねにもたして頂ける健康が有がたいと思います

世の中　に私ほどきたない心をもって居る人はいない

私の不平　内観をおこたりなまけて居る時

女　手一つで私たち大ぜいのきょうだいをそだてた母の恩　内観させて頂かねばわかりません

家では　お金をかけるより手をかけた料理のほうがおいしい

私を不安にするのは　自分を見失なう事です

私の眠り　神仏のおめぐみ

もう一度やり直せるなら　親こうこうさせて頂きたい
金　今ひつようでなくてもよくふかくほしい
調子のよい時　かんしゃの気持ちを忘れます
どうしても私は　はらを立てる
年とった時　生かされるとうとさをふかくあじわえるようになりたい

P-Fスタディ

人を非難攻撃することはほとんどない。自己反省的で素直に非を認め、自分の力で問題を解決していこうとしている。そしてたとえ相手に非があろうとも相手を許す寛容の精神があり、規則や慣習を遵守している。社会的適応は極めて良好である。外罰反応が極めて低いことの意味については、後に内観法における罪の問題について考察する時に触れたい（GCR＝集団一致率）。

表13　NさんのP-Fスタディ結果

	Nさん	標　準
外罰反応	9％	36
自罰反応	57	31
無罰反応	35	33
Ｇ Ｃ Ｒ	79	58

TAT

楽観的でも悲観的でもなく、現実をきちんととらえ、地道で着実な努力によって葛藤を解決しようとする姿勢がみられる。いわゆる、病的な罪悪感は全くみられない。一瞬一瞬の生を大切にしようとする人生観である。

TATの物語の要約をいくつか掲げておく。

カード3

「娘は親の反対で結婚問題がうまくいかず悩んでいる。しかし努力して時期を待って結婚する」

カード5

「肉親の入院で悲しんでいる。時間をかけて耐えられることだと思います」

カード10

「これでしたら重病の方のようですが……今、重病で消えかかっていられるとしたら、今の一瞬が一番ありがたいんじゃないでしょうかね」

カード11

「男の人が女の人をさらいに来ている。何かがあってしているんでしょうから、気を鎮めてあげてね、周囲の人がやっている場面を理解してあげたら……」

4、総合結果

以上のテスト結果をまとめると次のようになる。

1、日常生活の中で、自分を振り返る機会を多くもっている。しかしそれは、くよくよと考えこむのではない。

2、情緒的に安定しており、口数は少ないが明るく、愛想があり、社会的によく適応している。

3、物事に対して現実的な態度で接し、地道で着実な努力によって問題を解決していこうとしている。

4、自分の世俗的な欲望を自覚しており、そのような自分を受容している。

5、自分の至らなさを自覚し、今は亡き父母等に対しても感謝の気持ちが強い。周囲の人々に対しては寛容で親愛感をもち思いやりがある。

6、生かされていることを素直に喜び、平凡な毎日の生活に新鮮な喜びと感謝の念をもっている。

7、内観を心のよりどころとしている。

このようにテスト結果は面接によって得られた印象を裏づけるものであった。

表14　うつ状態とNさんの状態との比較

	うつ状態	Nさんの状態
感　情	何事にも喜びを感じない。悲哀感が強く、くよくよと思い悩む。ついには人生に絶望し、自殺を考えたり、行ったりする。	多くのものに喜びを感じ、希望をもち、くよくよしない。自責の念をもつが、自分を少しでも良くしようと努力している。生かされていることに対する感謝の念が強い。
思　考	自己の健康を疑う心気症、劣等妄想、些細な失敗を重大な罪と考える罪悪妄想などがある。話し方には生気がない。	妄想も心気症もない。罪悪感はあるが、妄想といえるものではない。それに悩まされていない。落ち着いた明るい話し方である。
行　動	何をするのも億劫で、やる気がない。決断力もにぶる。	何事も率先して気軽に行う。決断も早い。
身体状態	顔色はすぐれず、生気がない。不眠や食欲不振など身体の不調を訴える。	若々しい顔色。よく眠れ、食欲もあり、健康である。

5、Nさんの状態とうつ状態との比較

内観すると自責的になりうつ状態になってしまうのではないかという懸念があろう。ましてや十四年間も内観を続ければひどいうつ状態になってしまうのではないか。しかし実際はそうではない。表14は感情・思考・行動・身体状態の四項目についてNさんの状態と病的なうつ状態とを比較したものである。これを見れば、Nさんがうつ状態からはほど遠い健康な状態にいることがわかるであろう。

＊　＊　＊

本章を終えるにあたって、多忙の中を快く面接やテストに応じて下さったNさんと面接の逐語録を作成していただいた、当時四天王寺女子大学四回生威徳井和子嬢に感謝の意を表する。

第八章　吉本伊信氏との対談——内観法の成立と展開

ここで、この内観法を開発した吉本伊信氏（大正五年生まれ）に直接お話を伺って、氏自身の体験や内観法の歴史的展開、人間観や内観に関する意見の一端を述べていただこうと思う。

自己探究への苦闘

——まずはじめに、吉本先生が内観の道を歩まれた動機をお聞かせ下さいませんか。

吉本　私が数え年九歳の時、四歳になる妹が死にまして、そのために母は精神的なショックを受け、それが動機となって母は信仰を仏教に求め、ついに浄土真宗の熱心な信仰にたどりついたのです。

その母の影響を受けまして、私もいろんなお経を意味もわからず暗唱するようになったのです。そして十九、二十歳のころには、もうひとかどの信者顔をするようになり、ひいては布教師にでもなったような思い上がった気持ちになり、人さまに教えを説くという気負った、生意気なところまでいってしまいました。

それが二十一歳の十月ごろ、家内の伯父さんにあたる方に「あんたのそれは物知りにすぎない、単なる蓄音機の板みたいなもんだ。親鸞聖人さんが『いづれの行も及び難き身なれば、地獄は一定住み家ぞかし』とおっしゃっているが、あなたは心の底から本当にそう思っていますか」と教えられたわけです。

――つまり理論だけは知っているが、実践による体験が伴っていないと言われたのですね。

吉本　そうです、そこで駒谷諦信というお師匠さんに御指導いただいて、「身調べ」をすることになったのです。当時の方法は断食・断眠・断水といった肉体的にも厳しいやり方です。

しかし、いくら熱心でも飲まず食わず寝ずでは体力が続かなかったり、まだ機が熟していなかったりで何度も途中で挫折してしまいました。

求めだして丸一年、つまり昭和十二年十一月十二日の晩八時ごろです。これは身調べの第四回目の五日目に当たりますが、もう危い噴火口のそばでうろちょろしていたのを、パッと安全な所へ連れてきていただいたような感激とでも言いますか、その直前までは、便所へ行くにも、人から肩を貸してもらわねば歩けないようなフラフラの状態であったのに「世界中の人が助かっても、私だけは地獄行きだ」とわかった瞬間から、嬉しくて嬉しくて、もう顔がおそらく、横で見ている人にもまん丸に、喜びにあふれた形に映ったと思います。懺悔の極みが感謝の極みにつらなるような体験でありまして、これは文章や言葉ではとても表現することはできません。その悦びを何とかして広く、世界中にまでも広めたいという感激に、私の心は燃え上がりました。これはもう三十六年昔のことですが、おそらくこの感激は私の生涯つきまとうことだろうと思います。

――宗教的なすばらしい体験を得られたのですね。そしてその体験を自分だけのものにせず、また宗教という枠を越えて、いろんな人たちに広めたいと思われたのですね。

内観法を広める

吉本　そうです。そこで誰にでもできるようにと思って、お師匠さんの御導きで、今のような形にしてそれを「内心の観察」という意味で「内観」法というようになったのです。

でも、やはり世間にこれを広めるには、どうしても社会的信用も必要ですし、経済的基礎もなければいけないと思いまして、運動資金を調達するために、大阪で、レザークロスの問屋をはじめました。これは家内の父がその商売であったからです。

仕事をしながら、内観法をお得意さんに勧めたり、店の人の入社試験や幹部の養成も皆この内観法を活用させていただきました。

それで、わずか十五年間で全国に十二カ所ほどの店舗ができて、その業界ではもう指折りの中へはいるぐらいになったんですが、まあいくらお金をためても、この人生はお金ばかりで解決がつくものじゃないことを知っていましたから、それで店をお弟子さんたちに譲り、私は専心今の生活に入ったわけです。これは昭和二十八年数え年三十八歳でした。

そして郷里の大和郡山市に帰り、自宅を内観道場（内観研修所）として一般の人たちに開放して、そのお世話をするようになったのです。

そして、そのかたわら、少年院や刑務所、学校、病院などにもこの内観法を知らせて、なんとか広めようと今日まで努力してきたのです。

悩みの原因

――それでは内観法そのものについて、お聞きしていこうと思いますが、まず人はなぜ悩むのか、この根本的原因とは何かということに関して、どうお考えですか。

吉本　仏教では無明の闇にとりまかれておるから、それが根本だといいますね。悩みを解決するには、無明の闇を晴らすことが一番大事だと、こうされているんです。これは一般的な言葉になおすと、計《はからい》あるいは執着心あるいは虚栄心、つまり「おれが――」というこの我執の念というやつが自分をいじめて苦しめておるんだというわけです。

したがって、内観して自分の罪悪を知り、自分の醜さがわかれば我執もなくなり、周囲の恩恵がわかる。したがって、内観というのは自己観察法、あるいは愛情の再発見法ともいえると思います。要するに、「我無し」になることが一番近道ですね。

――なるほど、自分の過去から現在に至るまでの罪というものをみつめることによって「おれが」という我執をすりへらしていく、無明の闇というのをだんだんと減少させていくということになるのでしょうね。

吉本　そうですね。私たちの心はこの世に生まれてくる大昔から、暗幕で閉ざされているわけですね。それが何重にも閉ざされているから、自分というものが見えないんです、わからないんです。

それを内観法によって自分をだんだん見ることで、自分ほど浅ましくて恐ろしいやつがおらんということがわかればわかるほど、こんな恐ろしいやつが今日も無事に元気に達者でこうして生かさせてもらえておる。まことにありがたいなあという感謝感激が下から湧き上がってくるんですね。人に教えてもらうんじゃなくて。

自己を知ることの意味

――自分で自分のありのままの姿を見つめて真実の自己というものに気づいていく、そして自己の存在のありがたさ、不思議さに、心の底から気づかせるということなんでしょうね。

吉本　そうです。松原致遠という方は昭和十五年朝日新聞で「自己を知るというただ一つの鍵を渡さずして、神の愛、仏の慈悲を説く人々がある。これは人の瞼《まぶた》に埃を投げつける者である。『汝自身を知れ』この扉を開いて人はデルフォイの神に遇うたのであった。いかなる仏にも神にもこの扉を開かずして遇うことはできない。甘えさせることは毒を飲ますことである。甘えることは魂を眠らすことである」と述べておられます。まさにその通りだと思います。

内観は我慢くらべではない

――内観の話を聞いた人の中には、一週間も座りづめというだけで、「もうとても我慢できない、淋しい」とか「つらい」と言う人が多いんですけど、いわゆる我慢強い人だけが内観できるのでしょうか。

吉本　内観は我慢くらべではありません。電車を待つ時間は二十分でもつらいですが、それと違って内観では自分を取り調べるという作業をやっていますから、案外退屈ではないんです。

二時間に一回ほど指導者がいつ面接にくるかわからない、与えられたテーマについて調べておかないことには答えられない。ですから内観という仕事をしているわけですから、退屈ではないんです。

それに、だんだん自分の悪かったことが、今まで気がつかなかった罪悪がわかってきますと恐ろしいですね、恐怖心が湧いてきます。またそんな自分でも生かさせていただいている、ありがたいなあという喜びが下から湧き上がってきます。だから、こんな感情にひたりきっていたら、退屈だとか我慢するとかいうことはないのです。

でも、はじめの三日ほどはつらいという人もありますけれど、だんだん慣れてきます。

はじめ一日もたもたしていて、これでは一週間もたんなあと思っていた人が、五日目、六日目になると、これならいけますわと、二週間に延長したりなさる人もありますね。

——そうですか。では、「自分は内観に適していないのではないか」などとおっしゃる方もありますが、そういう内観に適している人、適していない人がいると思われますか。

吉本　ありませんね。同じ人でも、その時の求道心の強さとか、解決したい問題に切迫感があるかどうか、その機が熟しているかどうか等によって違います。

また本当は実際に座って内観してみなければわからない、というのが実情です。

内観法は「汝自身を知る」方法

——内観法はいろいろに考えられています。つまり、内観法は結局のところはやはり宗教的求道法だと思って、信仰を深めるために内観する人がいます。

またある人はごくふつうの正常な人がより精神的に向上する精神修養法だと考えています。

それから、矯正施設では非行少年とか犯罪者の心を直す矯正法の一つとして採用されています。

最近ではノイローゼや心身症の患者さんや、アルコール中毒の人の精神療法にも利用されたりしていますね。

このようなことに関してどのようにお考えですか。

吉本　その他に会社が人作りの法として、今まで禅寺や自衛隊に預けておったのが、内観道場に行くというようなことになったり、あるいは家庭裁判所の事件にあるような嫁姑の争いとか、離婚問題とかの、対人関係のトラブルの解決に利用されていることもあります。

しかし、私としては

見る人の心ごころに委せおきて
　高嶺に澄める秋の夜の月

という歌にもあるように、内観とは何々であると決めつけなくてよいと思います。宗教的求道法と考えても結構ですし、精神修養だと思っても、あるいは精神療法だと考え利用して下さっても結構です。とにかく自分なりの目的をもって内観して下さればよいのです。

わけ登るふもとの道は多けれど
　同じ高嶺の月を見るかな

という歌のように、動機や目的が一見違っていても、結局、内観は内観だとしか言いようがありません。自分の内心を観察することなのです。それによって、人間として一番大事な基本的訓練といいますか、相手の身になって考えるという姿勢を訓練するのでしょうね。

——相手の立場に立って自分自身のことをみつめ、相手に対する思いやりをかけていく。このように自分自身をみつめる訓練が内観の目的であるということですね。

そして、その病気が治ったり、対人関係が良くなったり、あるいは非行や犯罪がなくなったりというのは結果にすぎないのであって、本当の内観の目的というのは、己自身を知るということなんでしょうね。

吉本　そうですね。「汝自身を知れ」とは古来より言われていますが、その汝自身を知る具体的な方法の一つを示したのが内観法だと思います。

第九章　内観法をめぐる諸問題

内観法では自己の罪の自覚と他者の愛の自覚がその中心的な経験であり、その両者が互いに強めあって教育的治療的効果をもたらしている。

そこでここでは内観法における罪と愛の内容と機能について考察したい。内観法での罪と愛は一体であるところに特徴があり、本来切り離されないものであるが、便宜上別々に分けて考察したい。

また、内観法の今ひとつの形態である日常内観に関して、その形式や意味について検討したい。

一　内観法における罪について

吉本氏が「罪悪感が深ければ内観が深いといえるし、罪悪感が浅ければ効果も少ない。したがって罪悪感がなければ内観もないといえるほど、重大である」と述べているように、内観法では自己の罪の自覚がその中心的な意義をもっている。それゆえ、内観では「迷惑かけたこと」を重点的に調べ、「嘘や盗み」を徹底的に探索する。

しかしながら、従来の心理療法の領域では、患者をして罪に直面させ罪悪感を抱かせるのはタブーであるという風潮があった。例えば新フロイト派の精神分析家で『自由からの逃走』や『愛するということ』などの著者として有名なエーリッヒ・フロムは『悪について』の中で次のように述べている。

「実際上、自分の行為が『道徳的な罪』ないし『犯罪』として経験されるや否や、それは疎外されるようになる。今や罰を加えられる必要のあるのは、それをした『私』ではなくて、『その罪人』であり、『その悪いやつ』なのであり『他者』なのである。そして罪責感と自責の感情が、悲しみと自己嫌悪と生への嫌悪を生じさせる、ということについては言うまでもない」

このことは内観法と真向から対立するように見える。そこで、内観法における罪の問題を二、三の角度から考察してみたい。

1、罪悪感は有害か

自己の罪を自覚し、切々としてそれを語っている内観者の録音テープを聞くと、多くの人々は感動し涙ぐむこともある。しかし、それならば一度内観してみませんかと勧めると、大抵の人は「そんなに恐ろしいことはできません。自分というものがあまりにもいやになってしまうでしょうから」とか、「自分が悪い自分が悪いと卑屈な消極的な人間になり、果ては自殺しかねませんから」と辞退する。「自分には罪がないから関係ありません」という人には会わない。これからもわかるように、一般の人々の内観に対する疑問の一つは「私たちは自分の醜い面にフタをして生きている。だのにわざわざフタを開けて、その醜さに直面させることは、どれほどの意味があろうか」ということである。

この疑問を明確に述べたのがイーリス（Ellis. A）である。彼は「精神療法における罪概念の無用性」という論文において、「私は今いかなる罪概念も精神療法の中で占めるべき位置をもたないのであり、したがって、いかなる形式でもいかなる様式でも、この概念をもちこむことは極めて有害であり、反治療的であるという命題を強く支持しているのである」と断言し、罪概念の無用性あるいは有害性を強く主張している。そこで以下、彼の説くその理由を示し、彼の懸念や非難が内観に妥当するかどうかを検討してみたい。

⑴イーリスは「罪悪感は無価値感に結びつき、無価値感は不安を呼び起こす」と述べている、つまり罪悪感をもたせることは強い不安をひきおこすから有害だというわけである。

たしかに内観することによって内観者は罪悪感を深め、自分はつまらない人間だ、浅ましい人間だという無価値感にひたるが、これほど無価値な自分を温かく扱ってくれた周囲の人々の愛に感動し、これらの愛に応える意味でも、これからは価値ある人間になるよう努力しようという意欲が湧いてくる。たしかに今までの自分は自己中心的で人に迷惑をかけるばかりで三文の値打ちもない人間だったが、それに気づいたこれからは自分の力を尽くして生きてゆこうという気持ちになる。このことは第五章のKさんの事例で明らかであろう。劣等感をもち自己嫌悪に陥っていた彼女は、内観後にはそれが解消している。

ある内観者は「はじめのうちは昔の古傷をつつくようで、自分というものが情けなく且つ自分自身に愛想がつきて、三日目頃までは嫌になるほど苦しいものでした。でも内観がすんだ後の気持ちは言葉に言い表せない清々しい気持ちでした」と述べている。そこには不安どころか、明るい安定した心の状態がうかがえる。Kさんの事例で内観前に高かった不安検査の結果が、内観後には激減していることにも端的に表れている。

⑵次にイーリスは、強い自責の念をもった人は、逆に自責の原因となるような悪い行いに強迫的に追いやられる危険がある、と述べている。これは自分でも明確な理由もないのに自責の念に苦しめられている人は、自己の罪悪感に明々白々たる裏づけを与えるために、といっても無意識的にではあるが、強迫的に悪い行いを繰り返すことになる、と心配しているのである。

しかし、内観での罪悪感は過去の具体的な事実を自分で確認して生じてきたものであるから、あらためて悪事をしてそれを確かめるという心の動きは起こらない。むしろ今までの罪を、それが自分のものであると認めることによって、二度と罪を繰り返さないという決意が強まったり、罪滅ぼしの行動へと発展してゆく。この点に関して、ある受刑者が「今までは自分の犯した罪から逃れよう逃れようとして焦っていましたが、自己のこの卑怯な姿をはっきり意識することができまして、これではいけない、人間としてこの世に生まれた価値がない、また被害者や職員御一同様に申し訳ない。自分の犯した罪は一切自分で償い、どのような苦しみや悲しみをも一切受けよう。かつて被害者が味わった苦しみを今度は私が受けよう。これが本当の私の生きていく、これからの道ではないか」と述べていることからも明らかであろう。また内観を体験して刑務所を出た人の再犯率が低いことも、イーリスの危惧を否定するものといえよう。

(3)罪悪感をもっている人は、他の人々の行動に対しても非難の目を光らせるという。イーリスは「罪意識、罪悪感、自責感をもっている人は他の人々の現実のあるいは未然の悪行について、人々を非難せざるを得なくなる。この場合彼は他の人々に怒りを示し、あるいは敵意をもち、また自分の欲望の多くを不当にも欲求不満にさせたことについて、運命、環境あるいは宇宙を非難せざるを得なくなるのである」と述べている。つまり罪悪感をもつ人は、自分に向けた非難の目と同じ目を他人や環境に向けるのである。彼の中には自己非難と他者非難が同居している。

さて、内観ではどうか。右の引用文と第七章の理想的内観者NさんやKさんの事例とを思い浮かべてみれば、その相違は明らかであろう。内観前、自分に甘く、他者非難に明け暮れていたことを自覚し、内観後は自分に対しては厳しくなるが、他者に対しては感謝の念を抱くか、少なくとも寛容になる。このことはP-Fスタディなどの心理テストの結果からも明らかである。

ある内観者は「自分の欠点があまりにも多いことがわかった。人のアラばかり探すようなことをしてはいけない。寛容でありたい」と述べ、またある人は「今まで私は自分の力を全然知らなかったと言った方がいいくらいですね。力のないのがうぬぼれていた。本当に浅ましい姿を発見しましてね。自分の現在の境遇ですが、これを不服だらけに考えたこともありましたが、実際間違った考えであったと気づかせていただきました」と述べている。たとえ自分に悪行を働いた人に対しても、その人がそうせざるを得なかった事情を思いやって寛大になる。第六章に記した（一七七頁）自分を捨てた母を恨み続けていた老人の例がそうであろう。そしてもし相手に改めてもらいたい点があったなら、それを一方的に非難するのではなくて、相手の立場に立って注意しようと努めるようになる。このように内観では多くの場合、対人関係の好転がみられることは、神経症や心身症を多く扱った石田氏によっても報告されている。

(4)イーリスは、罪悪感をもった人は外部的権威に屈従し、自信を失う危険性があると警告している。おどおどした自信のない、服従的な人間になってしまうというのである。

しかしながら長く日常内観をしているNさんにはそのような点は見られず、かえって自分の信念に生き、物質生活は豊かでなくとも自信をもって意欲的に生きている。

またある受刑者は出所後の便りの中で「内観のおかげで僕もこうしてすべてに自信を持って生きていくことのできた事を、まことに感謝しております。現在の仕事を神から授かった使命と思い、立派に築き上げていくことこそ、被害者に対し、あるいは今まで迷惑をかけた人に対しても、罪の償いが報いられていくと思います」と述べ、自信と仕事への意欲を謙虚に語っている。

(5)罪悪感をもった人は必然的に他人依存的になる、とイーリスは述べているが、内観者は自分が今までいかに他人に甘え依存していたかを発見し、今後は他人に依存せず苦しくとも独立して自分の力で生きていこうとする。このことは次と関連する。

(6)イーリスは、罪悪感をもつ人は現在や将来の建設的な行動よりも、むしろ常に過去の悪行や罪状にこだわりやすい、と述べている。

しかし、内観者が現在や将来の建設的な行動に邁進するようになった例は数多くある。仕事にあるいは勉学に積極的に励むようになり、新しい未来を自分の手で切り拓いてゆく。過去の悪行や罪状を悪夢として捨て去るのではなく、常に自分への戒めとして想起反省する。くよくよと後悔したり、こだわったりするのではない。自分の過去を弁解せず素直に受け入れ、常に謙虚になるための材料として反省するのである。ある内観者は「今までの過去の失敗、自分の欠点を戒めとして、自分の目指す目標に向かってゆきたい」と抱負を語り、またある青年は「内観後、私は仕事に対してすごいファイトが湧いてきました。そして精一杯働いてきました」と報告してきている。

表15　罪悪感に関するイーリスの説と内観の実際

イーリスの説	内観の実際
強い不安をよび起こす	不安は減少する
悪行を繰り返す	罪償行動が生じる
他者非難的になる	他者に寛大になる
自信を失う	自信がつく
他者依存的になる	自立的になる
過去にこだわる	過去を受け入れる
建設的行動ができない	建設的行動に取り組む

さて、以上六項目にわたって検討してきたように、イーリスが精神療法における罪概念の無用性あるいは有害性を論じるために挙げた理由は、内観の場合には全く妥当しないといえよう。より一層わかりやすくするため、イーリスの説と内観の実際を簡単にまとめたのが表15である。なぜ彼の説が内観には妥当しないのか、その理由については追々に考察を深めてゆきたい。

イーリスは「人に罪意識、罪悪感、自責感を与えることは、彼に情緒的に健全な、社会的な人間に成長させるための、最悪の道である」と主張し、それではどうすればよいのかということになると、罪悪感を与えないで「一時的にでも悪行者としての自己自身をそのまま受容させ、その行為に対する責任を十分に認めさせ、しかる後に、その内面化された言語においても外面的な活動においても、この次にはこの悪行をいかにして繰り返さないようにするかという問題に、意図的に精神を集中することができるようにさせなければならない」と述べている。しかし、悪行者としての自己自身を受容するならば、それに伴って罪悪感が生じてきて当然であるし、その悪行に対する責任を十分に認めるならば、自責の念が出てきて不思議はないであろう。そして罪悪感がないのに、どうして短絡的ではあるが何らかの意味で利益をもたらす悪行をやめることができるであろうか。

もちろん、根も葉もないことを土台にしたような罪悪感を持たせるようにすることは反治療的であるが、実際の罪にふさわしいだけの罪悪感を持たせるようにすることは、それが押しつけがましいものでなく本人の自覚に待つ限り、治療的であるといえよう。

であるから、イーリスの説は極論であり、罪概念が精神療法においていつもネガティブな意味しかもたないとは限らない。少なくとも内観は罪概念をポジティブに治療の中に生かしたものといえよう。

2、病的罪悪感と健康な罪悪感

前節において、罪悪感が治療的意味をもちうることを述べたが、罪悪感には病的なものと健康なものとがある。そこで、その相違について検討したい。

病的罪悪感

私たちは罪悪感をもたなくてもよい事柄に対しても、後ろめたさを感じる。例えば性的欲求の表現や怒りの表現に関して、それらが客観的に正当な行為であり、何らやましいものでない場合にでも主観的にはいかにも罪深いもののように感じられることがある。その程度がひどくなると、ほんのちょっとした意見を述べることにすら後ろめたさを感じて、何も言えない人もいる。彼にとっては自分はそのような自己主張に値しないと感じられるのである。

またある人は自分が過去に犯した些細な罪をくよくよと思い煩い、あたかも取り返しのつかない大罪を犯したかのように強い反応を示したり、あるいは全く自分とは無関係の事件に対して、自分にその責任があると思い込んで自責の念に打ちひしがれたりする。そして将来への展望を失い、この世に生きているだけでも罪作りだと嘆き、これ以上人に迷惑をかけないためには自殺あるのみと考えたりする。

このような人々は現実にそぐわない非常に厳しい価値基準をもち、それを守れない自分を非難する。時には、本人もこのような基準をなぜ守らねばならないのかという疑問をもったり、これほど強い罪悪感をもつのは普通ではないという認識に至ることがある。しかしだからといってこの基準を捨てることはできない。捨てようとすれば、強い不安がこみあげてくるからである。

精神分析では、ある価値基準をもってその人の行動を命令したり禁止したり裁いたりする精神機能を超自我と呼び、この超自我は意識されている部分もあるが、大部分は無意識的なものであると考えている。前述したような強い罪悪感とは、人一倍厳しい価値基準をもった苛酷な超自我に由来するものである。この超自我というのは基本的には私たちの生育過程において、両親の命令や禁止を取り入れ内在化して形成してきたものと考えられている。それゆえ精神分析の目的の一つは苛酷な超自我の存在を明らかにし、それが形成されざるを得なかった親子関係をたどり、そのような苛酷な超自我を持ち続けざるを得なかった意味を実感的に解明し、それに縛られていた自我を解放し、現実に即した超自我を再形成するところにある。

ところで、これまで述べてきたような罪悪感は病的罪悪感と言わざるを得ない。ホーナイはこのような罪悪感こそ神経症の原因の一つであると考えている。それゆえ、これらは解消すべきものであり、治療においてこれを強めることは反治療的であることは言うまでもない。もちろん内観においてもこのような罪悪感を強めようというのではない。

このような病的罪悪感は真の罪悪感でないとして、土居健郎氏は次のように明確に述べている。「大体病的罪悪感と言われる場合、すなわち自分の実際上、あるいは想像上の罪過にこだわってくよくよしている際には、逆説的に聞こえるかもしれないが、実は罪を感ずまいと否定する意識が同時に陰に強く働いている、と考えられる。であればこそ自分の罪を受け入れることができず、本当の意味で受け入れることができないから、それにこだわってくよくよするのである」

さて、それでは健康な罪悪感とはどのようなものであろうか。

健康な罪悪感

私たちは人を傷つけたり、人の好意を裏切ったりした場合に「悪いな」とか「すまない」と感じる。自分勝手なことをして人に迷惑をかけても、ケロリとして全然罪の自覚を持たない者を見ると怒りを感じたり、その人の精神の発達程度を疑う。まことに土居氏のいうように「無意識的罪悪感はともかく、罪悪感それ自体は健康で成熟した人間の自覚である」といえよう。健康な罪悪感とはそれが故意であれ過失であれ、自分がその罪を犯したという客観的事実に基づいた、それ相応な反応であって、自分の罪をきちんと認めた結果生じてきたものである。

精神療法の中で罪悪感が治療機制として働くことのあることに気づいた安永浩氏は、治療的に働く罪悪感を定義して、

①「自分が原因」であって②「他人を（多少とも）苦しめた」という③「現実認識」があり④「この罪悪感に苦痛が伴うとしてもそれはあくまで〝他人の苦しみが（自分のように）わかるから〟であって、〝自分が（勝手に）決めた原則に自分が従えなかったから〟ではない（少なくともそれは従である）」としている。そして安永氏はこの罪悪感を病的罪悪感と区別して、**治療的罪悪感**または**純粋罪悪感**と名づけている。これを健康な罪悪感とみなしてもよいであろう。これと内観における罪悪感を比較してみよう。

内観において内観者は、①自分が相手に迷惑をかけたことを調べ②その結果、相手を苦しめたという③具体的な現実認識をして④相手の立場に立ち、相手の苦しみに共感して罪悪感に苦しむものである。このことから、内観における罪悪感は安永氏のいう治療的罪悪感または純粋罪悪感と同じものと考えられる。ここで、「してもらうばかりで、して返すことが少なかった」ことから「すまない」と感ずる罪悪感も、それが具体的現実的認識の結果生じてきたものであるなら、健康な罪悪感に含めてよかろう。

さらに安永氏は純粋罪悪感の積極的意義として、①最強の抵抗すら溶かすことがある②「甘え」的執着を効果的に断ち切る③被害意識を克服できる（すなわち同じ罪を免れえない人間同志、という認識が成り立つならば、他人の「恩」もわかり、対等な人間交流がはじめて可能になるはずである）④自分自身をみつめる、ということが本当のまじめさでできるような精神状況をつくる、等を数え上げている。このことについても内観と比較してみると、次のようになる。

①石田氏は内観法において強い罪悪感をもたらす自責的思考に注目して、内観者が自力で抵抗を排除しなければならないゆえに、自責的思考が必要なのだと論じているが、これは安永氏の説と一致する。②内観は他者に対して「甘え」ていた自分の醜さを自覚させ、「甘え」的執着を断ち切るものである。③内観していくと、自分は被害者ではなく、逆に恩を受け愛されていた存在だと気づき、むしろ自分は他者に対して加害者であったのだということが自覚されてくる。④はじめは笑いながら罪を告白していた者も内観するにつれて、自分の罪が赤裸々に現れてくると、内観者は罪深い自分をこの機会に徹底的に明らかにしていこうとして、まじめに自分自身を見つめるようになる。これらの点から内観における罪悪感も安永氏のいう積極的意義をもっているものといえよう。

これに反して、病的罪悪感はホーナイによれば自己非難の仮面をかぶることにより、他者からの非難を避け同情を買うことを無意識的に期待しているのであり、その意味でも甘えがある。そして同時に、他者に対する非難の気持ちがあり、甘えさせてもらえなかった自分は被害者であるという気持ちが強い。それゆえ、このように自己防衛的な罪悪感をいくら強めたところで自己探究は進まず、かえって反治療的な結果をもたらすだけであるということも理解できよう。

さて、以上の考察をまとめたものが表16である。

ところで、この健康な罪悪感をすなわち内観的罪悪感と読みかえてよいであろうか。

表16　病的罪悪感と健康な罪悪感の比較

病的罪悪感	健康な罪悪感
客観的事実に基づかない、または不相応に強い反応である。	客観的事実に基づいた、相応な反応である。
本質的に自己の罪を認めていない。	罪を自分のものとして認める。
他者に対する攻撃が内在する。	他者に対する感謝が内在する。
過去にこだわり未来に絶望している。	過去を受け入れ、未来に希望をもつ
他者への「甘え」的執着が強い。	「甘え」的執着を断ち切る。
不安が強い。	不安は弱い。
他者から孤立している。	他者との連帯感がある。
被害者意識がある。	加害者意識がある。
自己防衛的である。	自己探究的である。
退行した精神状態である。	年齢相応の精神状態である。
解消すべきものである。	存在して当然なものである。

内観的罪悪感と健康な罪悪感

両者の罪悪感の間には一つの相違があるようである。その相違は反応の強さにあるようにみえる。内観者は普通の人なら罪と感じないところに罪を感じたり、ある罪に対して普通の人なら「三」程度の罪悪感をもつところ、その二倍の「六」か「七」の痛切な罪悪感をもつ。

これは内観者が他者の愛に敏感であり、それに背反するような自分のあり方に厳しい目を向けているから鋭敏に自己の罪を見つけ出すからであり、また一つの罪を発見すると、それを単独の孤立したものと見ずに他と関連づけるために、その重みづけが普通の人より重くなり罪悪感が倍加するのである。特にそれは内観の過程において著しいが、それを「不健康なものだ」と決めつけるならば、精神分析やカウンセリングの過程において被分析者やクライエントが退行状態になるのを見て、それらの療法を「不健全なものだ」とか「未成熟な人間を形成する」と非難するのと同じ誤りを犯すことになろう。

ただ問題なのは、精神分析やカウンセリングの場合、治療が成功した後は本人は退行状態や未成熟さから脱却しているが、内観法の場合はその罪悪感は内観後もかなり強く存続している し、また存続することが望まれている。効果の永続のためにその存続が必要条件なのかどうかは今のところ不明であるが、理想的内観者に見たように自責性が標準より高いのが現実である。しかし、理想的内観者も他の成功した内観者も精神的に健康である。

それならば、内観的罪悪感は、理想的罪悪感は病的罪悪感と健康な罪悪感の中間に位置するのであろうか。そうではあるまい。私は内観的罪悪感は、他の二つの罪悪感を超えたところにあるような気がする。あえて言うなら、それは宗教的罪悪感かそれに近いところにある。理想的内観者Nさんについて検討すれば、彼女は一つの宗教的境地に至っているように見えるからである。しかし、宗教の領域について論ずるだけの力が今の私にはないので、内観的罪悪感は健康な罪悪感とかなり一致するものであることを強調するにとどめたい。

3、ブーバーの罪責論と内観法

『我と汝』などの著作を通じて、私たちの時代に大きな影響を与えている哲学者のブーバーは『罪と罪の感情』（一九五七年）という論文で、彼独自の罪責論を展開している。彼の論と内観の関係については村瀬孝雄氏が早くから注目し素描しているが、ここではやや詳しくブーバーの論を概観し、その観点から内観法との関連性を考察してみたい。

ブーバーの罪責論

ブーバーの文章は非常に洗練され一語一語に含蓄が深く、彼のいわんとするところを的確に会得することはかなり困難であるが、私の理解した限りで彼の所論を要約すると次のようになる。

問題提起

精神分析学派によって代表される従来の精神医学者も心理学者も人間における「罪の感情」や「罪の心像」とかかわっているばかりで、いわばこの心像の根底にある「罪の出来事」とはかかわっていなかった。しかし、罪それ自体を正面から問題にせずして、苦しむ人間の生にかかわったということもできないし、学問も単なる遊戯でしかありえない。

実存的罪

私たちは他者や物といろいろな関係を結び共に存在し、ある秩序を保って生きているが、罪とはこの世界の存在秩序を侵害し、他者との関係を傷つけることである。それはある行為をしたこと、行為に至らない思考や願望も含まれている。このように罪はこの世界との関係の中で生ずる具体的で現実的な事実であって実在性をもち、決して仮構のことや幻想の産物ではない。それゆえこれを実存的罪と名づける。そしてそこから生ずる偽りのない真正な罪の感情はその人の本質に根ざすものであり、何も処罰への不安から生じたものではない。それゆえそれを単にノイローゼ的な罪の感情として排除し解消するだけでは本質的な解決にならない。それどころか、そうすることによって、かえって罪の感情をもった人は自分の本質を生かす機会を失ってしまう。それゆえ治療者にはその真正な罪の感情を正しく認識し、「本質による本質的癒し」が生ずるかもしれないところへ患者を導いていくことが期待される。

罪の償いの三領域

ところで、自分には実存的罪があると認識した人は、歩を進め罪の償いを達成することが必要であるが、それには次の三つの領域がある。第一は法の領域であり、そこでは自白・処罰を受けること・損害賠償が行われ、第二は良心の領域であり、自己照明・自己同一性の堅持・償いが行われ、第三は信仰の領域であり、罪の告白・懺悔・犠牲的懺悔行為が行われる。治療者が問題とすることができるのは第二の良心の領域である。

良心の領域

さて、その領域においてはそれは良心の働きによって達成される。自己を自己の内に集中し罪におちいるのをなんとかして防ごうとする素朴な人間が、この良心をもっているのである。この良心は他から与えられた叱責や拷問《ごうもん》や処罰を内面化して、自分を責め苛《さいな》む通俗的良心、あるいは精神分析でいうところの超自我ではない。ここでいう良心とは、自分を自分自身から離隔し対象化するという人間の根源的性質の一つから由来し、人間の過去及び現在の態度のうち是認すべきものと否認すべきものを峻別し、実存的罪の深淵を見ることを恐れず、責任を呼びさますものであり、動的で現実的な概念であるところの人格的良心である。それゆえこの領域において問題となるのは実存的罪に対する人格的良心の関係である。

良心の要求する行為

実存的罪に対して責任を果たそうとする人は、人格的良心の要求する次の三つのプロセスを経てそれを行為として具体化していかなくてはならない。

第一は「**自己照明**」である。それは罪のまわりに漂っている闇を広大で持続的な光波で照明すること、居直ったり露悪的にならずに謙虚に罪責の深みを照明することを引き受けることである。それによって生に対する罪の「本質と意味」を認識するのである。

人間は罪を犯すことが可能であり、かつ自己の罪を照明することの可能な存在である。そして実存的罪というのは決して無意識の中へは抑圧されてはいない。十分に記憶されているものであって意識化することができるものである。しかし、だからといってすべてが明白に想起できるのではない。私たちはそれが実存的罪でありながら、その中核となる記憶の一部を抑圧することにより、それが実存的罪であると思わないことがありうる。そのような自己の内的反抗すらも克服した時にのみ、自己と対決し自己の根源的深みに入って自己の罪を照らし出すことができるのである。

そこには社会の代理者や神との対話はなく、まして精神分析でいう自我と超自我との対話などはあるはずはなく、独語すらなく、ここでは言葉はすべて涸渇し、ここで生起するのは自己存在の沈黙の戦慄あるのみである。

第二は「**自己同一性の堅持**」である。それは罪を犯したのは他の誰でもないまさにこの自分であり、いかに否定したくとも、過去の自己と現在の自己は本質的な意味で連続し一貫しており、罪を認識する自分と罪を担う自分とは同一人物であり、光の中にある自分と闇の中にある自分とは同一であるという同一性の掟を認め、この自己同一性についての謙虚な洞察を獲得し、それを堅持し、自己照明の澄みきった光の中で真直ぐにどこまでも留まることである。自己弁解せず、この洞察を持ち続け固守することである（ここでの自己同一性の概念はエリクソンのいうそれとは異なっている）。

そして第三は「**償い**」である。私たちは自分自身に対してのみ罪を負うのではなく、他者や世界に対して罪を負っているのであるから、償いの道を歩まねばならない。それゆえ傷つけた存在秩序を自分に歴史的、生活史的に与えられた状況の中で自分に即し、自分の能力に従って積極的に献身することによって再建し、傷を癒し、他者や世界との再結合をもたらすのである。しかし、良心の領域では償いをしたところで厳密な意味では償いとはならず、罪は帳消しにはならないというのは厳然たる事実である。

償いとは第一に「私が罪を負うにいたった」人に向かって、私が自己照明の光の中で歩を進め――まだ地上で出会いうる限り――私の実存的罪を彼に告白し、罪の行為の結果を克服する私の能力に従って、彼の手助けとなることである。しかし、それができるのは私が真実の自己、つまり実存を獲得し、計らいのない働きの中で行う時だけであり、それがそもそも可能になるのは私と世界との関係が革新され、私自身が自己変革を遂げ、新しい力によって革新的奉仕ができるようになった時である。

以上がブーバーの罪責論の要約である。彼のいう良心の領域での行為が内観法の実際と大きな関連性があることに気づかれるであろう。このことを念頭において、ブーバーの罪責論からみた内観法について考察したい。

ブーバーの罪責論からみた内観法

内観における罪

ブーバーのいう実存的罪と同様、内観における罪は人間一般の抽象的な罪ではなくて、その個人の生活史の中における他者との関係の中で生じた個別的具体的な出来事である。こうして内観では罪を実在するものとして、罪そのものを正面から取り上げている。

ここでは内観においてはどのようなことが罪とされているかについて見ておきたい。

まず第一に「してもらったことに対して、して返していないこと」、あるいは「してもらったことがあまりにも多く、して返したことがあまりにも少ないこと」、これが罪である。前述したように、これは負債としての罪であり、人間関係の観点から言えば、人間の**互恵性**に対する侵害である。私たちは人間関係の中で相互にギブアンドテイク（give and take）しながら生きている。互いに助けられたり助けたり、愛したり愛されたり、世話したり世話されたりして暮らし、それが人間として当然のこととしている。ブーバー流に言えば、これが人間世界の存在秩序の基本といえよう。もちろん、してもらったこととして返すことが物理的時間的経済的に等価でなければならないというのではない。夜を徹して看病した母親は翌朝熱の引いた子供が「お母さん、ありがとう」とにっこり笑顔を見せればそれで報われるであろう。このように根本的には心理的等価が要件である。内観していくと私たちはどのような形であれ、して返すことの少なかった、報いることの少なかった自分に恥入り、それが罪として認識されてくる。

第二は他者に対する悪行である。些細なことで祖母に暴言を吐いたこと、母の財布から百円盗んで買食いしたこと、家が貧乏だとわかっているのに友達のような綺麗な服を買ってくれとせがんで母を困らせたこと、先生に嘘をついたこと、父の大事にしていた壺を割ったこと、自分のミスで上司に迷惑かけたこと、など、内観において「迷惑かけたこと」「嘘と盗み」のテーマで思い出されることがこれに当たる。これらは他者からの信頼の裏切りであり、和辻氏のいうように、それは罪である。相互信頼性は人間関係の中でも基本的なものであり、ブーバーのいう人間世界の存在秩序の一つであろう。

第三は当然すべきことをしなかったことによる、不行為による罪である。内観を続けていくと、「して返せる」

場面があったのに「して返さなかったこと」、あるいは人間としてその状況では当然すべきであったのにしなかった場面が思い出されてきて「しなかったこと」が積極的に罪として感じられてくる。例えば、自分の場合は小さい頃は兄がよく遊んでくれたのに、妹が一緒に連れて行ってくれとせがむのに、一人で遊びに行ってしまったこと、母が夕食の仕度で忙しいのに、見て見ぬ振りをして手伝おうとしなかったこと、あるいは姑の看病で妻が疲れているのに、いたわりの言葉一つかけなかったことなどである。

第四は一応して返すべき、あるいは人間として当然の行為はしたが、「まごころ」がこもっていなかったことに対する罪である。祖父の肩叩きをして喜んでもらったが実はいやいやながらしていたとか、母の手伝いをしたがお駄賃目当てであったとか、口では感謝しながら内心ではこんなことしてもらって当然だと思っていたことなどが、内観が深まるにつれて罪として感じられてくる。

第五は行為にまでは至らない他者に対する否定的な考えや感情・願望をもったことによる罪である。うるさい姑なんか死んでしまえばよいと思ったこと、上司が交通事故に遭ったと聞いていい気味だと思ったこと、淋しいのなら娘を遠くにやらなければよかったのにと老母を心の中で非難したこと、こんな自分になったのは父のせいだと恨んでいたことなどがこの罪である。

上に述べた第三・四・五の罪は互恵性や信頼性への侵害による罪でもあるが、また同時に共感性への侵害による罪ともいえよう。私たちは他者と相互に感情の交流をし、共感しあいながら生きている。またそうしているはずである。しかしながら、内観していくと私たちは親しい人々に対してすら、いかに相手の立場に立たず、いかに相手の気持ちを思いやることが少なく、共感していないかに気づく。第三の罪としてあげた、できる立場にありながら人間として当然すべきことをしないというのは、共感的な気持ちから発する「してあげたい」という気持ちを否定したことであり、第四の罪のまごころをこめないというのは、そのような気持ちでしてもらう相手の気持ちを思いやっていないことであり、第五の罪の相手を誤解し否定的な気持ちを抱くのも、もし相手からそう思われたらとてもいやな思いをするだろう、ということに思い至らないことである。「友の愁いに我は泣き、我が喜びに友は舞う」という歌は共感的人間関係の極致を示したものであり、この共感性もまた私はブーバーのいう人間世界の存在秩序の基本的なものの一つと考える。

このように、内観のテーマとしては顕在化された行為、具体的に表現された現象を問題とするが、内観していくと、必然的に不行為も、外に表れない内心の気持ちにも内観者は目を向け、それを罪として数え上げていく。

以上、互恵性・信頼性・共感性への侵害としての罪を内観における罪としてあげてきた。そしてそれらは人間関係の中で基本的なものであり、人間世界の存在秩序の基礎をなすものとして考えてきた。それでは相互に恵みあい、信頼しあい、共感しあう人間関係とは何であるか。これこそは愛の関係である。それゆえ、**内観における罪とは愛に対する侵害**、愛に対する背反、愛への裏切りといえよう。だからこそ内観では愛そのものの自覚をも求めているのである。

内観ではこのように罪の実在性を認め、それを正面から取り上げているから、従来の精神医学や心理学に対するブーバーの批判と同じものを内観も内在しているといえよう。日本の精神医学においては古くは古沢氏（後述）や近くは小此木氏（後述）や安永氏の論も現れているが、それらはまだまだ主流とはなりえておらず、操作的な意味でも罪そのものを治療の中心とするような治療が行われていないのが現状である。罪を問題とし、罪の感情を強めるというとすぐに反治療的だと考える風潮がこれを裏づけている。

罪を意識化しやすい条件の設定

実存的罪は決して無意識の中に抑圧されていないから思い出すことができるとブーバーはいう。内観法においても意識の中であれ、無意識の中であれ罪は記憶されており、意識化することができると考えられている。事実、深い内観者は三十数年前のことでも一年刻みに内観しても、詳細で鮮やかな罪を思い出している。

ところが罪は意識化可能であっても、意識化は必ずしも容易でない。そこで内観法では集中内観という特殊な場を設定し、罪を意識化しやすい条件を整えているのである。内観者の罪の意識化を督励し、意識化への抵抗の克服に援助を与えるのが指導者である。

罪への対処のプロセス

さて、ブーバーは罪に真正面から対処する、良心の領域におけるプロセスとして、「自己照明」「自己同一性の堅持」「償い」をあげているが、それは内観そのものといえよう。

(1)自己照明

内観はまず第一に「自己照明」である。自己の深淵の中に光をもって入り闇を照らし、過去から現在に至る対人関係の中での自己のありようを、できるだけ広くまんべんなく照らし出し、自己の罪の多さと深さ、自己の罪が自他の生に与えた意味を浮かび上がらせるのである。内観の状況の本質は自己の深みでの自己自身との対決であり、指導者との対話が中心ではない。内観者は涙も枯れ果て言葉を失い、ひとり屛風の陰で自己の深淵におののくのみである。

(2)自己同一性の堅持

内観は第二に自己同一化による「自己同一性の堅持」である。自己照明によって、罪を犯したのは他ならぬこの自分であり、それがいかに過去の自分であろうとも間違いなくこの自分であり、そしてまた今この罪を自覚する自分と罪を犯した自分は、もともとは一つの自分であることが洞察されてくる。このように、この自分とあの自分は本質的に同一であるとして二つの自己を重ね合わせることがここでいう自己同一化である。この自己同一性の洞察は、単にその場限りの一時的なものであってはならず、集中内観が終わっても、どこまでも堅持され続けなければならない。そこにはまた過去に自分は罪を犯してきたし、現在もそうであるし、将来も犯す可能性をもつ存在であるという自覚がある。この自覚があればこそ、日常生活での自己照明を怠ってはならず、その光の中で罪ある存在という洞察を堅持していかなくてはならない。日常内観が要請されるゆえんである。

(3)償い

第三の「償い」は内観の結果生じてくるものである。罪には一見すれば他者に対する罪と、自己に対する罪があるようである。前者については先に詳述した通りである。それでは後者にはどのようなものがあろうか。不摂生をして身体をこわしたり、ギャンブルにうつつを抜かして自分の生活をだめにしたり、自己卑下に陥って持てる能力を発揮しないことは自己に対する罪といえよう。もしこれが純粋に自己に対する罪のみであるならば、特に他者への関わりは存在しない。

しかし、私たちは他者と共に生きているのであるから、これらの罪も必然的に他者に対する罪となる。例えば親が丹精こめて作り上げてくれた身体を粗末にするのは親の苦労に対する罪であり、ギャンブルに明け暮れれば家庭を破壊し、周囲の人々に迷惑をかけるであろう。自己卑下をして暗い顔をしていれば家庭を暗くし、彼を励ます周囲の人々を不快にするであろう。それゆえ、自己への罪は他者への罪である。この論法でいけば逆もまた真である。であるから内観では特別に「自分に対してかけた迷惑」などというテーマを設けずとも、自己に対する罪はおのずと明らかになってくる。だからこそ、内観者は他者を大切にすると同時に、自己をも真の意味で大切にしようとするのである。

ここから明らかなように、罪は他者に関係し、人間世界の存在秩序と関係している。罪に対して真摯な責任をとろうとするならば、私たちは自他に対して償いをしなければならない。また内観が進むほど、償いをしたいという気持ちは強くなってくるものである。私たちは過去に戻ることができず傷つけたという事実は消し去ることはできない。だから厳密な意味での償いはできず、取り返しのつかないことである。しかしながら、ブーバーのいうように「存在秩序の傷は傷つけられた場所以外の、算出し得ないほどの多くの場所で癒されることが可能」であるから、絶望することはない。うつ病者の絶望は誤った絶望である。私たちは自分のおかれた状況と能力に応じて、侵害した存在秩序や傷つけた他者に助力をすることによって、存在秩序を修復し、他者の傷を癒すこと

う少し細かく分類してみたい。そこで、ＴＡＴの人的圧力に関するスタインとベラックの分類を援用すれば、次のようになる。

まず、愛され親しまれたという「親和」、養われ保護されたという「養育」は「してもらったこと」の筆頭に挙げられよう。それから、話し教えてくれたという「伝達」がある。例えばある青年は少年時代父が夕陽の沈む美しい景色を見せてくれたり、夜外に出て星の名を教えてくれ、それにまつわる伝説を聞かせてくれたことによって、自然の美しさと神秘に対する目を開かせられたと感謝の念をもって語っている。

次に、すぐれた模範を示し感化してくれたという「良い模範・感化」がある。上司のすぐれた仕事振りを見習ったおかげで、有能な社員になれたといった例である。他に、服従され尊敬されたという「敬服」がある。これは例えば、欠点の多い自分に対しても妻がちゃんと尊敬してくれ、自分の無理も通してくれたからこそ、自分は好きな道を選ぶことができた等である。

以上はそのまま素直に他者の愛として認識できるであろう。ところが内観が深まってゆくと、一見愛とはみえないものが、実は愛そのものであったということを発見する。

例えばスタインとベラックの分類では、強制され禁止され勧誘されたという「支配」という項目があるが、勧誘はともかく、あることを強制されたり禁止されたりして、その当時は嫌な思いをしそれを恨んでいたが、内観するにつれて、それが深い思いやりのもとでされていて、かえって後になってそれが役立っていたという洞察が生ずると、それは他者からの愛として経験される。拒絶され見捨てられたという「拒否」や、叱られた叩かれたという「攻撃」すらも同様に意味の転換が起こる。

このように、今までネガティブだったものが、ポジティブなものとして経験されることは稀ではない。次にその典型的な例を示そう。これはある婦人が祖母に対する十一、二歳のころの自分を内観したものである。

「ある時、こんなことがありました。その日、何か自分の気に入らないことがあった私は、祖母がこれから切ろうとしていた漬物を土間に捨ててしまいました。普段やさしい祖母も大変怒り、私をねじ伏せて、口の中に捨てた漬物を突っ込まれました。そうして物の大切なことを教えて下さいましたが、その時も私は素直になれませんでした。口の中に汚い捨てたものを入れられた口惜しさから、祖母をわけがわからず恨んだものでございます。自分の行いの恥ずかしさ、わがままさ、本当に申し訳ないことでございます。祖母もどんなに悲しかったことか。どうかお許し下さい。祖母が怒って下さらなかったら私は、これを良いことにして、どんなにか曲がり曲がった私になっていたことか。今になっておばあさんの愛によるムチであったことを知ります。少しでもおばあさんを恨めしく思ったことは、本当に恥ずかしいことです。お許し下さい」

内観はこのように、ものの見方や感じ方の転換をもたらすものであり、またこの転換が頻繁に生じるほど内観も深いといえよう。

しかし、実は内観において愛を一番強く感じられる時は、自分がかくも献身的、自己犠牲的に愛してくれた人々を裏切り悲しませる行為をしていたにもかかわらず、その人々は許していてくれたという事実の洞察の瞬間である。「自己犠牲の上に立った許し」は人間において最高の愛ではなかろうか。

こうして他者の愛を正面に据えて内観してゆく時、忘れていた愛、感じとっていなかった愛が思い出され、感じとられていく。

今まで愛されていなかったという被害意識をもっていた人は、愛されていたのだという事実が次々と想起されてくることに強い衝撃を受ける。ある女子高校生は父が自分を可愛がってくれないと思い父を嫌っていたが、内観していると、朝早く出勤する父がそっと寝室に入ってきて、彼女の毛布を掛け直してくれた情景が浮かんできた。それ以後彼女は、父の一見それとはわからぬ行動の背後に愛情が流れていたことに気づくようになり、父への嫌悪感を氷解させている。

逆に、はじめから自分は可愛がられたという自覚をもち、愛されていたことを意識している人でも内観が進むと、自分のこれまでの認識がいかに浅薄であったか、その愛がいかに大きく、いかに深かったかを改めて思い知らされる。

　このように謙虚に自分の対人関係を振り返り、自分に注がれてきた愛に目を向けると、人々の行動の中にいかに多くの愛が内在しているかを発見するであろう。それを発見し、はっきりと意識して再体験するのが内観である。そして、この愛の自覚が即罪の自覚であるように、愛と罪とが表裏一体であるのが内観である。

2、愛の再体験

　内観を深めていくと、母の優しい愛に痺《しび》れ、父の厳しい愛に感動し、妻や夫の献身的な愛情に感泣する。この時、私たちはそれらの人々へのわだかまりを捨て、一つになり融け合う。この時の感情を**自他一体感**とか自他融合感と呼べるであろう。

『日本文化と精神構造』の著者、藍沢鎮雄氏は日本における精神分析の草分けである古沢平作氏の治療理論を紹介して、次のように述べている。

「母とは本来生命の根源であり、患者と一体だったものだ。患者のあらゆる葛藤は、この一体感の喪失にもとづいているから、治療者は患者との人間関係をとおして、この融合感を再体験させねばならない。母という本来の生命的なものから疎外されていた患者を、再び自然の生命の中に生き返らす役割を果さなければならない。それまでの人生で患者が母との分離をめぐってくり返し味わってきた幻滅と葛藤は、この治療者との修正感情体験によって解消されるほかない。そこにはじめて真の生命と融合した健康な精神の発動がもたらされる」

　このように日本的な精神分析と言われる古沢氏の治療においても、内観法においても一体感や融合感の体験が生ずるのは共通しているが、次の点で異なる。つまり、古沢理論では治療者との一体感が中心となるが、内観法では内観者の心の中の母親との一体感が中心である。

内観法では私たちが今、ここに存在しているのは必ず誰かの愛があったからである、という大前提がある。人間は無力な存在として誕生したのであるから、誰かの世話にならなければこの生を維持することはできない。だからこれまで生きてこれたというのは、周囲の人々の恩恵によって生かされてきたはずだというわけである。言うならば、この世は慈悲の世界であるという世界観である。そしてもし、その愛なり恩恵なり慈悲なりを受けてきたと思っていない人は、実はそれを無視し見過ごしてきたにすぎない。丹念に自分の過去を探ればその存在が明らかになってくるであろう。そしてそれを発見するならば、そこで愛の再体験が生じ、内観の対象との間で一体感なり融合感が生じてくる。

そこには指導者の介入の余地はない。古沢理論のように治療者が前面に出て能動的積極的に患者を愛することは必要がない。内観法では指導者はずっと背景に退いて、内観者が己れの心の中での人物との一体感や融合感を持てるように条件を整え、それを促進すればよいのである。

もちろん、ここで問題になるのは内観法の世界観が妥当なものかどうかということであろう。人間関係が稀薄になり、親子関係ですらその例外でなく、子捨て子殺しが新聞紙上を賑わし、我が子が家出をしても捜索願いを出す親の数が減っているという昨今、親の愛もまことにあやしい。そのような無慈悲な親に育てられ、他の人々とも親密な関係を経験しなかった人に対しては、内観法は無力なのではなかろうか。過去における愛情体験の欠如した人の場合には、古沢的なアプローチや他のインテンシブなカウンセリングなり、もっと現実の治療者からの愛に満ちた働きかけが必要となってくるであろう。

3、独立した存在としての他者の認識

私たち日本人は自分—身内《みうち》—他人—赤の他人と心理的に区別していて、親しさが増せば増すほど他人が身内になってくる。この身内意識は固定したものでなく、相対的流動的である。例えばクラス内では親友でなくともク

ラス対抗試合ともなれば身内になってしまう。そしてそれがもっと拡大されれば、外敵に対しては日本人全体が同胞《きょうだい》になってしまう。

この身内関係では、なまじっか感謝したりすると他人関係になってしまうような気がする。「水くさい」という言葉がそれである。土居健郎氏が指摘しているが、漱石の作品『坊っちゃん』の中にはそのことがよく表れている。

坊っちゃんは氷水を奢《おご》ってもらった同僚の先生である山嵐を誤解して腹を立て、氷水の代金一銭五厘を返そうとする。そして自分を育ててくれた婆やの清のことを引き合いに出して「おれは清から三円借りている。その三円は五年たった今日までまだ返さない。返せないのじゃない。返さないんだ。清は今に返すだろうなどと、かりそめにもおれの懐中をあてにはしていない。おれも今に返そうなどと他人がましい義理立てはしないつもりだ。こっちがこんな心配をすればするほど清の心を疑ぐるようなもので、清の美しい心にけちをつけるのと同じことになる。返さないのは清を踏みつけるのじゃない。清をおれの片破《わ》れと思うからだ」と述べている。

はじめ山嵐を信頼して身内と考えたのだが、そうでないと思い込むと一銭五厘を返そうとし、婆やの清は依然として片破れ（身内）であるから、返そうなどと他人行儀なことは金輪際しないのである（もちろん、清に感謝しているからこそ、後には一軒の家を借りて清と一緒に住み清に報いてはいるが）。

この坊っちゃんと清とが一体であるように、私たちは両親や配偶者、同胞や親しい人々を、西欧流に言えば他人を、自分の身内と考え、それらの人々との一体感に浸りきっている。あるいは一体感をもつことを一つの理想としている節がある。何かというと職場などにおいても家庭的雰囲気というのが尊ばれているのも、その一端であろう。

ところが内観していくと、今までの一体感は幻の一体感であり、一方的な一体感であったことに気づく。それはこちらだけの勝手な一体感であり、相手によりすがり甘えるだけで、相手は一体感をもつどころか迷惑を感じていたことに気づく。相手が苦しんでいるのにそれを無視してわがままのし放題をしていたこと、自分の欲求をかなえてくれないと八ツ当たりしていたこと、相手の事情を考えず無理難題を吹っかけていたこと、相手の悲しみなどには目もくれず、自分勝手な、それでいて自分は相手と一体であると思い込んでいるような幻想の世界に安住していたことを知るのである。内観法はこの幻想の一体感を打破するのである。

内観法は身内であり、一体であると思っていた人物を自分から引き離し、一旦は赤の他人として自分の正面に据《す》えて、その人との関係をみていくものである。肉親やその他の人々を自分の目の前に現れたかけがえのない一人の他者として、一個の独立した人格をもち、喜びや悲しみを感じる生身《なまみ》の人間として考えるのである。

こうして、自分と距離を置いて他者の立場に立たせて、彼らのかけてくれた好意や愛情をあらためて想起することによって、他者の愛を自覚し、感謝の気持ちを抱くようになるのである。このように相手を身内であろうと他人であろうと、一人の独立した他者として遇するということは、ひいては自分も一個の独立した人間とみなす契機を含んでいる。

その意味では、これまでの未分化な自他一体感や自他融合感を内観法は打破するのである。たしかに前述したように、内観法は愛の再体験によって一体感や自他融合感を経験するが、それは自他を一旦分化した上での結合であり、内観前の自他未分化な状態におけるそれではない。

それゆえ、内観を深めた人ほど対人関係はきりっとしており、けじめがある。ところが、内観を忘れると相手と自分の区別があいまいになり、相手に甘えたり、自分の善意を押しつけたりしてしまう。内観法は「自分は他者によって支えられている」という認識と同時に「相手は自分とは別個の存在なのだ」という認識をもたらし、自分の存在と他者とを明確に意識させるものである。他者を他者として認めるからこそ、依存的にならず、愛を愛として感じ、罪を罪として感じるのである。内観法は真の自己の発見であり、真の他者の発見である。

4、共感と連帯感

内観のプロセスにおいて、内観者が自己中心的な見方から離れられず、相手の気持ちを思いやろうとしない時、指導者は「その時、相手はどのような気持ちでそのようなことをしたのでしょうか」とか「あなたからそのようなことをされて、その人はどのような気持ちがしたでしょうか」と、相手の立場に立って考えるように示唆する。

内観が進むにつれて、内観者は今まで自分の立場に固執していた自分の姿に気づき、できるだけ共感的に相手の立場に立って理解するようになる。このような共感的理解を通じて相手の真情に近づこうとするのである。すると、今までいかに自分が狭小な歪んだ枠組にとらわれて、相手の気持ちを素直に感じとろうとしていなかったか、相手への思いやりがいかに欠如していたかに思い至るのである。こうして相手の気持ちを自分のものとして追体験し、相手への理解を深めていくのである。カウンセリングで有名なロージァズは、良い人間関係成立の条件の一つとして共感的理解をあげているが、内観はその条件を満たそうとするものといえよう。内観体験者は人間関係が好転すると言われているが、そのポイントの一つはここにあるといえよう。

共感性は罪悪感とも関連する。内観のプロセスのはじめのうちは、相手からしてもらうのは当然の権利であるとして、借りがあろうと迷惑かけようと平然としている人がいるが、それも相手への共感性が高まっていくと、そのような理屈は吹っ飛んでしまい、強い罪悪感が出てくる。

ドイツの哲学者ヤスパースは「罪を感ずる基礎には相手との連帯感がなければならない」と語っているが、後にも述べるように連帯感は共感を土台にしてはじめて成立しうるものである。つまり単に「借りがある」というだけでは罪悪感は比較的軽い。しかし、そのような自分の態度や行為で相手がどれほど苦しみ悲しんだかということを身にしみてわかる時、私たちの心にはじめて自発的な「悪かった、すまない」という気持ちが湧き起こってくるのである。

共感性はまた自他の未分化性の打破につながる。相手の立場に立って考えるという思考は、自他未分化な心性では生じない。未分化であるなら自即他であり、自己の考えや感情がすなわち他者のそれとみなしているのであるから、今さら相手の気持ちを思いやることもないのである。「思いやる」という言葉自体、距離の存在を感じさせる。ちなみに手元にある角川の国語辞典によれば「……やる」の一つの用法として「〈他の動作につけて〉動作が広く遠くおよぶ意をそえる」とある。それゆえ、共感的理解ということが成立する基盤には、相手との距離の認識が必要である。相手を共感的に理解しようという姿勢の中には、相手には相手なりの独自の世界があるのだという認識が前提となっているからである。

そこには自他一体性の否定があり、自他の未分化性の否定がある。つまり自己と他者を分化してはじめてこのことが可能になるのである。それゆえ思いやりとか共感的理解はいわば高次の精神活動であり、内観がかなり進展してきてはじめて出てくるものである。自分の罪を認めつつ、相手の気持ちに共感して感動する時、内観もかなり深いといえよう。

共感は連帯感の基礎である。空虚と孤独に苦しむ離人症についての考察の中で、小川信男氏は「人間存在は共感過程において連帯するのであるが、そのようなものが失われる時、本来の空虚と孤独はむき出しになるだろう」と述べ、共感過程を失ったのが離人症であるとみている。それを内観法と関連させてとらえるならば、内観することによって愛を基礎にした共感過程が自由に動き出し、他者と連帯するようになり、人間存在の本来の空虚と孤独が克服されるのではなかろうか。

この連帯感と関連して、精神医学者の井村恒郎氏はあるエッセイの中で次のように述べている。

「新フロイト派の考え方を真似るわけではないが、この型の神経症（註・不安神経症）の増加は、個人の独立と競争を強調しすぎた近代社会の生活様式に遠因があるように思えてならない。実際こういう神経症を診療していると、彼らに欠けているのは、他人に対する素朴な連帯感であることをしみじみと感じざるをえない。精神療法に、この健全な連帯感を育てるという面がないわけではない。ことに近頃さかんになった集団療法の直接目的はこの点にあると言ってよいだろう。しかし、西欧社会の個人主義文化の土壌から生まれたこの種の治療法には本当に素朴で庶民的な連帯感を育てる点で、限界があるのではないかと思われる」

内観法は他者肯定に特徴があり、彼のいう「素朴な連帯感」を育てる働きをする精神療法といえよう。前述したように、内観の効果でごく一般的に見られかつ顕著なものは対人関係の好転であることからも、それがうかがわれよう。第八章で述べたNさんは「自分は生きているのではなくて、大自然のおかげで生かされているのです」と語っているが、これは人間のみならず、動物や水や機械や山川草木すべてとの連帯感の表現とみてよいであろう。

三　日常内観について

すでに述べたように、内観法では集中内観を終えて日常生活に戻ってからも、内観することが期待されている。集中内観したからといって、何の努力もなしに日常生活がうまくいくわけではない。日々直面する困難を克服し、試練に耐え、力動的な人間関係を生き、積極的な態度で自己や人生に立ち向かうにはそれなりの努力がいる。

吉本氏は日常生活での内観の必要性を説き、それを怠れば、集中内観の効果が消えてしまうと警告し、それをたとえて「一度溝さらえしたからといって、そのままにしておけば、またゴミが溜まってしまうから、いつも掃除する必要があるのと同じです」と語っている。

病院で内観法を実施している洲脇寛医師も「内観に関するこれまでの研究が、華々しい集中内観にとらわれて、地道な分散内観あるいは集中内観後の治療があまり省みられなかった傾向がある」として、分散内観（日常内観）と、その督励の意味もかねた集中内観後の面接の必要性を強調している。

そこで、ここでは日常内観の目的、方法、形式及び日常内観に関する二、三の問題について述べてみたい。

1、日常内観の目的

集中内観の応用

日常内観の第一の目的は集中内観の応用である。吉本氏は「日常内観を続けて電車を待つ短い時間でも汽車の中でも、常に反省できる習慣をつける練習が集中内観です。しかるにその大切な日常内観ができないようでは苦労して身につけた集中内観が基本訓練であれば、日常内観は応用問題のようなもので実生活に役立たない修業ではもったいない極みでしょう」と述べている。日常内観とは集中内観で得た内観的思考様式の日常生活への応用である。日常生活で起きるさまざまな出来事に対して、相手を責める前にまず自分を振り返ってみる、相手に要求する前に自分のすべきことを考えてみる、自分の立場に固執せず相手の立場に立って考えてみる……といったように、自分の感情や考えや行動を見直してみることである。そうすることによって、ともすればなりがちな他者非難的な気持ちや自己中心的な行動をチェックすることになり、集中内観では気づかなかった新たな洞察も得られるであろう。

もちろん日常内観は集中内観の応用という意味にとどまらず、その根本には私たちはいつでもどこでも反省すべきだという考えがこめられている。これは精神分析でたゆまぬ自己分析が勧められるのと同じであろう。

集中内観の効果の持続

集中内観で大感激して父に詫び母に感謝し、これから社会のために尽くすと口走っていても、そのような感動は放っておけば時間の経過と共にさめていって、元の木阿弥になってしまうおそれがある。その感動に日々新たなエネルギーを注ぎ込み、思いを新たにし効果を持続させることが必要である。もちろん日常内観での感動は集中内観の時の打ち上げ花火のような派手なものではなくて、もっと深い静かなものであろう。島崎藤村の「情熱をして燃やしめよ、湿めれる松明《たいまつ》の如くに」という言葉が日常内観にもあてはまるであろう。

集中内観で得た洞察の現実検討

このことについては、「自己嫌悪の女性」Kさんの事例で述べたが、集中内観で得られた洞察を日常生活の中で検討して、それらの洞察を修正したり、強化したり、好ましい変化を維持したりして、それらを一時的なものでなく、しっかりと自分の中に定着させることが日常内観の目的の一つとなる。

集中内観の補足

集中内観では時間が限られているため、母親や問題の中心人物に対する内観に時間がとられ、おのずと対象が制限され、たとえ自分とかなり深い関係にあり、何らかの問題があったとしても、その人々に対する内観は不十分であるから、それを日常内観で補うことが必要になる。「自己嫌悪の女性」Kさんの事例で日常内観で父親に対する自分を内観することが多かったのはこのためである。

また集中内観での浅い洞察を日常内観によって深めるという意味もある。吃音の治療のために内観した青年は、集中内観そのものは浅かったが、帰ってからの日常内観を熱心にして洞察を深め、三カ月後には吃音がすっかり治ったという例が報告されている。

また、十四年間日常内観を続けているNさんのように、その内観は集中内観の単なる復習ではなくて、その中に新たな洞察やもっと意味深い洞察を重ねて、ますます内観を深めていくのが望ましい日常内観の姿といえよう。

以上が日常内観の主な目的である。

2、日常内観の方法

吉本氏は日常内観には毎日せめて一時間かけてほしいと望み、日常内観の方法として「もし一時間実習する人は三十分を過去の自己を調べ、残り三十分を今日一日の自分を振り返ることにしていただいています。過去の自分を調べる時は集中内観の場合と同じく、今週は母に対しての自己を観るとして、そのうちの今夜は（または今朝）小学校時代、翌日はまた中学生時代と順序の予定表を作成して、毎日実習してほしいと思います」と述べている。

つまり集中内観のように年代的に系統的に内観することと、今日一日のことを内観的思考様式で考えることである。いわば基本の復習とその応用である。過去の自分の内観と現在の自分の内観を組み合わせることにより、過去のことばかりに目を向けて現在の生活を閑却するという危険性を防いでいる。

3、日常内観の形式

集中内観後の日常内観

ふつう日常内観というのはこの形式を指している。先に述べた目的の項でもこの形式を前提としている。ここで内観法を内観的思考様式の訓練法と考えると、その訓練のためには集中内観が最も効果的といえよう。指導者のもとで日常生活の煩しさを避け、内観一筋に専念するわけであるから、その学習も早く進み、自己を見る目も養われるであろう。そしてそのような訓練の済んだ後、日常生活で内観するのは他の場合と比べて容易である。

このことは精神分析における分析家による分析と、その後の自己分析の関係と類似している。分析家による分析は患者にとっては精神分析的思考様式の訓練ともなり、やがては患者自身の自己分析能力を高めるであろう。内観法としても、集中内観プラス日常内観というこの形式が一番望ましい。

集中内観の消極的代理としての日常内観

指導者のもとでの集中内観をしたくとも、地理的経済的時間的その他さまざまな障害からできない場合の消極的代理としての日常内観である。指導者がいないし、治療的環境も設定しにくいから、よほどの熱意がなければ困難であり、また集中内観ほどの効果はもたらさないように思える。

しかし例がないわけではない。家庭で一人で内観してすばらしい効果をあげている例もある。ただこの場合は時間的にもかなり集中して実行しているので、集中内観の変形と考えることもできよう。

独立したものとしての日常内観

指導者のいる日常内観

学校や施設で始業前の十分とか放課後の一時間とか、あるいは夜の自由時間に、集中内観を体験した先生の指導のもとに、集団で黙想して内観し、内観報告は日記に書かせたり、個別に聴いたりする。これが動機づけとなって集中内観を希望する者もいるが、この形式では集中内観を前提とはせずに、日常内観のみである程度の効果をあげようとするものである。

また、ある小学校では夏休みや冬休みの日記を内観日記と名づけ、内観的な思考様式で書かせ効果をあげたという報告がみられる。

指導者のいない日常内観

内観法の講演や録音テープを聴いたり、書物を読んで日常内観をする人もいる。内観法の講義を聴いた学生から、短期間の日常内観だけでも家庭での人間関係が良くなったという報告を耳にするのも稀ではない。かなり健康な人なら自分を見つめる力も大きいから、このようなことも可能であろう。しかし、やはり指導者がいないと我流の内観になり、自己防衛による抵抗が働いて中途半端な内観にしかならないおそれがある。それゆえ、一般の人が日常内観する場合は、時折指導者と面接するか、テープまたは手紙で指導を受けるのが望ましい。

このように自分一人だけの日常内観では限界があるが、あまり高い効果を期待しなければそれなりの意味があるであろう。

4、日常内観をめぐる二、三の問題

日常内観は絶対に必要か

先に効果の維持のために日常内観が必要であると述べたが、吉本氏のいうように「集中内観後、日常内観をしなければ効果が消えてしまう」とは断言できないのではなかろうか。

最低一時間の日常内観を長期間続けるということは実際上困難であり、ほとんどの人が実行できていない。もちろん私たちは自分の人間的な成長発展のためには、日常生活においても反省すべきだというのは当然のことであるが、例えば症状の解消や問題の解決という狭い意味の治療のためにも最低一時間の日常内観が必要条件であろうか。そうすると実行不可能に近い条件があってはじめて療法として成立するというのであれば、この療法の恩恵にあずかる人々はごく限られてしまい、この療法の存在価値は非常に小さくなってしまうであろう。もちろん非常に稀な難病の特効薬というのはそれなりの価値をもつから、適応症や適応人数が少ないのが価値がないとはいえないが……。

ともあれ、先に述べたように厳密な意味での日常内観をほとんどの人が実行できていないが、それによって内観前の問題や症状が再発しているかというと、そのような危険性は必ずしも大きくない。例えば自己嫌悪の事例であげたKさんは、五カ月後の追跡調査では一時間の日常内観をしていないが、再発せず適応した生活ができている。このように治療的な意味では日常内観は十分条件ではあっても、必要条件ではないのではなかろうか。

また日常内観の目的に「現実検討」があげてあるが、これも日常生活に戻れば必然的になされるのであって、ことさらとりあげるほどのことではないのかもしれない。まさしく基本訓練ががっちりできていれば、日常直面することは、わざわざ一人閉じこもって考えなければ解決がつかないほどのことではあるまい。

また、「集中内観の補足」ということも必ずしも必要でないかもしれない。というのは、一人の人、例えば母親に関する洞察が他の人々に一般化することも大いに考えられるからである。つまり幾何学の問題で一本の補助線の引き方がわかれば、同様の問題はたちどころにすらすらと解けてしまうように、中核的な問題の解明がそれから派生していた諸問題の解明に直結するであろう。

あるいはまた一つの洞察はもっと重要な洞察の誘い水になり、次々と深い洞察が得られていく現象もあるから、必ずしも長時間かける必要はないと考えられよう。

以上のように考えてくると、「効果が消えてしまう」のは日常内観に問題があるのではなくて、集中内観そのものに問題があるのではないか。それには療法としての集中内観法自体の問題、及び内観者の体験の質などがあげられよう。それゆえ、集中内観の方法の改善とか、期間を延長するとか、時期をあらためて本人に集中内観に来てもらうとかの方法が講じられなければならないのではなかろうか。

洞察について

内観者は集中内観においてさまざまなことを体験し、それらが治療的な働きをするものであるが、ここでは治療的体験の質を代表するものとして「洞察」と日常内観との関連性を考えてみたい。

効果の持続性と関連することであるが、もし、そのためにどうしても日常内観が必要だとするなら、集中内観で得られた洞察とはホンモノなのかどうか疑わしい。その洞察が自分の体験に根ざさない非常に感傷的なものにすぎないならば、さめもしよう。一時的に指導者と同一化してその価値観をとり入れ、あたかも自分が洞察したかのように錯覚しているのならば、まもなく消えてしまうであろう。

逆にそれがホンモノならば、後でそれを現実生活の中で意識的にいちいち点検する必要すらないのではないか。あるいは一度ある洞察がされたら、少なくともその点に関しては元に戻らないはずだ。それゆえ、単に鉄に熱を加えただけではあるまい、効果がさめるということはありえないのではないかというわけである。

たしかにこれも一理ある。集中内観での洞察がごく表面的で、日常内観をすぐにやめてしまった人がしばらくして問題を再発してしまった例もある。それと逆に日常内観がなくても、その洞察が生きて効果の続いている人も多くいる。

こう考えると、すべて集中内観の洞察の質に問題があり、日常内観は全く不要のように見える。

しかし人間の心はそれほど単純なものではない。精神分析派の佐藤紀子氏は、教育分析を受けた分析家のタマゴが実際に患者を相手に分析療法を行い、それを自分の先生に見てもらうと、もうすでに洞察して過去のものとなっているはずの自分の盲点がいつのまにか繰り返し出現していて、治療経過に好ましからぬ影響を与えているのを、先生から指摘されることがよくあると述べ、教育分析の後の自己分析の必要性を説いている。

私たちの経験でも、一度失敗して懲りているのにまたもや同じ失敗を繰り返すことがある。そしてその原因に、例えば父に対する恐怖が転移して年長者に対する恐怖となってしまい、あまりの緊張で失敗していたのだと洞察していたとしても、二度ならず三度も四度も失敗を繰り返すことがあるであろう。

このようなことから、内容的には同じように見える洞察を何度も繰り返し、いろいろな角度から検討することによって、質的に深めていくことが必要になってくるのである。Nさんが自分の舅姑に対する日常内観で漬物の味まで味わえるようになったのがそれであろう。それゆえこのような意味からは日常内観は必要であろう。

自己探究について

内観を自己探究法の一つとみるなら、自己を知り、よりよき自己にするための努力を毎日続けることはもちろん必要である。このために何らかの形での日常内観は必要である。

禅をしている人は坐禅会に参加することはもちろん、日常生活にあっても朝夕坐禅を組むことが勧められている。また精神分析においても自己分析を生涯続けることが望まれている。カウンセリングにおいても、カウンセラーとの対話は自己との対話の下準備であるともいえよう。またいろいろな宗教や自己修養法においても日々の自己修養の大切さが力説されている。

このように指導者なしでの自己探究の作業はどの方法においても、何らかの形で期待されているといえよう。

一度集中内観したから、一度精神分析を受けたから、一度坐禅したからといって、それで自己探究はオシマイというのであってはならない。

5、再び日常内観の必要性について

どの方法においても自己探究の継続は必要であるが、特に内観法においてはなぜそれが力説されねばならないのであろうか。それはやはり集中内観が社会的刺激を遮断した中での一週間という短期間に行われるという点に求められよう。

たとえ一週間であろうとも、その質が濃密であるならば無為徒食の十年間とは比べものにならない。これも確かに真理ではあるが、やはり短期間に圧縮した経験は不安定である。一週間のカウンセリングのワークショップなどで、気分が高揚し自信ができ、人間に対する信頼感が急激に高まって、意気揚々として職場に帰ってきた人がしばらくすると急速にさめて、カウンセリングの「カ」の字も口にしなくなるのを見かけるが、これなどはまさしく効果のさめた例であろう。

これと同じことが内観法でもいえるのではなかろうか。

一週間に一回とか数回一時間ずつの面接を長期間続けるというカウンセリングや精神分析では、その間に得た洞察を現実場面で検討したり、何度もいろいろな角度から自分自身を振り返ることができるから、洞察も豊富で本人の体験に根ざしたものになっていくであろう。その結果、達成された効果が消えていくということは内観に比べてかなり少ないのではなかろうか。

こう書けばいかにも精神分析やカウンセリングがすぐれていて、内観が劣るように見えるが、これは分析やカウンセリングでうまくいったらの話で、途中でかなりの人が脱落し、また核心を衝いた洞察に到達するにはふつうかなり長期間かかるから、どれがすぐれているとは、にわかには決定できない。

問題の解決や症状解消のための日常内観

それはともかく、内観において問題の解決や症状の解消のためという狭義の心理療法のためには、少なくとも集中内観後一カ月間、毎日最低一時間のきちんとした日常内観が必要であろう（「少なくとも一カ月間の日常内観の実行の必要性」というのも現在のところ仮説にすぎないが）。この程度ならなんとか実行できるのではなかろうか。一生涯続けなさいと言われると意気も上がらぬが、ある一定の期間を区切ると目標がはっきりして実行しやすいのではなかろうか。この間においても指導者は日常内観の継続の困難さを認識して、できる限り激励の手段を講じなければならないのではなかろうか。

それから後は生活の折々に内観したり、あるいは何か事があって十分に考えねばならぬ時は特別に時間をかけてじっくり内観する習慣をつけておけばよいのではなかろうか。

自己修養のための日常内観

自己修養による人格の成長、発展といった広義の心理療法の目的のためには、その後も毎日一定時間内観するのもよし、特に時間を定めずとも、電車の中でも仕事をしながらでも内観すればよいのではなかろうか。これは精神分析において佐藤氏のいう「生涯的自己分析」とでもいうものに当たるのではなかろうか。十四年間日常内観を続けているNさんがこの例である。

日々の生活において自己をみつめ、自己と他者との関係や社会や自然などありとあらゆるものと自己との関係をより深く理解していくことは、自分の内面を充実させていくことになるであろう。

集中内観も繰り返すこと

吉本氏は半年か一年に一度集中内観をするように希望している。これは何も問題や症状が再発するのを防止するためというのではなくて、より深く自分をみつめるためというものである。このことは、フロイトが五年に一度は分析を受けるように分析家に要望していることと符合する。吉本氏は内観の指導者に限らず、誰でもがそう

表17　集中内観と日常内観の比較

	集　中　内　観	日　常　内　観
指導者	•あり	•一般にはなし。しかし、何らかの形で指導を受けることが望ましい •施設や学校では指導者がいる場合がある
場所	•各地の内観研修所 •矯正・医療・教育施設の集中内観用に設けられた場所 •具体的には、静かに自己の内界に集中できる場所	•日常生活する場所（自室） •教室・病室・その他 •場所を問わず、電車の中とかまたは働きながら
時間	•1日約16時間 •本人の事情により1日数時間というのもありうる	•1日30分～2時間 •一定の時間をとらずとも、生活の折々に
期間	•7日が標準 •半年か1年に1度繰り返すことが望ましい。無理なら数年に1度	•生涯にわたって行うのが基本
課題	•内観的思考様式で過去から現在までを系統的に調べる	•内観的思考様式で、過去の一時期と今日1日のことを調べる

することを望んでいる点が違うようであるが、自己探究のためなら、可能ならフロイトも誰もがそうすることを望むであろう。

ただ集中内観を半年や一年に一回するのは、時間的な点からもふつうの人にはなかなか困難であろう。しかし三年に一度か五年に一度くらいなら、あるいは実行できるかもしれない。努力目標として考えておいてよいと思う。特に内観指導者にはそれが強く望まれよう。

個人的なことをいうと、私は石田氏の御指導のもとで集中内観して後、五年後に吉本氏と宇佐美氏の御指導のもとに続けて二回集中内観したが、その時、五年も経てばアカもいっぱい溜まってくるものだということを経験した。五年前に内観して反省しているはずなのにいろいろと悪行を重ね、当然すべきこともせず、罪深いことをしてきた五年間であった。また五年間の精神的成長により同じ事柄を思い出しても、それに対する意味づけが変化し、感じ方も深まったような気がした。それから三年して結婚し子供をもった今、また集中内観すれば、また違った内観ができるだろうと思っている。理解を容易にするために、集中内観と日常内観の基本形式を示せば表17のようになる。もちろんこれに必ずしも拘束されず、施設や個人のおかれている状況に応じて実施すればよいであろう。

以上、日常内観について述べてきたが、日常内観の終局的目標は、毎日数時間、過去及び現在を内観的思考様式で想起するという方法論にあるのではなく、内観的思考様式を血肉化して内観的態度にまで高め、それが日常生活の中に自ら具現されることにあるのは言うまでもない。

第十章　日本文化と内観法

内観法は日本人の心性に根ざした精神療法であり、まことに日本的な精神療法であると言われるが、それでは内観法は日本文化のどのような点と関連性があるのであろうか。ここでは日本文化の中に流れる母性の重視、自己否定傾向及び精神修養の伝統と内観法の内的関連を考察してみたい。

一　母性の重視

内観者が感動するのは、とりわけ母からの献身的な、自己犠牲的な愛である。母を恨んでいたある女子学生は内観体験記の中で次のように述べている。「母の非を何千とあばく目をもった私も、母から受けたひたすらの愛を、ただの一度も有難いと思ったことがなかった。何という不公平な目なのだろう。孟母だけが母であると見ていた私の誤り。……こんなにやさしい純粋な愛情には眼を閉じて、目を皿のようにして母の非をみていた自分の誤りがわかった。恥ずかしい、この不公平さ！」

母の愛がさんさんと自分に降り注がれていたことを発見する時、私たちは感動し喜びにひたり、自分の罪を懺悔し、その愛に報いようと努力する。これは単なる贖罪《しょく》行為ではない。この世で誰からも愛されず関心をもたれていないと思っていた人が、少なくとも母からは愛されていたのだという事実を発見する時、強い喜びに襲われ、同時にその愛を忘れ母にひどい仕打ちをしていた自分の罪深さにおののくのである。

もちろん、内観者が感動するのは母に対してだけではなく、父や夫や妻や祖父母を含むいろいろの人々に対してである。しかしその時、内観者は相手が父であろうと夫や妻であろうと、彼らの中の母なるもの、母性的なものに反応しているのである。慈しみ育て、いかなる罪をも許してくれた相手の慈母的な面に心を動かされるのである。その場合、相手が父や夫、祖父よりも母である方がよけいに強くその慈母的な側面に気づくことが多いのは当然である。その意味では内観法における母は現実の母であると同時に、さまざまな人間の中にある慈母の代表であり、シンボルである。

さて、この線に沿ってもう少し論を進めると、内観者が感じている母性的な愛は、あるいは現実の母の愛ではないかもしれない。例えば、子供の頃祖母に漬物を口に押し込まれた婦人は、それが祖母による愛のムチであると内観しているが、実際の祖母はカッとなった怒りのあまりであり、愛も何もなかったのかもしれない。もしその祖母が内観するとすれば、いくら腹が立ったからといって汚れた漬物を可愛い孫の口に押し込むなんて、愛情のかけらもないひどい仕打ちだったと反省するかもしれない。

このことを石田六郎氏はその臨床の中で経験している。氏の症例の一人に非行少年がいた。少年の内観がかなり深まったころ、その母親が内観中の少年に会って、つい親心で「いま少しだと先生がいっているから、しっかりな」と少年を励ました。ところがそれを聞いた少年は裸足で外に飛び出して、庭先に茫然としていたという。

これを石田氏は次のように考察している。「思うに、内観法の深化した意識状態は、自己否定、現実否定の限界状況における特種の意識である。こうした内観者の想像界に映る母のイメージは、必ずしも現実的な母のイメージではなかろう。内観者の想像力によってより抽象化され、より聖化され、より絶対化された『母』なる姿であろう。こうした『聖なる母』のイメージを心に描く内観者の前に、現実的、現世的母の実体が出現したとしたら、それは内観者の聖なる想像界を破壊するものにすぎなかろう」

だから婦人や少年の例に限らず、私たちが内観で感じる母は現実のそれと必ずしも重なるものではなくて、純化された「聖母」であり、ユングの分析的心理学でいうところの太母《グレートマザー》のうちの聖なる慈母、理想的な母の愛のイメージである。つまり内観によって、私たちは現実の母よりももっと偉大な私たちの心の底にあるところの太母を揺り動かし、それを体験しているといえよう。第五章の非行少年がみた夢（お寺詣りの帰途手をつなぐ母子）の中の母親はこの太母であろう。

石田先生の指導で私は集中内観を体験したことは前述したが、その最終の夜、灯りを消し床についた時、入眠幻覚様の体験をした。それは眼を閉じると、私は水底に横たわり（といっても底には接していないで浮かんでいる）、きれいな水を透かして水面がきらきらと黄緑色に光っているのである。愁いも不安もすべてが姿を消し、心の中は平安に満ちていた。しばらくしてそっと眼を開けると、そこはもとの真っ暗な内観室であった。再び眼を閉じると先ほどの情景が瞬時にして現れた。私はせっかくの幻影が消えるのを惜しんで、ゆったりと落ち着いた幸福な気持ちに浸りながら、いつのまにか眠りの世界に入っていった。翌朝その体験を鮮やかに思い出すことができ、これがフロイトのいう太洋体験か、あるいは母胎復帰体験であって、あの水は羊水ではなかろうかとひそかに思った。

これに関連して言えば、ある若い女性はその内観体験を語って「内観して二日ほどは膜に包まれており暖かかったが、その後、それがバリバリと壊れ、現実感が出てきた」と述べていたが、象徴的に言えばその膜こそ羊膜であったといえよう。

1、母性社会日本

次のようなエピソードがある。

「……女の子は道で母親とはぐれてしまったのです。民警や通行人がよって来てたずねました。『お母さんはどんな人だい？』『どんな恰好しているの？』『私のお母さん知らないの――心から驚いた風で女の子は言いました。――お母さんは世界で一番すばらしい人なのよ！』……」

これは『母の愛』というソ連から発行されている書物に載せられているものであるが、幼い子供が母をいかに絶対視し、母の愛をいかに信じきっているかが示されている。内観者が思い出す母親像は、この女の子の抱くイメージと基本的には変わらない。第七章で述べた理想的内観者Nさんが「内観させていただいてはじめて母の偉さ、私の母のような偉い人はないな、日本中で一番偉いと思います」と感激し、亡き母への思慕を語っていることにもそれが表れている。

それは何も内観者に限らない。手元にある詩集の一つを開いてみると、詩人丸山薫が母の形見の傘をテーマに切々と歌っているのに出会う。その一部を抜き書きすると、

それを翳《かざ》せば
雨も私の頭と肩にはふらず
私はあなたと一緒にゐるやうです
そのうへ　未だ私が子供で
あなたが若かったむかしから
媼《おうな》となって　ひっそり暮されるまで
始終　私達の気持に投げかけてゐた

あの柔らかな慈愛の蔭にかくれるやうで
私の胸はせつなく温まり
甘い思ひ出にうるむのです

このように成人してからも、私たちは母を思い出すならば、その愛の深さに打たれる。また同時に、母を思い出すことは私たちにとって、ある種の苦痛である。内観の話を聞いた農村出身のある青年は「私にはとても内観できない。なぜなら、苦労をかけたことがすぐさま思い出され、その上今も郷里に年老いた父と一緒に淋しく残っているかと思うと、済まない気持ちでいっぱいになってしまう。かといって今の仕事をやめて郷里に帰って百姓することもできず、さりとて親を引き取るだけの経済力もないので……そんなにつらい気持ちにならないように、努めて母のことを思い出さないようにしているのですから」としみじみ語っていた。このように母を思い出すことは、とりも直さず自己の罪に直面することになるのである。私たちは母の愛に真正面から向き合う時、その光に圧倒されてしまう。ドイツの詩人ハイネにこういう詩がある。これも内観者の心境と通じるところがあるであろう。

わが母　B・ハイネに

ぼくはいつも昂然と頭をもたげて歩きます
なかなか強情で人のいうことは聞きません
たとえ王さまがぼくの顔をのぞかれても
おそらく目をふせたりはしないでしょう

だがお母さん　うちあけて申しますが
いくらぼくが高慢不遜でいばっていても
お優しくなつかしいあなたのそばにいるとよく
ためらいがちな謙虚な思いにひたるのでした

ぼくをひとしれずおさえつける力
それがあなたの魂なのでしょうか
あらゆるものにおもいきりしみこんで
あかるい天へきらめきあがるのが
あなたのけだかい魂なのでしょうか

あんなにぼくを愛してくださったその美しいお心を
あなたのお心をなやますかずかずの仕打ちをやった
あの思い出がぼくを苦しめるのでしょうか

——これはハイネの「歌の本」にのっている詩の最初の部分である。このように母の愛、あるいは母性については古今東西を問わず、多くの人々が褒めたたえ、憧憬の念をもっており、また幼少期の母子関係が成人してからの人間関係の結び方や物の考え方に大きく影響を及ぼすことは、今日までの発達心理学や精神分析学が明らかにしている通りである。

しかしながら、後述するように日本人の母子関係が他の国々のそれよりはずっと未分化で母子一体的な様相が強いからであろうか、その影響は単に個人の人間関係や物の考え方にとどまらず、日本の社会や文化にも及んでいる。それは端的に言えば常に他に母性的なものを期待し、自らも母性的な反応をする姿勢である。二、三の例を挙げてみよう。

日本人は職場においてどのような上司を好むであろうか。社会学者の飽戸弘氏によれば、「規則をまげてまで無理な仕事をさせることはないが、仕事以外のことではひとの面倒をみない」合理課長と、「時には規則をまげて無理な仕事をさせることもあるが、仕事以外のことでもひとの面倒をよくみる」人情課長と、どちらに使われたいかという質問に対して、約八五パーセントの人が人情課長の方を選ぶ。このことは人間関係を単に仕事上のことだけにとどめず、職場の上司に家庭での母親のような役割——母性的な機能を求めているといえよう。そしてこのような課長を好む人は将来自分が課長になれば部下に対して私生活上の相談にも乗り、部下の甘えをも許すであろう。また会社の温情主義や終身雇用制も会社自身の母性性の発揮であろう。

教育の場面でも同じことがいえる。ユング心理学の河合隼雄氏はスイスの小学校教師が日本では小学校での落第制度がないと聞いて、「なんて不親切な！」と言ったというエピソードを紹介しているが、日本人の感覚から言えば小学生に落第とは「なんて無慈悲な！」となるであろう。ここにも能力差には目を向けずどの子もすべて平等に救おうという、いわば母性原理が底流にあるといえよう。

そして、それは仏教（特に浄土門）とキリスト教の相違にも表れている。望月信成氏らは『仏像』において、浄土へと連れて行くために死者を迎えに来る阿弥陀の来迎図と、雲に乗じて再び地上に裁きのために臨むキリスト像を比較して、次のように述べている。「キリストにはこれから裁きに臨もうとするきびしい意志が、人間救済への大きな愛と結びついている。しかし、阿弥陀の姿は、摂取不捨の慈悲の姿である。誰一人もれることなく愛を与え、誰一人ももれなく救いをさずけようとしている姿なのである。ここに魂の無限の甘さがある」

河合氏によれば、父性原理は「**切断する**」機能にその特性があり、善悪を判断しその価値基準によって取捨選択するが、母性原理は「**包含する**」機能によって示され、すべて抱擁しつくそうとする。そこで、人間を裁くために地上に来るキリストは父性を象徴し、すべてを平等に救済しようとする阿弥陀こそは母性の象徴そのものである。さらに言うならばその昔天草の隠れ切支丹の間ではキリスト信仰よりも聖母マリア信仰が強かったと言われることも、日本人の母性重視の傾向を物語るものであろう。

このように見てくると、宗教学の松本滋氏が「日本における文化や社会における諸問題が、母性的原理の優位な日本の伝統的志向に根ざすこと」を論じ、河合氏が自己の臨床体験を基にして、日本人の意識にはすべてを慈しみ育てると同時に呑み込む太母が強く、日本は母性原理が支配している母性社会であることを「母性社会日本」と集約的に表現していることもうなずけよう。人々の愛、特に母の愛を重視する内観法はこのような日本の文化的社会的風土を抜きにしては考えられない。内観法はこのような母性重視の風土を基底にし、そこから生まれてきたものといえよう。

2、甘えと日本人

阿弥陀の慈悲に「魂の無限の甘さ」があるように日本の母、あるいは母性には「無限の甘さ」があり、子はそれに甘えているのが日本の母子関係であり、人間関係である。

土居健郎氏は自己の臨床体験から「甘え」という言葉が日本語独特のものであることに気づき、日本人の心性を理解するための鍵概念《キーコンセプト》として縦横に使いこなし、『甘えの構造』にそれを見事にまとめている。それによれば、西欧では親に「甘えたい」という欲求は早くから禁止され抑圧されるが、日本では子供の少々の甘えは大目にみられ、成人になってもある程度許されているという。これは私たちの日常生活においても、「甘える」やそれに関連した言葉が多用されていることからもわかるであろう。

ところで、ドイツの親子関係を親しく観察した臨床心理学者の詫摩武俊氏は、「ドイツの家庭では、子供に対す

とか、「これから恩返ししたい」とよく言う。

それでは、本書においてなぜ日本人になじみ深い「恩」という言葉を使わずに、「愛」などという少々面映《おもは》ゆい言葉を使ってきたのか。それは第一に、「恩」には主君から臣下へ（君の恩）、親から子へ（親の恩）という上から下への方向性が強く、子から親へ、妻から夫へといった方向は含まれていないから、概念として内観法での「愛」よりも狭いということである。第二には、おそらく「恩」意識は人間の自然的感情から発したものであろうが、いつの間にか政権担当者や家長にとって都合のよい道徳として変質し、ついには「君君たらざるも、臣臣たらざるべからず。父父たらざるも、子子たらざるべからず」といった、まことに片手落ちな自己反省を強要され、一方的に、「報恩」や「忠孝」が求められた。その結果、「恩」は個人の自由を犠牲にし、国家権力や家父長的家族制度の維持のために利用された。「恩」にはこのような苦い思い出があり、暗いイメージがある。以上の二つの理由から、本書では「恩」を使わずに、広い意味をもち明るいイメージの伴う「愛」という言葉を用いたのである。

ところで少し余談になるが、内観法が学校や矯正施設に導入される際、その説明を聞いた職員たちの間では、内観法の恩に対する肯定的な姿勢に敏感に反応し、「これは封建道徳の押しつけだ」と反発する空気もあったという。

敗戦の結果、これまでの価値観が崩壊し、恩の非人間性が強調されるあまり、恩を感じることすら、古臭く封建的であると見なされ否定されてしまっているのが現状である。事実戦後育ちの私なぞ、内観者に接して、まだ「恩」という言葉が生きていたのかと驚いたほどである。しかし、「恩」を死語化し、「恩」の伝統を完全に断ち切ることは、私たち日本人にとってそれほどプラスであろうか。

もちろん、私は戦前のような報恩や孝行の道徳の復活には断じて反対である。それに内観法の考え方からすれば、親が子に報恩を求めるような不足の心が生じたら、自分がどれほど親に報いたか、子に対して良い親であったかどうかを内省すべきであり、それを抜きにして子に親孝行を強制することは許されない。しかし、現在は「子子たらざるも、親親たらざるべからず」という風潮なきにしもあらずである。そこで、少なくとも子が——私たちはすべて「子」である――内省して、親の恩を知り親を思いやるということは否定すべきことであるまい。「恩」には現代のとかくぎすぎすしたドライな親子関係を円滑にする肯定的な働きがあるのではなかろうか。あるいはまた、ベタベタと親に密着していた子にとって「恩」の自覚は、親からの分離独立を促す契機にもなるのではなかろうか。

5、母性の問題点

母性的な愛は私たちに人間への信頼を回復させ、安心して世の中に飛び立つ勇気を与える。成功した内観者の行動はそれを証している。しかし、母性のプラス面ばかりに感心していてはいけない。河合氏は母性は慈しみ育てる慈母的な肯定面をもっているが、同時に、呑み込みしがみついて死に至らしめるという**恐母的**な暗黒面をもっているという。内観法はこの母性の中にある恐母的な側面を無視してはいないであろうか。

先日、あるテレビのホームドラマで、老母がすでに子をもつ娘に向かって「居心地のいい家庭も罪作りなものだ」という場面があったが、それはあまりにも居心地のよい家庭が個人の独立と主体性を抑えてしまい、子供も家庭（母性）との未分化な一体関係の中に安住してしまう危険性に、その老母は気づいていたのであろう。これは恐母の一つの表れ方といえよう。

続けて老母は「ハルミ（孫）一人のために生きているなんて、ハルミには迷惑だわね」と言って、自分を含めてハルミの母である娘のあり方に注意を与えている。たしかに、自己犠牲的な母は子供にとって重荷であり、かつ母に反抗できず縛られてしまう。

原氏らは日本人特有の罪悪感が「自分が、親、特に母親を傷付けて育ったのだ」という罪観念にあることに気づき、「自分を殺したり、痛めつけることによって、相手の中に『罪悪感』をひき起こし、それによって相手の気持ちを変えさせ、相手の行動を自分の思うがままに動かす」という「モラル・マゾヒズム」が日本の母親の傾向であると述べている。これも恐母の一側面といえよう。原氏らは子供の側の行動として、「親がこのようにモラル・マゾヒズム的行動をとって『傷付く』と、親を愛している子供の中には、罪悪感が生まれ、その罪悪感のゆえに、子供は結局、親の望む通りの行動をとるようになる」と記している。

さて、内観者は親のモラル・マゾヒズムの犠牲になる危険性はないか。内観によって恐母に呑まれてしまい、自分を殺し、罪悪感ゆえに恐母の意見に唯々《いい》諾々《だくだく》として従う、服従的で主体性のない人間になる危険性はないか。

モラル・マゾヒズムによって代表される恐母の問題は、残念ながら今のところ資料が不足しているので何ともいえない。今後考察すべき問題の一つである。

二　自己否定の傾向

1、無欲・無心・無我

「無欲に自信」――これは先日の高校野球で優勝戦の前夜のチームの様子を伝えた新聞のタイトルである。あえて字義通りに解釈すればまことに奇妙なことである。優勝を目前にして「優勝への欲求を持たない」というのも変だし、その上その「欲を持たない」ことに「自信をもつ」というのはますますもって妙である。

しかしながら、日本人ならそのタイトルを見ても何の疑問も抱かず、奇妙とも思わないであろう。それは私たち日本人が「無」に高い価値をおいているからである。「無我の境地」は日本人が理想的な心理状態としてひそかにあこがれているものである。他に類似の言葉がいくつか挙げられる。ある京仏師は「仏を彫るのも描くのも『無心』が一番」と語り、剣道の一刀流の極意は開祖伊東一刀斎が「無念無想の境地」においてあみだした「無想剣」である。

あるいは日常生活においては「我を張らず」「己れを空《むな》しゅうすること」が必要であり、たとえ苦難に出合っても「身を捨ててこそ浮かぶ瀬もあれ」である。人生観では「無私の精神」が尊ばれ、漱石の晩年の境地は「則天去私」であった。

これらの言葉は、自己を否定したところに自由闊達《かったつ》な世界があることを予想している。無欲であるがゆえに力を十分に発揮して勝つことができ、無心、無念無想、無我の境地であるからこそ、小賢《こざか》しい工夫や理屈から離れ、計らいやとらわれから脱することができ、会心の行動ができるのである。我を捨て、己れを空しくするからこそ、自己を超えた大きな力の作用にあずかることができるのである。

このように、日本人は自己否定に価値をおき、日本の文化は自己否定の伝統をもつといえよう。

ところで、内観法は自分の過去のあり方が罪だらけで間違っていたと否定し、その否定を徹底させることにより我執を捨て、吉本氏の言う「『我無し』になる近道」であるから、このような文脈では内観は自己否定であると言ってよかろう（しかし、この自己否定は自己実現の対極にあるようなものでないことは後述する）。

2、自罰傾向

自己否定に価値をおくということは、逆に言えば自己に価値をおいていないことになる。そこから、日本人の自罰傾向が表れてくる。

このことは、例えば贈り物をする時は「粗末な品ではございますが」と言い、お菓子を出す時は「子供だましでございますが」とか「お口汚しでございますが」と言い、料理を出す時は「お口に合いませんでしょうが」などと言う言い方にも表れている。そこには自罰的自己否定的な姿勢がみられる。これは西洋人と比較した時にはっきりと表れるようである。例えば原氏らは「アメリカ人の方が自己主張が強く、万事に積極的で攻撃的でさえあるのに反して、日本人は謙遜で控え目で遠慮がちである」と述べている。

これは国際会議においても、日本人の発言が少なく（会話能力が乏しいことを考慮に入れても）、発言しても個性のない当たりさわりのないことを言うという批判にもつながる。歴史学の会田雄次氏は、小さなエッセイの中で「謙虚かどうかは知らないが、日本人は自己主張を極端に否定してきた国民である」と述べ、日本人は自己主張を悪とする伝統をもつと言う。

　そのせいであろうか、日本人はまことに簡単に「すみません」と謝る。アラビア遊牧民と生活を共にし、彼らがどのような場合でも謝らないこと――一〇〇パーセント自分が悪い場合でも、「一〇〇パーセントお前の責任だ」式のことを経験した新聞記者の本多勝一氏は「（相手の皿を割った場合）日本人なら、直ちに言うに相違ない――『まことにすみません』。丁寧な人は、さらに『私の責任です』などを追加するだろう。それが美徳なのだ。しかし、この美徳は世界に通用する美徳ではない。まずアラビア人は正反対。インドもアラビアに近いだろう。フランスだと『イタリアの皿ならもっと丈夫だ』というようなことをいうだろう」と述べ、「日本とアラビアを正反対の両極とすると、ヨーロッパ諸国は真中よりもずっとアラビア寄りである。隣の中国でさえ、皿を割ってすぐあやまる例など皆無に近い」と文化的相違を強調している。

　このように日本人は自己主張せず、自罰性が高いということができよう。

　もちろん現代の日本人、特に若者は現象的には自己主張的になっているが、それは会田氏のいうように「彼らの主張は泣き言と劣等意識を持つ人間の拗《す》ね言のようにしか受け取れない」し、一見正面切った主張のように見えても、それはあまりにも観念的で現実的有効性をもちえないものであったり、結果についての責任をとらない幼児的な甘え――わがままであることが多い。

　それはともかく、やはり日本人の心性としては自己主張に重きをおかず、自罰的自己否定的で、それを美徳とする傾向があるといえよう。このような点から、自責的思考様式を中核とする内観法は日本人の心性に合った精神療法であるといえよう。

　逆に言えば、そう簡単には謝罪しようとしない西洋人に内観法を適用しようとすれば、日本人よりは抵抗があると予想される。彼らにとっては「してもらったこと」を思い出す以上に「迷惑かけたこと」や「嘘と盗み」を思い出すことは困難であろう。しかしこの点については「甘え」の項で述べたことと同様に、西洋人への内観法の適用例を増しその経験から学び、抵抗の少ない方法を考案することが必要であろう。

3、メランコリー親和性

ところで、この自己否定・自罰傾向は日本人がメランコリー親和性が高いという事実と関連する。「人と人との間」という観点から精神病理学的日本論を展開している木村敏氏は、このメランコリーを、「取り返しがつかない」心理的状況におかれた場合に陥る「憂鬱を主特徴とする精神病理的な状態」と規定し、「世界の諸民族のうちでも、日本人は欧米の文明諸国の国民と並んで、このような喪失感をはっきりとしたメランコリーとして体験する能力の最も高い民族だといえるようである」としている。

そして彼は、メランコリー親和型（メランコリーに陥りやすい性格類型）は「秩序を重んじ、几帳面で義務感と責任感が強く、特に他人に対して非常に気をつかう、といった特徴」をもっているが、日本語には「律義、苦労性、几帳面、馬鹿正直、融通のきかない」など、「メランコリー親和型の人柄を表す言葉は、日本語の中には特に豊富であり、日本人は欧米人とくらべてすらメランコリーとのより大きな親和性をもった民族だ」と結論している。

そして、さらに彼は、メランコリーを日本では病的なものと見なしたがらない傾向があることに気づき、その例証として日本語には「悲哀・不幸・苦労、悲しい・あわれな・さびしい・せつない」などメランコリーの心的状態を表す言葉が豊富であり使用頻度も高いことなどをあげ、日本人のメランコリーに対する審美的態度について論じ、その背景に人間生活を含めた自然そのままを肯定する日本人の自然主義的傾向にまで筆を進めている。

さて、木村氏の説のように日本人がメランコリー親和的であるとするなら、自責的な内観法は日本人になじみやすいと同時に、日本人のもともと持っている高いメランコリー親和性をよけいに強め、ついには病的なものにしてしまいはしないか。

このことは本書において何度か触れてきたが、ここでもう一度メランコリーとの関連から考察しておきたい。

フロイトはメランコリー、現在うつ病と言われている状態の自責の念や罪悪感について鋭い考察をしている。彼によれば、メランコリーは愛する対象の喪失に対する反応として起こっているが、本人は何を失ったか意識的にはつかめていないでいる。そして患者は自分がつまらぬもので、無能で道徳的に非難されるにふさわしいものだとみなし、自責し、自嘲し、追放と処罰を期待する。ところが、普通の後悔や自責に特有な、他人に対する恥の感じはメランコリーでは欠けているが、あっても、あまり目立って表れないという特徴にフロイトは気づき、そこから彼は次のように結論する。

メランコリー患者のもつ強い自責の念や自己非難は、本来は愛する対象に向けられた非難が、反転して自分自身に向けられたものである。それゆえ、患者の自己非難や自嘲的な言葉はすべて根本的には他人のことを言っているのである。

このようにフロイトは、メランコリックな罪悪感は本来は他者に向けられた恨みや憤りといった非難攻撃が抑圧されて自分に向けられた結果生じたものだと考えた。

土居氏は「甘え」理論を土台にして、フロイトの説をさらに発展させ明確にしている。彼によれば、メランコリー患者は親に甘えるという体験をもたず、その代わりとして想像上の一体感をもっていたのが、何らかの障害によってその一体感すら喪失してしまった時に、うつ病が発生するのであり、すでに一体感を失っていながら、その事実を認めることができず、いわば過去の幻影にしがみつき、失われたものを求めてもがいているのが、メランコリーの状態であると考えている。

そしてさらに土居氏は、メランコリーの際の自責の念の特徴はそれがくやみであって悔いではないことに注目し、くやみはくやしさと心理的に密接に関係し、フロイトの指摘したメランコリーにおける隠れた憎悪を暗示しているという。このくやみは一種の罪悪感といってもよいが、それは内心では罪悪感を持たざるを得ないことをくやみ、そうさせた他者や運命を恨み、なんとかして罪悪感を感じないようでいたいという一種の甘えであると土居氏は結論している。

以上の両者の意見をまとめるならば精神分析学の観点から、メランコリーは①愛する者や一体感の喪失を契機として生じ、②他者や運命に対する非難攻撃が自己非難や自責に反転し、③それゆえ結果として生じてきた罪悪感は本質的には自己に属するものではなく、他者が感じるべきものであるといえよう。

さて、メランコリーがこのような心理機制のもとにあるとして、これを内観での現象と比較してみれば次のようになる。内観では①愛する者の発見や強い一体感が生じ、②他者や運命に対する今までの非難攻撃がいかに不当であったかを認識し、これまで自分が犯してきた愛すべき人々に対する罪の数々を自覚し、それによって自己非難や自責の念が湧出し、③それゆえ、結果として生じてきた罪悪感は本質的に自己に属するものであり、自己のものとして受容している。

このように、メランコリーの心理機制とは全く逆といってよいほどの機制が内観には働いているといえよう。この点から、内観者がメランコリーのような状態になったり、メランコリックな罪悪感に悩まされるのではないかという危惧は当たらないのではなかろうか。そして実際にはむしろメランコリー状態にあった人が内観によって好転している例がみられる。

第五章で述べた自己嫌悪のKさんも軽いうつ状態にあったと思われる。また、村瀬氏が簡潔に報告し、本人の体験記もある事例は、メランコリーに対する内観の顕著な効果を例証している。それは三十二歳の主婦で、元小学校教師で十カ月以上にわたる重いうつ状態に陥り、専門医による指導と投薬も効を奏せず、激しい劣等感や自殺念慮に苦しんでいた。ところが彼女は五日余りの集中内観とその後の日常内観によってうつ状態から立ち直り、病前よりもはるかに成熟した人格として成長している。このことは大島一臣氏による三年後の追跡調査によっても確かめられている。この他に石田氏による治験例も報告されている。

もちろん、これらの例の多くは神経症的なものであり、内因性うつ病は石田氏によってわずかに一例報告されているにすぎないから、今後とも症例を重ねる必要があろう。そしてその際当然のことながら、慎重な態度で世話する必要がある。これは精神分析であろうとカウンセリングであろうとどんな精神療法においても要請されることであるが、特に内観法の場合は短時日に急速に罪の自覚に至らせるものであるだけに、強い情動反応が人格の統制を崩してしまう危険性がなきにしもあらずであるからである。

4、罪悪感と精神療法

私たちの心の治療や成長にとって、罪悪感が有効な働きをすることに気づいたのはひとり内観法だけではない。安永氏の純粋罪悪感についてはすでに触れたが、それ以前にも罪悪感の意義に気づいていた人々がいる。

その一人がフロイトである。フロイトと言えば「性の抑圧が神経症の原因」と主張していたように見られているが、精神分析医の小此木啓吾氏によれば「実は、後半のフロイトの主題は『罪悪感の抑圧こそ神経症の原因である』ことを解明することであった」。このような観点に立って小此木氏は、次のように罪の自覚の意義を強調している。

「人間が自己の本能、欲望によって生きているかぎり、この罪性や利己性から逃れることはできないという現実――この現実を前に述べたように何らかの機会に正視し抑圧が破れた苦しみと対決しつつ『自分の罪』という形でそれを自覚し、身にしみて味わう時、はじめて現実、つまりこの世の真実に触れた歩みがはじまる。この時からは、意識的苦痛は、それを抑圧して無意識化してごまかしていた時代よりも厳しくつらいものになるにしても、その人は神経症にはかからなくなる。また機械的な無意識的罪悪感の支配から自由となり、自ら不幸、不運を招き寄せることもなくなる」

しかし、残念ながらフロイトは、罪の自覚に至るプロセスを明らかにすることができなかった。これに対して小此木氏は「他からの愛、献身、犠牲を媒介せずには、この転換（罪性の自覚）は起こりえない」と喝破している。そして彼はそれを次のように説いている。「自己の利己性・罪性が相手（例えば両親・夫・妻・恋人・師・友人など）の献身と犠牲とによってささえられていたという事実の自覚が、何らかの機会に稲妻のごとくにその人の心に閃く時、そこに鬱勃《うつぼつ》と罪の意識が生まれる。しばしばこの機会は、相手の喪失（死・別離）、相手の自己犠牲、場合によっては、心理的に、相手を殺してしまった時に起こる。それは相手の献身や犠牲的な愛がいかに自分の利己性を許していたかを体験する瞬間だからである」

私はこの小此木氏の論に接した時、「これは内観そのものだ」と驚かざるを得なかった。しかし、これは彼の創案ではなく、小此木氏も述べているように、このもとになっているのは彼の師である古沢平作氏の「罪悪意識の二種」という論文である。古沢氏は罪悪意識は二種あるとして、父親からの処罰への恐怖としての罪悪の意識と、母親の許しによって生ずる罪悪の意識はその性質が異なるとして、前者を罪悪感、後者を懺悔心と名づけ、この懺悔心こそが心の転換をもたらすものであると考えた。そして古沢氏は患者にこの懺悔心をもたらすため、治療者が母の如き限りない慈愛をもって接することが必要であると説いた。

いうまでもなく、内観法における罪悪感は古沢氏のいう懺悔心である。内観法ではそれをもたらすために、内観者が心の中で母の慈愛を感得するようにテーマを与えて指導する。内観法と古沢氏の治療法とは具体的方法論的には相違があるが、共に愛の自覚を通しての罪の自覚、あるいは愛の自覚即罪の自覚を目指していたといえよう。

これは偶然の一致であろうか。古沢氏はすでに述べたように日本に精神分析を導入し、長く治療活動を続け、後進を育ててきた人である。現在その意味では敬意を払われているが、一方ではフロイトの精神分析を日本化したと暗々裡に批判されているような印象を受ける。しかしながら、彼は日本人に対する分析活動の中でどうしても日本化せざるを得なかったのではないか。それは彼が日本人であったからだけではなくて、患者が日本人であり、その患者に対してなんとかして効果をあげようとしたからではないか。そして、その苦闘の中から、献身的な愛によって懺悔心という罪悪感を患者の中に湧き上がらせ、一体感・融合感によって患者の心を癒す方法を考案したのではなかろうか。フロイトの患者の多くはドイツ人であった。彼はそこから精神分析学を生み出した。臨床家というものは患者から学ぶものであり、患者に役立つ理論や方法を構築しなければならない。そういう意味では私たちは古沢氏の経験や努力をもっと大事にしなければならないのではないか。もちろん人間の心は共通した部分もあるが、今まで見てきたようにその文化的背景によって異なる部分もある。それゆえ、私たちは外国の先人に学ぶこともさりながら、自国での自分自身の臨床経験や先人の知恵にもっと目を向けることが必要であろう。

ともあれ、内観法は他の精神療法とは独立したところで成立してきたものである。少なくとも創始者とされる吉本氏は、精神医学や心理学・精神療法に関する学問的背景を何一つもっていなかった。その吉本氏と学問的な背景のある古沢氏が共に罪悪感の重要性を説いているという事実は、何を意味するのであろうか。少なくとも、日本人に対する精神治療における罪悪感の再検討を要請していることは確かであろう。

5、自己否定と自己実現

先に挙げた「無欲」「無心」「無我」などは文字通り欲が否定され、我が否定され、自分の過去の経験もすべて否定され、私という主体は消え去ったのであろうか。それならば「無欲」の選手たちは闘志を失い負けることは必定であり、「無心」の仏師はでたらめな作品を作り、「無念無想」でぼんやりしている剣士は敵に切られてしまう。「無我」の人は自分が何者かわからず病的世界へと落ち込んでゆくであろう。

しかし実際はそうではない。「無欲は大欲に通じ、無心は有心に、無我は大我に通ず」という言葉があるように、小さな欲を捨て去ることはそれに縛られない自由な行動を可能にし、工夫を超えたところに時宜に適《かな》った行動を生み出し、自分の中に潜んでいる可能性を発揮させるのである。そしてもともと人間に自我という実体は存在しないのであるから、それを存在するかのごとく誤認していた小さな自我へのとらわれから離れることが、結局は融通無礙《むげ》の世界に入り、本来の自己を生かすことになる。

このように結果的には自己否定は自己実現に通じているのである。しかし「自己否定は自己実現である」というのは逆説的でおもしろいかもしれないが、わかったようでわからない。実はここでいう自己否定の「自己」と自己実現の「自己」とは同じものではない。それでは「自己」をどのように定義すればよいか。これは難しい問題であるが、ここでは仏教における自己の考えを借用してみたい。

仏教学の中村元氏によれば自己は二種ある。一方は「悪徳煩悩の基体としての自己」であり、他方は「理想として実現さるべき自己」である。前者を小我あるいは妄我と呼び、後者を大我や真我あるいは真実の自己や本来の自己と呼んでもよかろう。

悪徳煩悩の自己は否定され、理想の自己は実現されなければならない。

中村氏は前者は「凡夫の日常生活のうちに認められる経験的主体としての自己である。これは理想から乖離《かいり》し、常に頽落《たいらく》する可能性を内蔵」しており、後者は「人間が人としての規範にかなった行動をなす場合に認められる自己」であり、「実践的な意味において潜在している自己である」と述べている。

それではどうすれば真実の自己、理想の自己は実現されるか。その一つの方法としては悪徳煩悩の自己の悪徳ぶりを眼のあたりに見させ、辟易《へきえき》させることが一番である。そうすれば人はそのような自己への執着を捨てるであろう。そしてそのような自己を否定し、少しでも人としての規範に従って行動するようになるであろう。これが内観である。さらに内観を続けていくならば、今日までの日常生活の中でこうすればよいと気づいていたこと、当然すべきことを実行していたならば、自分でも少しは理想の自己を実現していたのだということに思い至る。

だから、確かに自分は悪徳煩悩に振回されている自己ではあるが、理想の自己へと近づきうる可能性を備えた存在であることに気づき、汚濁に満ちた自己に絶望するが、同時に、真実の自己の実現に向かって新たな勇気を燃やすのである。もちろん、煩悩の力は強く楽天的には考えられない。それゆえ中村氏も述べているように「理想的自己は容易に実現されがたいものである。人は常に自己の実現に努力しなければならぬ」。日常内観が必要とされるゆえんである。

このようなわけで、「内観法は自己否定であり、精神分析やカウンセリングは自己実現である」などという一方的な解釈は成立しない。また精神分析やカウンセリングでも、そのプロセスにおいて何らかの意味で「自己の死」を体験しなければならない。新しく生まれ変わるためには心理的に一度死ななければならない。それゆえ、自己否定と自己実現は精神療法につきものといえよう。

しかし、精神分析やカウンセリングにおける自己否定はかなり自然的に生じるのに反して、内観法は意図的である。それゆえその結果としての自己実現の様相もある程度相違すると予想される。例えば、内観的人間像を生育史の分析をもとに現象学的にとらえた吉野要氏は、その性格特徴として、①無欲であること②何事にもとらわれないこと③何事をも肯定的に受け取ることなどをあげているが、今後さらに深い研究が必要である。

さらに言うならば、真実の自己（本来の自己、理想の自己）を「人としての規範にかなった行動をする場合に認められる自己」と定義したが、これは少し真実の自己を矮少化しているのではないか。無想剣の剣士や無心の仏師の行いは創造的なものであって「人としての規範」を超えた次元である。真実の自己はもっと大きなもののように思える。この問題についても今後とも考察すべき課題の一つである。

三　精神修養の伝統

1、求道心

柔道場の門を叩く少年になぜ柔道を習うのかと尋ねると、「身体を鍛えるためと精神修養のため」という答えが返ってくる。柔道はその昔、柔術と言った。それは格闘の技術であった。それが柔道と変わったのは精神修養的な要素が加味されたからである。剣道、弓道、合気道もそうである。本来は敵を倒す術であり、敵の攻撃から身を護る方法であった。このように身体を鍛え技を練る方法がそれだけの目的に限定されず、精神修養の方法として受け取られている。それはスポーツに限らない。書道、華道といった芸術も単に技術の修得のみならず、それによる精神の修養も大きな目的の一つとなっている。

ところで、これら「～道」とつけられているものは日本の伝統的なスポーツであり芸術である。外国のスポーツや芸術には「道」といった意味づけはない。スポーツマンシップや芸術家魂はいずれの国でもあろうが、スポーツや芸術を学ぶに当たって、その技術の修得と同じほどの比重でもって精神修養が期待されているのは、日本独特ではなかろうか。

このように「道」にあこがれる日本人は、術の奥義を極めることが精神の奥義を極めることであるかのように思っている。このことは剣道や柔道の達人にまつわる話によく出てくる。身体を鍛え技を練ることが精神を鍛えることに直結するかどうかは問題のあるところだが、少なくともここに日本人の求道の姿勢、精神修養好《ず》きの態度がうかがえ、日本の文化には精神修養の伝統があるといえよう。

勝小吉は勝海舟の父であるが、彼は御家人くずれの武芸者として自由奔放に生きた人物である。その彼が遺した『夢酔独言』に次のような記述がある。

「行《ぎょう》はいろ〱したが、落合の藤いなりへ百日夜々参詣し、又は王子のいなりへも百日、半田《はんだ》稲荷へも百日、日参した。水行《みずぎょう》は、神前に桶を重《かさね》て百五十日、三時《とき》づつ行をした、しかも冬だ。其間には種々のことが有たが、ここへはもらした。断食も三、四度したが、出来ぬといふことはないものだ」

この行は神道の行であるが、精神修養のためにしたものと思われる。

今日においても、新入社員の研修に参禅させたり、短期間自衛隊に入隊させたりするのも精神修養のためである。内観法が日本的だと言われるのも、この精神修養的な側面があるからであろう。

2、精神修養の自力性――その父性的側面

精神修養は他人によってしてもらうのではない。その主体は自己であり自力でするものである。よく使われる「自己修養」ということばは、自己を修養するという意味と同時に、自力で修養するという意味が含まれている。先にあげた武道にしても、指導者は技術指導にはある程度責任をもつが、精神修養に関しては直接タッチしない。門弟たちは指導者の技術指導の中から、その精神を汲み取り自分のものとし、それによって自己を修養していくのである。自分以外の何者もこの精神修養の過程に直接力を貸すことはできない。精神修養とは本来自分一人の行《ぎょう》である。

内観法とて同じである。精神分析やカウンセリングでは「精神分析を受ける」とか「カウンセリングをしてもらう」という表現が使われることがよくあるが、内観法では「内観する」とかもう少し丁寧に「内観させていただく」というが、いずれにしろ自分が主体になって内観することが強調される。指導者も「しっかり内観して下さい。お願いします」という。

指導者は内観の仕方（技術）を教え、内観者はその技術を体得して自己の心を追求し、自己修養に励むのである。修養の責任を指導者に預けることができない。ひどい不適応状態の人であれ、「よくなる」ことに関して指導者に

依存することは許されない。徹底的な自力性を要求する。一週間籠《こも》って内観するということは、修行者が堂に籠り、山に籠る姿を思い出させる。

内観は修行である。先に内観法は母性重視であると述べたが、内観法の状況（場面、指導者、テーマ、思考様式、面接）を支配しているのは父性原理である。森閑と静まり返った厳粛な雰囲気。一定期間、屏風の中に座るという身体的拘束。内観以外の思考活動は許されないという精神的拘束。そして、容赦なく自己の罪を暴《あば》き裁くその徹底性。厳しい先達として手引きする指導者。安易な甘えを拒絶する面接前後の礼と合掌。これらはまさしく父性的状況、男性的状況であり、自己修行の状況である。内観法のこの父性的な枠組に適応できない者は挫折する。

もちろん、内観状況には母性的な一面もあり、父性の厳しさを補っている。面接前後の礼と合掌は内観者への絶対的尊重を示し、屏風まで運ばれてくる食事、時間通りに湧いている風呂、人目を遮断し保護する屏風――これらは母の胎内を連想させる。

この修行を通して内観者が心の中で体験するのは、母性の愛と罪の許しである。感謝と謝罪の念が混然一体となった「すまない！」という感情である。

それゆえ、内観法は主として父性的状況の中で厳しい自己批判を行わせ、他者の中の母性性を自覚させ、それらによって、内観者の内面に、自己に厳しい父性性と他者に優しい母性性を育てるものといえよう。特に母性原理が支配的な日本において、厳しい自己鍛錬である内観法は私たちの内面に父性原理を確立する一助となる可能性をもっているのではなかろうか。

ところで石井米雄氏によれば、自己探究による救済の道を説いたブッダは修行法としての苦行を否定した。内観法は苦行であろうか。一見そのようであるが経験してみれば大した苦行ではない。ごく普通の小学生でも、意志の弱いとされる非行少年でも、年老いた人々にも可能である。心理的な苦痛は当然伴うが、それはどのような精神療法や自己修養法にも生ずるものであり、それを避けては何の効果も上がらない。そしてまた内観法では苦痛と同時に明るい喜びも伴走するから、いわゆるインドの鞭打ち行者のように自己をマゾヒスティックに苦しめるものではない。

有名な『葉隠』に修行に関して次のような言葉がある。

「修行に於ては、これまで成就といふ事なし。成就と思ふ所、その儘道に背くなり。一生の間、不足不足と思ひて、思ひ死するところ、後より見て、成就の人なり。純一無雑に打ち成り、一片になる事は、なかなか、一生になり兼ぬべし。まじり物ありては、道にあらず」

これこそ内観者が心得るべきことである。葉隠にならって言うならば、内観が完成した、もう自分には用がない、自分には内観する種がない、などと思うことはすでに内観から離れていることであり、常に自分の内観が不足していると思って、徹底して内観することが、内観の深奥を極めることである。そしてこのことはまさに、日常内観に妥当するであろう。

3、親鸞と内観と自力

日本の仏教は親鸞による浄土真宗と道元による禅宗という二つの流れによって代表されるであろう。内観法は仏教的背景をもっているが、ここでは親鸞との関係を見てみたい。

親鸞は学問を積み数々の修行の果てに、どのようなことをしようとも救われようのない罪悪深重の自己の姿を見出し、深い歎きの言葉を発している。「誠に知《しり》んぬ、悲しきかな愚禿鸞、愛欲の広海に沈没《もつ》し、名利の太山に迷惑して、定聚（註・必ず救われる人々）の数にいることをよろこばず、真燈の証に近づくことを快《たのし》まず、恥《はず》べし、傷《いた》むべし」（「教行信証」信巻）。ここには絶望した親鸞の姿がある。

この自己への絶望の呻《うめ》きの中にあってはじめて彼は「他の仏にも絶対に救われない者を救いたい」という阿弥陀の誓願がまさしくこの自分に向けられているのを知るのである。どのように罪深い身であろうとも、否罪深き身であるからこそ、阿弥陀は慈悲の光でそっくりそのまま包み込み、この身を浄土に連れていって下さる。否、このように生かされていることが、すでに救われているのだ。彼は感激に咽《むせ》び感謝の念をこめて「礙《さ》ゆるものなき光とて　知慧の光に罪も消ゆ　その徳まことに不思議にて　すべての人を利益《りやく》せり」（浄土和讃）と阿弥陀を讃えている。

　親鸞にとっては自己の中の罪悪に気づけば気づくほど歎きも深くなるが、同時に救われているという感謝の気持ちも強くなるのである。こう見てくると、現在の内観法が親鸞の流れを汲むものであることがわかるであろう。

　しかし、ある人は同じく親鸞の和讃「悪性《あくしょう》さらにやめがたし　こころは蛇蝎《じゃかつ》のごとくなり　修善《しゅぜん》も雑毒《ざふどく》なるゆえに　虚仮《こけ》の行とぞなづけたる」を引用し、次のように反論するであろう。つまり、一方の親鸞は痛烈な懺悔《ざんげ》の末に、すべての修行を捨て、阿弥陀に身を任《ゆだ》ねる「絶対他力」を説いたのであり、他方の内観法はテーマを定め一定期間、過去の自己を内省するのであるから修行であり、それも自力性をモットーとするものであるからには、内観法が親鸞の流れを汲むものとはいえない、というわけである。

　しかし、親鸞が絶対他力の心に至ったのには、深い内省と懺悔があったことを忘れてはならない。借りものではない自分自身の体験から出てきた結果である。米川氏によればブッダも「自ら知り証し体現する」ことを勧め、「努力して修行を完成させなさい」という言葉を遺して入滅している。それが信仰であれ、心理治療であれ、精神修養であれ、自己の内面をみつめ自己存在について洞察するという体験なくしては何物をもつかみえない。

　親鸞のした内省と懺悔を、科学的合理的に行おうとしたのが現代の内観法といえよう。内観することすらも修行であり、自力であるとして否定するのなら何をか言わんやである。己れの救われがたい罪深さの洞察なくして、どうして阿弥陀の誓願が自分に向けられていることを体験できようか。自力が排されるのは、自力によって浄土に生まれようとする自己への過信であり、自己の中に潜む悪に対する無智である。

　人は言うかもしれない、自己の現実や世の中の現実を見れば、人間には清浄な心や真実の心はさらさらないことぐらい一目瞭然であるから、修行も何も不必要だと。しかし、それこそ人間性を甘く見ている証拠である。私たちは人々や世の中の現実に向かってはそれを見抜くことはあろうが、自己の現実には目に蓋《ふた》をしているから、見れども見えない。あるいは見ようとはしない。人間の罪性の根本は自己の罪性を認めないところにある。繰り返し言うならば、この自己の罪性を赤裸々に認めようとする具体的方法が内観法である。さらに言うならば、この自己の罪性を認めるにあたってはブーバーの言うごとく謙虚でなければならない。そこにはこのような自己であることの悲しみがなくてはならない。そうするならば、このような自己を人々が愛してくれることの喜びもさらに大きくなるであろう。

ここに親鸞のことを取り上げたのは、内観法が浄土真宗への信仰に至る方法として有効であることを強調したかったからではない。宗教的意味を離れても、自己や他者や世界を理解するには、書物や他者の意見をもとにした知的理解も必要であるが、親鸞のように自己の体験に即した理解の重要性を述べたかったのである。この体験的理解こそ、頭でっかちになり、他者の苦しみもわからぬ、感情の涸渇した現代人にとっては特に必要なことであろう。

そこで精神修養の伝統を思い起こし、形骸化したそれではなくて、自分のおかれている状況にあった精神修養の方法を見つけ出し、実践することが必要であろう。情報過剰の現代において、外界からの情報を一つでも多く得ようとあくせくする前に、自己の内界からの情報に耳を傾け、それによって自己の精神の修養を図り、安定と豊かさを求めねばならないのではなかろうか。

4、禅と内観——ある体験

すでに述べたように、私は数年前宇佐美秀慧氏の御指導の下に、内観を体験したことがある。氏は長い禅歴があり、専光坊という浄土真宗の寺の僧侶でもある。そのような背景をもった氏の指導を受けたためか、石田氏や吉本氏の下での体験とはまた違ったものを得た。その体験は内観法が日本の精神修養法の中核となってきた禅との近親性を示すものと思われるので、それを次に記してみたい。

専光坊内観場

近鉄桑名駅で養老線に乗りかえ、田や畑の間を縫うようにして着いたところが多度町であった。タクシーで五分ほど行った、大きな河の提防のそばにぽつんとそのお寺（専光坊）があった。周囲には田畑が広がっている。タクシーを降りると、春とは名のみで寒風が寺の裏の竹藪を鳴らしていた。

奥様が迎えて下さり、早速大きな本堂の隅に屏風を立てて内観することになった（現在では内観専用の内観場が建設されている）。私の他に二、三日前から小学生の姉弟が二人と、先生のお母様が内観しておられた。

内観の指導には先生が、先生が外出なさっている時は奥様が代わって来て下さる。内観そのものの方法は吉本先生のところと変わりがないが、入浴や食事の作法には禅の影響がみられ、おもしろかった。それと夕方、御本尊の前に内観者一同が座って、先生が導師となって短いお経をあげられる、そのお経は口語訳された平易なもので、親しみのもてるものである。それが終わると先生はごく短いお説教をなさる。

例えば「広い広い大海原があって、その底に一匹の盲の亀がいて三年に一度海面に首を出すと想像して下さい。また一方、ここに一枚の板切れが浮いていて、その真ン中には穴があると考えて下さい。さて、私たちが内観に遇《あ》うということは、その亀が首を出した時にその板の穴にちょうどすっぽりはまるくらいに稀《ま》れなことですから、一分一秒を惜しんで内観して下さいよ」とか「毛筋ほども内観以外のことを考えてはいけません。雑念妄想は実体のないものですから、とりあってはいけません。〝八風吹けども動かず天辺の月〟の気持ちでいなさい」とか、「夜寝る時も内観は離さないように。身体は眠っても、心はしっかり内観を続けなさい」など、厳しい、よく透る声でおっしゃる。このお説教からも感ずることが多かった。

節穴体験

内観が進展していった七日目ごろであったと思うが、私は奇妙な体験をした。

私が目をつぶると、自分の過去から現在までの姿が見える。そしてまた、自分が経験してきた種々様々の風景が見える。そこには町があり山があり川があり野原があり、鎮守の杜《もり》が見える。

そうして今度は目をひらくと、座っている自分が見える。屏風が見える、雨漏りの跡のついた天井が見える。障子をずらせばお寺の庭が見える、白い椿の花が見える、大きな石が見える、堤防が見える。

そしてまた目を閉じれば内界が見える、目を開ければ外界が見える。目を開けたり閉じたりしているうちに奇妙なことに気がついた。自分は一体何なんだろう、自分の存在はどれなんだろう。するとその時、一つのイメージが浮かび上がってきた。それは私が数年前、静岡県の日本平で見た景色であった。富士山を背景にして、清水次郎長とお蝶が立っている板に描いた絵である。その二人の人物の顔には穴があいていて、観光客たちはその穴に顔をつっこんで写真を撮れば、即席に自分が次郎長やお蝶になれるのであった。そのイメージと共に、私の頭の中に「節穴《ふしあな》」という言葉が浮かび上がった。

自分はこの節穴なのではないか。一方からのぞけば内界が見え、他方からのぞけば外界が見える。自分という存在は節穴なのだ。ごく薄っぺらい板に二つの目の形をした穴があいている。それが私なのだ。もっと厳密に言えば、穴のあいた板が私なのではなくて、穴そのものが私なのだ。その穴には何の膜もない。なにものもない穴そのもの（自分の肉体が自分の必須条件ではない。一個の肉体は全くこの世の仮のものなのだ）。だから、私という存在はあってなきもの、ということになる。こんな風に書くと非常に思弁的なことのように思われるかもしれないが、その時、一瞬の間に正にこのように感じたのである。これを変な言い方だが「節穴体験」とでも言っておこう。

内なる世界と外なる世界は全く等しいという体験

節穴体験に続いて、次のようなことが、ふーっとわかってきた。

私が外界で見聞きしたもの、すなわち山や川や船や自動車や犬や猫は、私が目を閉じれば見えてくる内なる世界にそっくりそのまま存在する。私は数年前インドへ行ったが、その時見たガンジス川はゆったりと内なる世界にも流れている、つまり、外にあるものはすべて内にあり、内にあるものはすべて外にある。わかった風に言えば、主観世界に存在するものは必ず客観世界にあり、その逆もまた真であるといえよう、これが禅でいう「主客一如の体験」の一端なのかなと思ったりした。

私の身体は霧

八日目の午後、内観をしていると、また一つのイメージが湧いてきた。私と恋人（現在の妻）が手をとりあって果てしなく続く一本道を歩いていく。これは宇佐美先生から「『千里万里一条の鉄』の勢いで真直ぐに内観に励みなさい」と言われていた、「一条の鉄」のイメージであろう。周囲には何もない。ただ前方に延々と続く一本道である。全体は白っぽい灰色の世界。そこを歩いていくと、前方からテレビが空中を飛んで来た。当たる！　と思った瞬間、それは私の身体を通り抜けていった。その時気がついた。私の身体は霧のような微粒子でできており、それが人間の形をしているのだ。そしてテレビもまた微粒子でできているのだ。それで衝突せずにテレビの微粒子が私の微粒子の間をすり抜けていったのだ。次に数本の槍が飛んできた。それも私には突き刺さらずに透り抜けていった。

私はこの時私自身の実体、物の実体をつかんだ。すべては過ぎゆくもの、私の中を通り過ぎていくもの。このように私の経験したこと見聞きしたこと、おいしい食事もいまわしい事件も楽しいことも、すべては私の中を通り過ぎるものであって、それそのものの固定した実体というものはないことを実感した。

素晴しい服も豪邸も名誉も何もかもが過ぎゆくものである。そのような仮のもの、幻を追い求めて、それをつかんだとて何になろうか。私の霧の粒のような肉体を喜ばしたとて何になろうか……。

自己完成

そうすればこの霧の主体たる私の目的は何か？　宇佐美先生はそれを「自己完成」としておられた。このことが今やはっきりとわかってきた。そうだ、自己完成、私が私としての自己を完成すること。いつか私は人間としての生は終えるであろう。そして私は、次は犬として生まれ変わるかもしれぬ。その時は犬としての自己完成をめざせばよい。土佐犬なら土佐犬としての最高の自分、雑種なら雑種としての自分。道端の小石に生まれ変わったなら、その小石としての自分。金剛石の素質をもたぬなら、金剛石になろうとも思わず、自分のそのままの姿を十分に発揮できればよい。こうなれば自己完成というのは、自分がどのような姿をとろうが、常に変わらぬ目標となりうるのである。

温かく厳しい指導

その日の夜、翌朝で集中内観を終える予定であったので、先生に「今夜は徹夜で内観したい」と申し上げた。すると先生は「こちらにいらっしゃい」と言って書斎に案内され、その室の隅の屏風の中に座って内観するようにと示し、そして驚いたことに、御自身も反対側の隅の屏風の中で内観をはじめられた。宇佐美先生は中学校の特殊学級の担任をなさっており、昼間の疲れがあるにもかかわらず、私と共に夜明けまで内観し指導して下さった。私はこの真剣な態度に己の身も心も引き締まる思いがした。

夜がしんしんと更けた一時半ごろ、先生がこちらへいらっしゃいと言って居間に案内して下さった。電気ごたつの上にはきしめんが湯気を立ち昇らせていた。奥様が作って下さったのである。おいしかった。私のために御夫婦共力を尽くして下さるのがとても嬉しく、涙がホロリと出てしまった。

三時の面接の後、先生は「足腰が疲れたでしょうから、禅でいう室内の経行《きんひん》をします」と言って、私の先に立って室内をゆっくり歩かれた。私もその後について静かに歩いた。三度回って、元の座に戻って内観を続けた。

これだけのことでも心身がほぐれ、眠気も去ってしまった。

夜を徹して内観を続け、ようやく障子の向こうが白みはじめた。私はほっとして、こんな時外に出て川もやが立ちこめている堤防を散歩して、太陽が昇る景色を眺めたらどれほど気持ちがよかろうと思った。六時半の面接が終わった時、先生に「少し外を歩きたいのですが」と申し上げた、すると先生は「ではどうぞ」と言って立たれた。

身仕度をして玄関に行くと、下駄が二足きちんと並べられていた。おやっ？　と見ていると、隣の部屋から墨染の衣《ころも》姿の先生が現れて、「では、これをはいてついてきなさい」と言って、先に立って歩かれた。私はあっけにとられた。私としては一人で散歩するつもりであって、よもや先生に案内していただこうとは思ってもいなかったのである。

お寺を出て大きな堤防に上がった。私が立ち止まって周囲の景色を見渡そうとした時、先生は厳しい声で「私の背中の一点を見つめて、二メートル後からついてきなさい。すべてを忘れて一心に歩きなさい。これは戸外での経行です」とおっしゃる。これは散歩どころではない。これも修行のうちだったのかと自分の浅薄な考えを恥ずかしく思う。

先生は早足でさっさと歩かれる。その背中の一点を見つめて遅れずに歩くというのは容易なことではない。焦って早く歩くと先生にぶつかりそうになるし、足元が乱れて目が定まらない。一〇〇メートルほど下流に行くと、太い導水管が河にかかっている。それには平行して作業用の細い鉄橋が取り付けてある。先生はためらうことなく柵をはずして中に入って橋を渡りはじめた。

下駄の音がカーンカーンカーンと響く。私も後を追う。三〇メートルほど下には水面がある。橋はかなり長く一五〇メートルほどはあったろうか。視野の端の方に広々とした平野と遙々と流れる川が見える。東の方ではもやのベールを赤く染めて太陽が昇っているらしい。たぶん、雄大で素晴しいはずなのだが、それをきょろきょろ見るわけにはいかない。必死になって先生の背中を穴のあくほどに見つめてさっさと歩く。

向こう岸に着くと先生はまた逆戻りされた。あれ、もうこれで帰るのかとちょっと残念に思う。それでもこのあたりまで来ると、先生の後を歩くのにも慣れて少し余裕ができて、朝の冷気をカーンカーンと引き裂いていく下駄の音が耳に快く響くようになった。「いいな」と思ったその瞬間、先生はくるりと後ろを向かれて、にこりともせず「ではこれからはお母さんに対する自分を内観して下さい」。私はもうびっくりしてしまった。歩くのを楽しもうとした私の気のゆるみをさっと見抜かれたのである。私は全く脱帽してしまった。

こうこちらの心の動きを読まれては手も足も出ない、私はしおしおと先生の後について帰った。

以上が専光坊内観場での体験である。もちろん禅での見性体験に類似したものが内観で生じるからといって、禅と内観とが同じだというわけではない。禅と内観は、いくつかの共通点を持ちながらも、自己探究の方向や方法は大きく相違するであろう、そしてまたこの両者は相補的な関係にあるのかもしれない。禅と内観の比較は今の私の手に余る仕事である。これも今後の研究課題の一つである。

付言するならば、専光坊での禅的な体験は現在では薄れてしまい、元の木阿弥の感があるが、宇佐美氏の温かくも厳しい指導は私の心に今も焼き付き、ともすれば自他共に甘くなってしまう私の姿勢への警鐘となっている。そしてまた専光坊での体験は、いかなる精神療法も治療者（指導者）の人格を離れては存在しえず、その人生観や価値観が相手に大きく影響することを示すものである。

あとがき

「内観」という言葉のもつ古風な響きに、読者はまず戸惑われたかもしれない。そして読み進むにつれて、内観療法がすぐれて日本的な特質をもち、日本的な発想であることに気づかれたことであろう。事例を読むうちに、自分の両親やその他の人々との関係を思い起こされたのではなかろうか。

同時にまた、こんな風に内観することによって、正当な怒りの権利や健全な批判精神すらも抑圧してしまうのではないかという疑問も抱かれたことであろう。内観療法は自己否定の精神によって家族主義的な幻想の愛に感動させ、解決すべき問題を覆い隠し、幻想の幸福感に酔わせてしまうのではないかという疑問も湧いたかもしれない。

これらの疑問に答えるために、本書ではいくつかの事例を分析し理論的な考察も試みたが、すっきりとこれらの疑問を払拭したとはいいがたい。また内観療法は自己治療的な側面をもつものとはいえ、指導者との関係は重要であるが、本書ではこの関係が他の療法と比べてどのような特質を持つものかに言及することができなかった。日本文化との関連性の論議も問題提起にすぎない。これらの点は今後とも考えてゆきたいと思う。

まだまだ未解明な部分があるとはいえ、読者は内観療法が現代の私たちに多くの示唆を投げかけていることに気づかれたであろう。私たちは情報過剰といえるほどの世界に住んでいるが、それらの情報は外界に関するものが大部分であって、自分の内界に関するものは極めて乏しい。内観療法は外界の情報を一時遮断して、自己の内界を隈なく観照し、自己に関する情報を得ようとするものである。静かに自己の歴史をたどり、自己の対人関係を点検し、他者への誤解を解き、自己への歪んだ見方を訂正することは、特に自己を省みる機会の少なくなった私たちにとって必要なことではなかろうか。

私たちは他者との間に良い関係を結びたいと願っていながら、現実には他者に対して不信と無関心と敵意を示し、孤立しがちである。内観療法は他者の愛と自己の罪への徹底的な直視を通じて、私たちが他者の愛に気づき、それによって他者を愛し信頼し共感し連帯しあう契機を与えているのではなかろうか。

たしかに内観療法もいくつかの限界をもっていると思うが、この限界は内観療法の本質に関連するものか、あるいは手を加えることによってその限界を大きく広げられるものかは、今後の問題として残されている。

本書は私なりの内観療法入門であり、私の理解の程度を示すものである。読者がそれぞれのやり方や考え方で入門して下さることを望むものである。

本書作成に当たって調査させていただいた内観者の方々、有益な示唆と激励を与えて下さった多くの方々に深く感謝する。また常に変わらぬ御指導を賜り、序文までいただいた吉本伊信所長と、いつも温かく迎えて下さるキヌ子夫人に深甚の謝意を表する。そして、約束してから四年余りになる原稿を辛抱強く待ち続けて下さった創元社の高橋輝次氏の御厚意を有難く思う。最後に、いつも傍らにいて励ましてくれた妻潤子に感謝したい。

一九七六年一月一日

三木善彦

参考文献

第一章　私の内観入門

吉本伊信　『内観四十年』　春秋社　一九六五年
吉本伊信　『内観法』　内観研修所　一九七五年
戸川行男　「臨床心理学への序言」『現代心理学論集』　明星大学心理学研究室　一九六八年
三木善彦　「心理療法としての内観法の一研究」『心理療法としての内観』　内観教育研修所　一九六七年
白隠　『夜船閑話』

第二章　内観の構造

吉本伊信　「内観の方法と実践」『内観療法』　医学書院　一九七二年
吉本伊信　「内観のテーマについて」『内観教育』　内観教育研修所　一九六六年
武田良二　「内観法」『禅的療法・内観法』　文光堂　一九七二年
石田六郎　「内観の精神力動学的解釈」『心理療法としての内観』　内観教育研修所　一九六七年
（注）本書の内観者の体験例は、私の調査によるものや内観研修所発行のテープ及び同所発行の次のような文献から引用したものである。体験例一つ一つについての出典名は省略した。
『内観二号』一九六二年、『内観道』一九六六年、『人生と内観』一九六六年、『内観教育』一九六六年、『内観三号』一九六九年、『内観四号』一九七〇年、『矯正と内観』一九七一年、『悩みの解決法』一九七一年、『高校生と内観』一九七四年

第三章　内観の過程

吉本伊信（一九六五）前掲書

三木善彦「内観法の研究（一）その概観」仏教大学社会学部論叢第三号　一九六九年
三木善彦「自己制御と自己治療から見た内観の意義と方法」『自己制御・自己治療』誠信書房　一九七一年

第四章　内観による心理的変化の測定

住田勝美・林勝造・一谷彊『P-Fスタディ使用手引』三京房　一九六四年
住田勝美・林勝造・一谷彊『ローゼンツァイク人格理論』三京房　一九六四年
Asch, S. E. Forming impressions of personality, J. abnorm. soc. Psychol., 41, 258-290
竹内硬「内観法と人間改造」大法輪昭和四十年（一九六五年）八月号（『内観教育』に再収）
佐野勝男・槇田仁『精研式主題構成検査解説』金子書房　一九六一年
戸川行男・村松常雄・児玉省・他監修『TAT』中山書店　一九五九年
三木善彦「TATによる内観前後の変化の測定――三角関係に悩む女性の場合」『内観療法』医学書院　一九七二年

（注）本章の三「TATによる測定」は三木「TATによる内観法の効果の測定」「精神療法研究」第二巻第一号一九七〇年を添削したものである。

第五章　自己嫌悪の女性の事例

石田六郎『初恋人の魂追った啄木の生涯――啄木の精神分析』中央公論事業出版　一九六三年
石田六郎『啄木短歌の精神分析――肉筆歌稿「暇ナ時」の分析』中央公論事業出版　一九七一年
石田六郎「内観分析療法の提唱」日本医事新報第二一四七号　一九六五年
石田六郎「内観分析療法」精神医学第十巻六号　一九六八年
石田六郎「内観分析療法」精神療法研究　第二巻第一号　一九七〇年
石田六郎「内観法の医学臨床」『禅的療法・内観法』文光堂　一九七二年
洲脇寛・横山茂生・竹崎治彦「内観療法の研究」精神医学　第十一巻第九号　一九六九年（『内観療法』に改題して再収）

洲脇寛・横山茂生「内観の医学臨床」精神療法研究　第二巻第一号　一九七〇年
洲脇寛「内観療法」『最新神経科治療』医学書院　一九七二年
久保信介「精神分析療法と内観法──過程の比較的考察」精神療法第一巻第一号　一九七五年
（注）本章は三木「内観法の研究（三）自己嫌悪の女性の事例」仏教大学社会学部論叢第五号　一九七一年を添削したものである。

第六章　少年院生の事例

武田良二『内観法の心理学的課題』東北少年院　一九六二年（『内観二号』再収）
武田良二「内観法」『少年非行　3　指導と対策』明治図書　一九六八年
武田良二「犯罪防止における市民参加としての内観法」『高校生と内観』内観研修所　一九七四年
武田良二「内観法と院内処遇」名古屋矯正管区　一九七五年
多田陽三・三木利夫「内観の成績」四国矯正第十八集　一九六四年
三木善彦「少年院生の内観の事例研究──S少年の内観過程と心理テスト上の変化」『矯正と内観』内観教育研修所　一九六九年
石川守「一枚の紙」『悩みの解決法』内観研修所　一九七一年
村瀬孝雄「『愛憎』の対象としての親」児童心理第二九巻第八号　一九七五年

第七章　理想的内観者との訪問面接

佐野勝男・槇田仁『精研式文章完成法テストの手引』金子書房　一九六〇年

第八章　吉本伊信氏との対談

吉本伊信（一九六五年）前掲書

（注）本章は三木『自己の探求――内観法入門』内観研修所一九七三年の第三章を転載した。

第九章　内観法をめぐる諸問題

フロム、エーリッヒ　鈴木重吉訳　『悪について』　紀伊國屋書店　一九六五年
イーリス、アルバート　伊東博訳　「心理療法における罪概念の無用性」『カウンセリングの理論』　誠信書房　一九六二年
ホーナイ、カレン　我妻洋訳　『現代の神経症的人格』　誠信書房　一九七三年
土居健郎　『精神分析と精神病理』　医学書院　一九六五年
土居健郎　『「甘え」の構造』　弘文堂　一九七一年
安永浩　「治癒機転と罪悪感」　精神医学第九巻第四号　一九六七年
石田六郎（一九六七年）　前掲書
ブーバー、マルティン　稲葉稔訳　「罪責と罪責感情」ブーバー著作集第四巻『哲学的人間学』　みすず書房　一九六九年
村瀬孝雄　「内観法による人格改善過程についての覚え書」『悩みの解決法』内観研修所　一九七一年
和辻哲郎　『倫理学』上巻　岩波書店　一九六五年
メニンジャー、カール・A　草野栄三郎・小此木啓吾訳　「九十二歳の誕生日を迎えた私の父親に捧ぐ」『人間なるもの』　日本教文社　一九六一年
佐野勝男・槇田仁（一九六一）　前掲書
藍沢鎮雄　『日本文化と精神構造』　太陽出版　一九七五年
ロージァズ、カール　伊東博編訳　「セラピイとパースナリティの変化についての理論」ロージァズ全集第八巻『パースナリテイ理論』　岩崎学術出版　一九六七年
ヤスパース、カール　橋本文夫訳　『責罪論』　理想社　一九六五年

小川信男「離人症」異常心理学講座第十巻『精神病理学4』みすず書房　一九六五年
井村恒郎「フロイドのみた患者と私たちの患者」（フロイド『ヒステリー研究』の附録「フロイド・ノート」所収）日本教文社　一九五五年
吉本伊信『内観への導き』柏樹社　一九六八年
洲脇寛（一九七二年）前掲書
田本寿夫「小学校三年生に対する『内観』の試み」『人生と内観』内観教育研修所　一九六六年
小野晃男「三年生に自己反省させてみて」『人生と内観』内観教育研修所　一九六六年
佐藤紀子「精神分析における自己治療的方法について」『自己制御・自己治療』誠信書房　一九七一年
（注）本章の一「罪悪感は有害か」は三木「内観法における罪悪感（一）――イーリスの罪概念有害無用論と関連して――」『悩みの解決法』を骨子としている。

第十章　日本文化と内観法

石田六郎（一九七二年）前掲書
河合隼雄『ユング心理学入門』培風館　一九六七年
河合隼雄「母性社会日本の〝永遠の少年〟たち」母性社会日本の病理　中央公論社　一九七五年四月号
ラーピン、コンスタンチン　坂本英介訳『母の愛』新読書社　一九六五年
丸山薫「母の傘」『日本の詩歌』24　中央公論社　一九六八年
ハイネ、ハインリヒ　井上正蔵訳『ハイネ詩集』白凰社　一九六六年
飽戸弘「ジェネレーションギャップ」現代のエスプリ第六九巻『日本人はどう変ったか』至文堂　一九七三年
望月信成・佐和隆研・梅原猛『仏像――心とかたち』NHKブックス30　日本放送出版協会　一九六五年
土居健郎（一九七一年）前掲書
詫摩武俊『親と子のあいだ』雷鳥社　一九六九年

マッセン、ポール・ヘンリー　今田恵訳『児童心理学』岩波書店　一九六六年
原ひろ子・我妻洋『しつけ』弘文堂　一九七四年
我妻洋「日本人の罪意識」ラ・ソシエテ第三巻　神戸大学社会学部研究室　一九六一年
木村敏『人と人との間』弘文堂　一九七二年
会田雄次「日本人の押しつけがましさ」誠信書房新刊の目第一巻第八号　一九七五年
本多勝一『極限の民族』朝日新聞社　一九六七年
フロイト、ジークムント　加藤正明訳「悲哀とメランコリー」改訂版フロイト選集10『不安の問題』日本教文社　一九六九年
Murase & Reynolds, Naikan therapyという日英対訳のパンフレット
O・T生「劣等感からの解放」『悩みの解決法』内観研修所　一九七一年
大島一臣「あのときから三年」『内観法』内観研修所　一九七五年
小此木啓吾『精神分析ノート』日本教文社　一九六四年
古沢平作「罪悪意識の二種（阿闍世コンプレックス）」精神分析研究第一巻第一号　一九五〇年
中村元「自己の探求」中央公論社　一九七三年四月号
吉野要「内観法におけるideal personalitiesの研究――ideal personalitiesの生育史の分析をもとにして――」愛知教育大学児童教育学科論集第二巻　一九六九年
勝小吉（勝部真長編）『夢酔独言』平凡社　一九六九年
三木善彦（一九七一年）前掲書
石井米雄「仏教における戒律」中央公論　一九七四年五月号
増谷文雄編『親鸞集』日本の思想第三巻　筑摩書房　一九六八年

〈英文での論文〉

Takeuchi, K., On Naikan (Self-observation) Method, Psychologia, 1965

Sato, K., Personality change through Naikan and Zen, Psychologia, 1968

Ishida, R., Naikan-analysis, Psychologia, 1969

Takeda, R., The participation of private citizens in crime prevention——the case of the Naikan-ho in Japan——, Resource Material Series No2, UNAFEI (United Nations Asia & Far East Institute for the prevention of crime & treatment of offenders), 1971

Murase, T., Naikan therpy, Japanese culture and behabior: Selected by Takie Sugiyama Lebra and William P. Lebra, The University Press of Hawaii, 1974

なお、内観法に関する文献目録は武田良二「内観法」『禅的療法・内観法』文光堂及び山本晴雄他編『内観療法』医学書院に詳しい。

〈内観希望者のために〉

内観ご希望の方は電話で近くの施設に申し込んで下さい。自発的に自己探求しようとする方でしたら、資格は問われません。シーツ・洗面具・時計・着替えの衣類をご用意下さい。内観の方法・内観指導・日程・費用など具体的なことは、施設によって多少異なりますので、各施設にお問い合わせ下さい。

内観指導施設一覧（平成三一年三月現在の主な施設。順不同）

名称	指導者または代表者	所在地
大和内観研修所	真栄城輝明	〒639-1133 奈良県大和郡山市高田口町九―二 電話 0743・52・2579
奈良内観研修所	三木潤子	〒631-0041 奈良市学園大和町三丁目二六二―一 電話 0742・48・2968
瞑想の森・内観研修所	清水康弘	〒329-1412 栃木県さくら市喜連川五六九四 電話 0286・86・5020
白金台内観研修所	本山陽一	〒108-0071 東京都港区白金台三―一三―一八 電話 03・5447・2705
箱根国立公園内観研修所	一般財団法人内観	〒250-0631 神奈川県足柄下郡箱根町仙石原一二八四―四七 電話 0460・84・0302
北陸内観研修所	長島美稚子	〒930-1325 富山県富山市文珠寺二三五 電話 0764・83・0715
米子内観研修所	木村慧心 木村秀子	〒683-0842 鳥取県米子市三本松一―二―二四 電話 0859・22・3503

慈圭病院	堀井茂男	〒702-8508 岡山県岡山市南区浦安本町一〇〇―二 電話 086・262・1191
山陽内観研修所	林孝次	〒722-0022 広島県尾道市栗原町一〇九七八―四 電話 0848・25・3957
蓮華院誕生寺	川原英照	〒865-0065 熊本県玉名市築地二二八八 電話 0968・72・3300
三和中央病院	塚崎稔 馬場博	〒851-0494 長崎県長崎市布巻町一六五―一 電話 095・898・7511
指宿竹元病院	竹元隆洋	〒891-0304 鹿児島県指宿市東方七五三一 電話 0993・23・2311
沖縄内観研修所	平山恵美子	〒901-1511 沖縄県南城市知念久手堅二六七―一 電話 098・948・3966

〈著者略歴〉
三木善彦（みき・よしひこ）
1941年京都市生まれ。大阪大学文学部卒業（心理学専攻）、大阪大学大学院博士課程修了。1983年、妻・潤子と共に奈良内観研修所を開設。神戸松蔭女子学院大学、帝塚山大学を経て、大阪大学名誉教授、帝塚山大学名誉教授。日本内観学会副会長、大阪刑務所および奈良少年刑務所篤志面接委員を歴任。2012年藍綬褒章受賞。著書に『内観療法』（共著、医学書院）、『心理療法の本質』（共著、日本評論社）、『内観療法』（共著、ミネルヴァ書房）などがある。

本書は1976年に創元社から刊行した書籍を新装のうえ、
全面的に組み替えしたものです。

創元
アーカイブス

内観療法入門《ないかんりょうほうにゅうもん》——日本的《にほんてき》自《じ》己《こ》探求《たんきゅう》の世界《せかい》

2019年5月20日　第1版第1刷発行

著　者　三木善彦
発行者　矢部敬一
発行所　株式会社 創元社
〈本　　社〉〒541-0047 大阪市中央区淡路町4-3-6
　　　　　電話（06）6231-9010㈹
〈東京支店〉〒101-0051 東京都千代田区神田神保町1-2 田辺ビル
　　　　　電話（03）6811-0662㈹
〈ホームページ〉https://www.sogensha.co.jp/
印刷　太洋社

ISBN978-4-422-11703-4 C1011